Thomas Röper

Putins Plan

„Mit Europa und den USA endet die Welt nicht“

Wie das westliche System sich gerade selbst zerstört
und was Russland wirklich will

Thomas Röper

Putins Plan

„Mit Europa und den USA endet die Welt nicht"

Wie das westliche System sich gerade selbst zerstört
und was Russland wirklich will

J.K.Fischer
Verlag

1. Auflage
12/2022

Im Mannsgraben 33
63571 Gelnhausen Hailer
Tel.: 0 60 51 / 47 47 40
Fax: 0 60 51 / 47 47 41

Besuchen Sie uns im Internet unter
www.j-k-fischer-verlag.de

Die Einschweißfolie besteht aus PE-Folie und ist biologisch abbaubar.
Dieses Buch wurde auf chlor- und säurefreiem Papier gedruckt.

Layout, Satz/Umbruch, Bildbearbeitung:
J-K-Fischer Verlag
Druck & Bindung: Finidr.

ISBN 978-3-96850-014-0

Inhalt

Einleitung oder „Das Ende der Geschichte“

Der Begriff vom Ende der Geschichte (englisch End of History) wurde von dem Politikwissenschaftler Francis Fukuyama in einem im Sommer 1989 veröffentlichten Artikel in der Zeitschrift The National Interest und seinem Buch mit diesem Titel (The End of History and the Last Man) aus dem Jahr 1992 eingeführt.

Fukuyama vertrat die These, dass sich nach dem Zusammenbruch der UdSSR und der sozialistischen Staaten bald die Prinzipien des Liberalismus in Form von westlicher Demokratie und Marktwirtschaft endgültig und überall durchsetzen würden. Die Demokratie habe sich deshalb durchgesetzt, weil sie das menschliche Bedürfnis nach sozialer Anerkennung besser befriedige als alle anderen Systeme. Mit dem Sieg dieses Modells habe der Kampf um Anerkennung sein Ende gefunden und der Kampf um Anerkennung entfalle als das Antriebsmoment der Geschichte.

Das Ende der Geschichte bestehe nun in der Integration und Assimilation nichtwestlicher Kulturen in die westliche Kultur, unter Preisgabe ihrer Grundsätze zugunsten von Freiheit und Menschenrechten.

Im Klartext hat er damit gesagt, dass sich alle Staaten der Welt dem westlichen System und vor allem der Ideologie des Neoliberalismus unterordnen müssten, weil das das beste System sei. Sogar die verschiedenen Kulturen der Welt wollte er abschaffen, indem er von der Integration der nichtwestlichen Kulturen in die westliche (also US-amerikanische) Kultur sprach.

Der Neoliberalismus, der inzwischen im Westen unangefochten herrscht, ist jedoch nichts anderes als eine Ideologie. Und er ist nicht die erste Ideologie, die ein „Ende der Geschichte" verkündet. Das hat der real existierende Sozialismus getan, der mit dem „Sieg der Arbeiterklasse" das Ende der Geschichte verkündet und prophezeit hat, dass die Arbeiterklasse auch im Westen früher oder später siegen werde. Im real existierenden Sozialismus war man der Meinung, dass sich der westliche Lebensstil früher oder später dem sozialistischen unterordnen werde.

Das ist genau das, was Fukuyama verkündet hat, wenn er davon gesprochen hat, dass sich die nichtwestlichen Kulturen der westlichen Kultur des Liberalismus unterordnen müssten.

Auch die deutschen Nationalsozialisten haben eine Art „Ende der Geschichte" verkündet, wenn sie vom „Tausendjährigen Reich" fabuliert haben.

Das Ende der Geschichte zu verkünden, ist einer der Grundsteine jeder Ideologie, denn die Existenzberechtigung einer jeden Ideologie liegt ja gerade darin, dass sie sich allen anderen Ideologien oder auch nur Meinungen gegenüber als überlegen und als einzig wahre Antwort auf alle Fragen versteht.

Zu unser aller Glück haben sich alle diese Ideologien geirrt, denn die Geschichte ist nie zu einem Ende gekommen. Der Nationalsozialismus wurde genauso hinweggefegt, wie der real existierende Sozialismus und alle anderen Ideologien, die für sich in Anspruch genommen haben, die einzige Wahrheit zu verkünden.

Das gleiche Schicksal wird, das ist unvermeidbar, auch dem Neoliberalismus blühen, denn die Menschheitsgeschichte hat vor allem eines gezeigt: Egal, wie mächtig ein Staat gewesen sein mag, den Lauf der Geschichte konnte niemand aufhalten.

Darum wird es in diesem Buch gehen, denn der Krieg, den wir in der Ukraine sehen, ist in Wahrheit ein Kampf der Systeme. Die Ukraine und ihre bedauernswerten Menschen sind nur das Bauernopfer in dem Kampf der Systeme, der zwischen den neoliberalen Globalisten und denen tobt, die sich der Ideologie des Neoliberalismus in den Weg stellen.

In diesem Buch werde ich daher im Detail darauf eingehen, wie das westliche System funktioniert und wer in dem System des Neoliberalismus die Entscheidungen trifft. Stammleser meiner Seite anti-spiegel.ru und Leser, die meine Bücher „Abhängig Beschäftigt“ und „Inside Corona“ gelesen haben, werden dabei vieles finden, was sie schon gehört haben. Aber zum Verständnis ist es wichtig, sich diese Dinge und Details wieder vor Augen zu führen, und für Leser, die zum ersten Mal einen Text von mir lesen, sind die Informationen unerlässlich.

Wenn Sie zu den Menschen gehören, die sich bisher hauptsächlich bei Leitmedien wie Tagesschau und Spiegel informiert haben, ist dieses Buch schwere Kost für Sie, denn ich werde in diesem Buch mit den Mythen, die westliche Medien und Politiker über die „westlichen Demokratien“ gesponnen haben, aufräumen. Da ich alles mit Quellen belege, fordere ich Sie ausdrücklich auf, diese Quellen auch zu überprüfen, wenn etwas für Sie unglaublich klingen sollte.

In diesem Buch geht es um die Weltordnung, die der Westen einführen möchte, und um die Weltordnung, die Russland dem als Alternative entgegenstellt. Wir werden sehen, dass diese beiden Modelle für eine Weltordnung einander diametral entgegenstehen. Daher ist es wichtig, zu verstehen, wie die westliche Weltordnung funktioniert, um dann zu verstehen, wie die Alternative aussieht, die der russische Präsident Putin den Staaten der Welt anbietet.

Die Fakten zeigen, dass die Staaten der Welt der russischen Idee mit sehr viel Sympathie begegnen, auch wenn die westlichen Medien ständig davon sprechen, Russland sei international isoliert. Dass das nicht so ist, kann man schon daran erkennen, dass sich – trotz des gewaltigen Drucks, den die USA und auch die EU auf die Staaten der Welt ausüben – nur die etwa 50 Staaten, die sich zum Westen zählen, den anti-russischen Sanktionen und der anti-russischen Politik des Westens angeschlossen haben. 140 Staaten hingegen haben das nicht getan und arbeiten weiterhin mit Russland zusammen.

Schauen wir uns in diesem Buch also an, wie das Ende des Endes der Geschichte aussieht, denn entgegen allen Bemühungen der USA, der Welt das neoliberale Modell aufzudrängen, haben sich dem etwa 140 Staaten widersetzt. Von der prophezeiten Integration der nichtwestlichen Kulturen in die westliche Kultur sind wir noch sehr weit entfernt und es steht zu vermuten, dass das nicht passieren wird.

Russland, das nehme ich hier schon vorweg, steht für das Gegenteil, denn der russische Präsident betont seit Jahren bei jeder seiner Reden zu dem Thema, dass die Kulturen der Völker der Welt sich unterscheiden und dass man genau das akzeptieren solle, anstatt es ändern zu wollen und anderen Staaten die eigene Kultur und Lebensweise aufzwingen zu wollen.

Ich will dazu als beliebiges Beispiel aus der Rede zitieren, die Präsident Putin 2015 vor der UNO-Vollversammlung gehalten hat und die ich in meinem Buch über Putin[1] übersetzt habe. Damals sagte Putin:

„*Wir alle sind verschieden und das muss man mit Respekt behandeln. Niemand ist verpflichtet, sich an ein Entwicklungsmodell anzupassen, das von irgendjemand ein für alle Mal als einzig richtiges bestimmt wurde.*

Wir alle sollten nicht die Erfahrung der Vergangenheit vergessen. Wir haben etwa Beispiele aus der Geschichte der Sowjetunion im Ge-

1 https://www.j-k-fischer-verlag.de/J-K-Fischer-Verlag/Vladimir-Putin-Seht-Ihr-was-Ihr-angerichtet-habt--8103.html

dächtnis. Der Export von sozialen Experimenten, die Versuche, Veränderungen in diesen oder jenen Staaten auf der Basis der eigenen ideologischen Einstellungen herbeizuführen, führten oftmals zu tragischen Folgen, brachten nicht den Fortschritt, sondern eine Verschlechterung. Wie es jedoch aussieht, lernt niemand aus den Fehlern der anderen, sondern wiederholt sie nur. Und der Export von sogenannten „demokratischen“ Revolutionen setzt sich fort.

Es genügt, auf die Situation im Nahen Osten und in Nordafrika zu schauen, von der mein Vorredner gesprochen hat. Gewiss, die politischen und die sozialen Probleme häuften sich in diesen Regionen seit Langem und die Menschen wollten Veränderungen. Doch was passierte in Wirklichkeit? Eine aggressive äußere Einmischung führte dazu, dass anstelle der Reformen die staatlichen Institutionen und die Lebensweise der Menschen rücksichtslos zerstört wurden. Statt des Triumphs von Demokratie und Fortschritt gibt es Gewalt, Armut und soziale Katastrophen, während die Menschenrechte, einschließlich des Rechts auf Leben, keinen Wert mehr haben.

*Man möchte diejenigen, die diese Situation geschaffen haben, fragen: „**Seht ihr jetzt endlich, was ihr angerichtet habt?**“ Doch ich fürchte, diese Frage wird unbeantwortet bleiben, denn niemand hat sich von der Politik verabschiedet, deren Grundlage die Selbstherrlichkeit, die Überzeugung von der eigenen Exklusivität und Straffreiheit ist.“*

So deutliche Worte an die Verantwortlichen im Westen und ihre Politik, der Welt ihren Willen, ihr System, ihre „Werte“ und ihre Lebensweise und Kultur aufzudrängen, hat Putin seit seiner berühmten Rede bei der Münchner Sicherheitskonferenz im Jahre 2007 immer wieder gefunden. Seine Kritik zielte auf das verkündete „Ende der Geschichte“ und darauf ab, dass der Westen der ganzen Welt seine Vorstellungen – mögen sie gut oder schlecht sein – diktieren will.

Also schauen wir uns das westliche Modell des Neoliberalismus und das von Russland vorgeschlagene Modell einmal genauer an.

Geopolitik

Wie gesagt geht es in diesem Buch nicht um den Konflikt in der Ukraine, sondern um den Konflikt zwischen dem Westen und Russland. Die Ukraine ist, so meine Analyse, „nur“ das bedauernswerte Opfer, auf dessen Rücken dieser Konflikt derzeit ausgetragen wird.

Da diese Position für viele überraschend sein dürfte, will ich sie kurz darlegen, bevor wir zum eigentlichen Thema des Buches kommen.

Die meisten Menschen sind von den Ereignissen in der Ukraine emotional zutiefst aufgewühlt. Sei es, weil sie die Bilder schockieren, sei es, weil ein Krieg in Europa tobt, sei es, weil sie Angst vor einem neuen Weltkrieg haben, oder sei es wegen einer Kombination aus diesen und anderen Faktoren.

Diese Emotionalisierung ist gewollt, denn wer emotionalisiert, also wütend, verängstigt, entsetzt und so weiter ist, dessen Fähigkeit zu rationalem Denken ist ausgeschaltet. Und wer nicht rational denkt, sondern emotional empfindet, der ist über seine Emotionen leicht lenkbar. Das ist ein bewährtes Mittel zur Lenkung der Massen.

Wenn wir aber Geopolitik verstehen wollen, müssen wir vollkommen trocken und „gefühllos“ analysieren. Geopolitik ist wie ein Schachspiel und wir alle wissen, dass noch nie jemand ein Schachspiel mit Emotionen gewonnen hat, sondern dass immer der gewinnt, der besser und kaltblütiger analysiert. Das gilt auch für den Beobachter eines Schachspiels, der das Spiel und die Strategien der Spieler nur verstehen kann, wenn er das Spiel genauso kalt und sachlich beobachtet, wie die Spieler es spielen.

In der Geopolitik sind diese Beobachter des Spiels die Analysten, zu denen ich mich zähle. Man muss die politischen Ereignisse beobachten, wie ein Schachspiel. Wenn man beim Schach Mitgefühl mit dem Bauern hat, der als das bekannte „Bauernopfer" geschlagen vom Feld genommen wird, dann hat man das Spiel nicht verstanden. Der Bauer ist nur eine Figur und er wurde geopfert, um für seine Seite einen Vorteil zu generieren, indem er zum Beispiel im Tausch gegen einen Läufer geopfert wurde.

In der Geopolitik sind Länder und Völker die Spielfiguren. Wer Geopolitik verstehen will, der muss denken, wie ein Geostratege. Und einem Geostrategen ist es vollkommen egal, ob ein Land zerstört und hunderttausende Menschen dabei ermordet werden, für den Geostrategen zählt nur, dass seine Seite dabei einen Vorteil erlangt hat und dass die Gegenseite dabei geschwächt wurde. Das zerstörte Land und die hunderttausenden unschuldigen Toten sind das Baueropfer. Und der Geostratege hat mit denen genauso wenig Mitgefühl, wie der Schachspieler mit dem aus Holz geschnitzten Bauern, den er gegen einen Läufer des Gegners getauscht hat.

Das ist zynisch, aber so ist die Realität in der Geopolitik. Ich bin froh, dass ich „nur" Analyst bin. Ich beobachte und kann – während ich an meinen Analysen arbeite – meine Gefühle ausblenden. Ich könnte kein Geostratege sein, der diese Entscheidungen trifft, die „bei Bedarf" hunderttausenden Menschen den Tod bringen.

Zum Verständnis der Geopolitik müssen wir wissen, dass sie so funktioniert, wie ich es gerade beschrieben habe, und dass die Entscheider die Welt als Schachbrett ansehen, wobei die Länder und ihre Völker die Figuren sind. Die mächtigen Staaten – vor allem die USA, Russland und China – sind die Spieler und alle anderen Staaten sind die Spielfiguren, so müssen wir uns das in einer – zugegeben etwas vereinfachten Darstellung – vorstellen. Und verschiedene Länder sind verschieden wichtig und mächtig, einige sind nur Bauern, andere sind Läufer, Springer oder Türme. Aber sie sind von den Entscheidungen der Spieler abhängig, sie sind trotzdem nur Spielfiguren.

Nachdem wir verstanden haben, dass Geopolitik nur wenig mit Menschlichkeit zu tun hat, hat sich die Frage, ob es unter Staaten Freundschaften gibt, eigentlich schon wieder erledigt. Die Antwort ist nein, es gibt in der Geopolitik keine Freundschaften, auch wenn Politiker uns gerne erzählen, zum Beispiel die USA oder Frankreich wären Deutschlands Freunde.

In der Geopolitik geht es um handfeste Interessen. Dass zum Beispiel Russland und China heute „eng befreundet" sind, liegt daran, dass sie in sehr vielen Bereichen die gleichen Interessen haben. Sie sind an Stabilität in Asien interessiert, weil kein Staat gerne Unruhe in der Nähe seinen Grenzen hat. Russland ist an Chinas Technologie und industrieller Macht interessiert, China braucht Russlands Rohstoffe und auch Unterstützung auf den Technologiefeldern, auf denen Russland führend ist.

Hinzu kommt, dass die beiden Staaten von den USA regelrecht zur Zusammenarbeit gezwungen werden, weil die USA beide Staaten offiziell zu ihren Gegnern erklärt haben, die die USA seit Jahren offen mit Sanktionen und anderen Mitteln bekämpfen. Die USA wollen die Weltmacht Nummer eins bleiben, also die Weltherrschaft behalten. Das nennt sich unipolare Welt, in der es nur einen Machtpol gibt.

Russland und China teilen das Interesse, diesen Machtpol, der sie zu Feinden erklärt hat und sie bekämpft, zu brechen. Sie streben eine Weltordnung an, in der es keine dominierende Macht gibt, die allen anderen ihre Regeln aufzwingen kann und möchte. Sie streben eine multipolare Welt an, in der es mehrere, gleichberechtigte Machtpole gibt, die ihre Interessen auf Augenhöhe besprechen und Lösungen suchen, ohne dass einer den anderen dominiert.

Wenn sich Staaten zusammenschließen, dann steckt dahinter keine Freundschaft, sondern die Tatsache, dass sie gemeinsame Interessen haben.

Das ist – grob gesagt – die aktuelle Konstellation auf dem geopolitischen Schachbrett:

Die USA sind auf dem Spielbrett derzeit in der Defensive. Sie haben den Höhepunkt ihrer Macht in den 1990er und 2000er Jahren erlebt. Die Sowjetunion war zerfallen, Russland war schwach, China war noch ein rückständiges Land. Die USA konnten auf der Welt schalten und walten, wie es ihnen gefiel und das haben sie auch getan. Sie waren die Weltmacht, das Imperium, wie Historiker eine Weltmacht nennen.

Aber in den 2000er Jahren ist Russland unter Putin wieder „auf die Füße" gekommen und auch Chinas Aufstieg verlief in dieser Zeit rasant. In den 2010er Jahren war China bereits eine selbstbewusste Weltmacht, Russland war zu dem Zeitpunkt noch zurückhaltend und sich seiner eigenen Kraft noch nicht wirklich sicher.

Die Entscheidung bei Russland kam mit dem Maidan 2014, als Russland sich gezwungen sah, den Ambitionen der USA in Russlands „Hinterhof" entgegenzutreten. Wie sich herausstellte war Russland bereits gefestigt und wirtschaftlich stark genug, um die Sanktionen, mit denen die USA und dann auch die EU Russland für sein „Aufmucken" bestraft haben, zu überstehen. Russland wurde durch den Sanktionsdruck sogar noch stärker, was die Verantwortlichen in Washington zunächst nur irritiert, dann aber zunehmend in Angst versetzt haben dürfte. Die Sanktionen sind an Russland regelrecht abgeperlt.

China wurde erst später von den USA angegangen. Das geschah ab 2017 unter Präsident Trump, der China zum Gegner Nummer eins ausgerufen hatte, weil China angefangen hat, die wirtschaftliche Dominanz der USA zu bedrohen. Die wirtschaftliche Dominanz der

USA ist aber die Grundlage für ihre militärische Dominanz, weshalb China in Wahrheit für die USA der wichtigere Gegner ist als Russland.

Der Schlüssel zur Weltmacht, zur „Worldwide Dominance", wie die USA es nennen, ist die Herrschaft über Europa und Asien, den sogenannten eurasischen Kontinent. Wer dort herrscht, der beherrscht die Welt. Das ist der Grund, warum die USA Russland als gefährlichen Gegner ansehen.

Russland selbst hat keine aggressiven Absichten gegen niemanden. Das mag für Konsumenten der westlichen Medien, die Russland ständig als aggressiv bezeichnen, überraschend klingen, aber es ist tatsächlich so. Das behaupte nicht ich oder die russische Regierung, sondern zu dem Ergebnis ist der in den USA sehr einflussreiche Thinktank RAND-Corporation 2019 gekommen[2]. Darüber war man in den USA aber nicht etwa erfreut, man war stattdessen verärgert und hat sich daher Gedanken gemacht, wie man Russland so reizen kann, dass es endlich einmal aggressiv reagiert. All das wurde in der Studie offen gesagt. Wir werden auf diese Studie später noch zu sprechen kommen.

Russland hat mehr Land und Bodenschätze, als es braucht und es wäre auf die nächsten hundert Jahre damit beschäftigt, sein riesiges Land zu entwickeln. Aber das ist das Problem: Russland ist ein riesiges Land auf dem eurasischen Kontinent und damit ein Problem für die USA, wenn es sich dem Willen der USA nicht unterordnet. Und genau diese Unterordnung verweigert das unter Putin wieder selbstbewusst gewordene Russland.

Dass man sich in den USA Gedanken gemacht hat, wie man Russland endlich zu einer aggressiven Reaktion provozieren kann, mag für Sie unverständlich klingen, ist aber logisch, wenn man geopolitisch

---

2 https://www.rand.org/content/dam/rand/pubs/research_briefs/RB10000/RB10014/RAND_RB10014.pdf

denkt. Die USA mussten eine Koalition schmieden, um Russland in die Knie zu zwingen, denn es behindert, solange es den USA gegenüber ungehorsam ist, auch ohne irgendwen zu bedrohen, schon aufgrund seiner schieren Größe den US-Anspruch, die dominante Macht in Eurasien zu werden.

Aber wie schmiedet man eine Koalition gegen einen friedlichen Nachbarn? Ganz einfach: Indem man ihn so sehr reizt, dass er nicht mehr friedlich reagiert, und dann kann man den anderen sagen: „Seht her, Russland ist gefährlich, wir müssen uns zusammentun und Russland stoppen!"

So zynisch funktioniert Geopolitik und deshalb war die Erkenntnis der RAND-Corporation, Russland habe keinerlei aggressive Absichten, für die USA eine schlechte Nachricht.

Die Ukraine war nach dem Zusammenbruch der Sowjetunion das Land mit dem besten Potenzial in Osteuropa. Das Land hatte eine – zwar marode – aber trotzdem leistungsfähige Industrie mit durchaus konkurrenzfähigen Produkten. Es gab Flugzeugbau, Schiffbau, Weltraumtechnik, Nukleartechnik und Schwerindustrie, außerdem ist die Ukraine reich an Bodenschätzen wie Kohle und hat die fruchtbarsten Böden Europas, wahrscheinlich sogar der Welt.

Aber im Westen wollte man keine Konkurrenz in der Industrie und da traf es sich gut, dass sich bei der vom Westen geförderten Privatisierung kurzfristig denkende, gierige Oligarchen die Filetstücke des Landes sicherten. Die Ukraine hat ihr Potenzial nie genutzt, sie blieb ein Leichtgewicht in Europa; im Schach würde man sagen, sie ist ein Bauer. Sie hätte zu einer Dame werden können, aber wer hat schon ein Interesse daran, dass ein potenzieller Gegner plötzlich eine Dame auf dem Brett stehen hat?

Aufgrund der aus Sowjetzeiten engen familiären Bindungen der Menschen und der engen wirtschaftlichen Verflechtungen zwischen der Ukraine und Russland war die Ukraine aber ein sehr wichtiger Bauer. Zusammen mit Russland hätte die Ukraine zu einer Dame werden können und Russland selbst hätte sich viel schneller entwickeln können.

Das zu verhindern, war schon in den 90er Jahren eines der wichtigsten Ziele der Geostrategen in Washington, wie der einflussreiche Geostratege Zbigniew Brzeziński schon 1997 in seinem wichtigen Standardwerk „Die einzige Weltmacht" detailliert ausgeführt hat. In dem Buch kann man im Grunde das nachlesen, was in den folgenden zwei Jahrzehnten geschehen ist. Die USA haben die anti-russischen Kräfte in der Ukraine massiv gefördert, um einen Keil zwischen Russland und die Ukraine zu treiben. So blieb die Ukraine, die potenzielle russische Dame, ein schwacher Bauer.

Dass die Menschen in der Ukraine seit 30 Jahren in Armut leben, spielt für die Geostrategen dabei keine Rolle, denn Geopolitik ist nun einmal zynisch und nicht menschenfreundlich.

Da Russland immer stärker wurde, wuchs aus Sicht der USA die Gefahr, dass die Ukraine sich Russland zuwenden könnte, denn Russland wurde für viele seiner Nachbarstaaten ein attraktiver Partner. Wenn ein Zusammengehen mit Russland zu mehr Wohlstand bei den Ukrainern geführt hätte, hätte die Ukraine den Einflussbereich der USA verlassen können. Das galt es aus Sicht der USA zu verhindern.

Russlands Interessen waren andere, Russland wollte die Ukraine nicht zu einem Satelliten machen. Russland war aufgrund der NATO-Osterweiterungen und der immer konfrontativeren Politik der EU an einer Brücke zu Europa interessiert. Die Ukraine hätte aus russischer Sicht erstens ein Puffer zwischen der NATO und Russland und zweitens eine Brücke zu Europa werden sollen, über die Wirtschaft, Handel und kultureller Austausch hätten laufen können.

Russlands Interesse und Putins großes Ziel, das er schon 2001 in seiner Rede im Bundestag umrissen hat, war der große gemeinsame Raum von Lissabon bis Wladiwostok, in der europäische Industrie und Technologie zusammen mit russischen Bodenschätzen und Manpower eine gemeinsame Macht gebildet hätten, in der die EU und Russland aufeinander angewiesen gewesen wären, ohne dass einer den anderen dominieren könnte. Die Ukraine war der letzte Schlüssel zu diesem Ziel, nachdem die USA die baltischen Staaten in die US-dominierte NATO gezogen hatten und Weißrussland vom Westen geächtet war.

Daher war es das oberste Ziel der USA in Europa, die Ukraine endgültig und nachhaltig von Russland zu trennen. Der von den USA orchestrierte und finanzierte Maidan-Putsch, der in Kiew anti-russische, ja sogar neofaschistische Regierungen an die Macht gebracht hat, war ein wichtiger Sieg für die USA. Aber die USA hatten aus der Vergangenheit gelernt, denn es hatte vorher schon die Orangene Revolution gegeben, die aber nicht endgültig gewesen ist und nach der wieder ein eher pro-russischer Präsident die Wahlen gewonnen hatte. Den hatte man mit dem Maidan erfolgreich weggeputscht.

Um eine Wiederholung „ungewollter" Wahlergebnisse zu verhindern, brauchten die USA etwas, das den Keil unumkehrbar zwischen die Ukraine und Russland treiben konnte. Und was ist dazu besser geeignet als ein Krieg? In meinem Buch über die Ukraine-Krise von 2014 habe ich aufgezeigt, dass es der CIA-Chef war, der den damaligen Machthabern in Kiew den Krieg im Donbass befohlen hat. Er war im April 2014 bei der entscheidenden Sitzung des ukrainischen Sicherheitsrates inkognito in Kiew dabei, wie das Weiße Haus nur Tage später eingestehen musste.

Der Krieg im Donbass war der eigentliche Sieg der USA, denn damit konnte man die ukrainische Bevölkerung gegen Russland einschwören und vor allem war dadurch, dass die russische besiedelte Krim und der russische besiedelte Donbass nicht mehr an Wahlen in der

Ukraine teilnehmen konnten, sichergestellt, dass nur noch anti-russische Kräfte bei Wahlen gewinnen.

Der Bauer Ukraine war endgültig unter die Kontrolle der USA geraten.

Die USA hatten danach immer noch das große Ziel, ihre beiden Gegner Russland und China im Kampf um die Macht in Eurasien zu besiegen, der Maidan war nur ein kleiner, aber wichtiger Schritt. Der Kampf gegen China ist ein anderes Thema, daher bleiben wir bei Russland.

Russland wurde trotzdem immer stärker, auch alle ab 2014 unter allen möglichen Vorwänden verhängten Sanktionen konnten daran nichts ändern. Während westliche Experten 2014 Russlands baldigen Staatsbankrott und Zusammenbruch prophezeiten, wurde Russland trotzdem immer stärker, seine Wirtschaft wuchs, die Devisenreserven verdoppelten sich und auch der Wohlstand der Menschen in Russland blieb erhalten.

Die schon erwähnte RAND-Corporation hat 2019 eine weitere 354-seitige Studie[3] verfasst, in der sie im Detail ausgearbeitet hat, wie man Russland schwächen könnte. Ich habe der Studie auf meiner Seite Anti-Spiegel eine 20-teilige Serie gewidmet, in der ich aufgezeigt habe, was die USA alles geplant haben, um Russland zu schwächen. Fast alles, was in der Studie vorgeschlagen wurde, wurde in der Folge umgesetzt, wie ich zwei Jahre nach dem Erscheinen der Studie überprüft habe[4]. Man kann die Macht dieser Geostrategen in den USA gar nicht hoch genug einschätzen.

Das beste Mittel, einen geopolitischen Gegner zu schwächen, ist es, ihn in einen teuren Stellvertreterkrieg zu treiben. Das Prinzip ist nicht

---

3 https://www.rand.org/content/dam/rand/pubs/research_reports/RR3000/RR3063/RAND_RR3063.pdf

4 https://www.anti-spiegel.ru/2021/studie-der-rand-corporation-hat-2019-geschrieben-was-2021-realitaet-geworden-ist/

neu, wir kennen das aus Vietnam und Afghanistan. Ein Stellvertreterkrieg ist für den Gegner teuer, er kostet Menschenleben, was zu Unzufriedenheit, Instabilität und Unruhe im Innern führen kann, und er lässt sich propagandistisch verwerten, um andere Länder gegen den Gegner aufzubringen und ihn so auch außenpolitisch zu schwächen.

In der Strategie der RAND-Corporation war unter anderem enthalten, Russland mit der Stationierung von Atomwaffen nahe seiner Grenzen zu reizen. Zur Ukraine konnte man in der Studie der RAND-Corporation schwarz auf weiß lesen, dass die USA keinerlei Interesse an einem Frieden im Donbass haben, sondern den Krieg dort nach Belieben nutzen wollten, um Russland zu reizen und Kosten für Russland zu erzeugen. Das ist keine russische Propaganda, das haben die Vordenker der US-Außenpolitik 2019 zu Papier gebracht.

Der ukrainische Präsident Selensky hat Ende Februar 2022 auf der Münchner Sicherheitskonferenz unter dem Applaus der westlichen Würdenträger offen mit der Entwicklung und Stationierung eigener Atomwaffen in der Ukraine gedroht. So etwas sagt ein Präsident nicht einfach so aus einer Bierlaune heraus, wer so etwas öffentlich ankündigt, hat es entweder schon umgesetzt, oder man steht kurz davor. Und Selensky konnte das natürlich nicht ohne Rückendeckung aus Washington verkünden.

Damit war eingetreten, was die RAND-Corporation angestrebt hat: Russland hatte die Wahl zwischen Pest und Cholera, es konnte Atomwaffen an seiner Grenze, noch dazu unter Kontrolle eines von radikalen Anti-Russen regierten Staates zulassen, oder versuchen, das im letzten Moment militärisch zu verhindern. Russland entschied sich für letzteres, was ganz im Interesse der RAND-Corporation und damit der USA war.

In der Ukraine tobt nun ein für Russland teurer Stellvertreterkrieg, den die USA nach allem Kräften ausschlachten, um Russland wirtschaftlich zu schwächen, Koalitionen gegen Russland zu schmieden und so weiter. Die USA hoffen, Russland mit diesem Stellvertreterkrieg endlich zu schwächen und in die Knie zwingen zu können, was sie ja auch ganz offen sagen, wenn es in Washington heißt, das Ziel sei es, die russische Wirtschaft zu zerstören.

Wie gesagt, Geopolitik ist menschenverachtend und zynisch. Aber so funktioniert sie nun einmal.

Um zu zeigen, dass das keineswegs nur meine Behauptungen sind, will ich hier eine Chronologie der wichtigsten Ereignisse zeigen, die am Ende dazu geführt haben, dass Russland aus seiner Sicht keine andere Möglichkeit mehr gesehen hat, als militärisch in der Ukraine zu intervenieren.

Am 8. und 9. Dezember 2019 fand das letzte Treffen im Normandie-Format in Paris statt. Aber schon die gemeinsame Pressekonferenz im Anschluss an das Treffen[5] machte deutlich, dass Selensky nicht wirklich vorhatte, das Minsker Abkommen umzusetzen, und die wenigen bei dem Treffen erreichten Kompromisse wurden von Selensky nur eine Woche später bereits offen abgelehnt. Selensky forderte von da an offen, das Minsker Abkommen nicht umzusetzen und er verweigerte die Umsetzung in der Folge offen und hartnäckig.

Im August 2022, also sehr viel später, hat der Chef des ukrainischen Sicherheitsrates öffentlich erklärt[6], dass die ukrainische Führung von da an nicht mehr auf den im Minsker Abkommen vereinbarten Friedensprozess gesetzt, sondern sich von dem Moment an, Mitte Dezember 2019, auf einen Krieg mit Russland vorbereitet hat:

„Als unser Präsident Selensky in Paris den Bedingungen, die Russland, Frankreich und Deutschland uns am 8. und 9. Dezember 2019

---

5 http://kremlin.ru/events/president/news/62277

6 https://tass.ru/mezhdunarodnaya-panorama/15572271

> *angeboten haben, nicht zustimmte und sagte, um es gelinde auszudrücken: „Nein, Freunde, es wird kein Minsk-3 geben, wir werden für unser Land kämpfen", haben wir am nächsten Tag begonnen zu verstehen, dass ein großer Krieg mit Russland bevorstand."*

Das muss man im Hinterkopf behalten, wenn man sich die folgenden Entwicklungen anschaut. Unter US-Präsident Trump war es undenkbar, dass die USA die Ukraine in einem Krieg gegen Russland unterstützen würden. Aber nach der Wahl von Joe Biden zum US-Präsidenten war das „Hindernis Trump" ab Ende Januar 2021 verschwunden und von da an entwickelten sich die Dinge Schlag auf Schlag.

Am 24. März 2021 hat der ukrainische Präsident Selensky die „Strategie zur Deokkupation und Reintegration der Krim"[7] in Kraft gesetzt. Man konnte in der Pressemeldung der ukrainischen Präsidialverwaltung darüber unter anderem lesen:

> *„Dieses Dokument definiert eine Reihe von Maßnahmen diplomatischer, militärischer, wirtschaftlicher, informativer, humanitärer und anderer Art, die darauf abzielen, die territoriale Integrität und die staatliche Souveränität der Ukraine innerhalb international anerkannter Grenzen durch Deokkupation und Reintegration der Krim wiederherzustellen."*

Die Ukraine hat mit diesem Dokument offiziell und öffentlich einen Krieg mit Russland wegen der Krim angekündigt. Es ist also keineswegs abwegig, dass Kiew einen Angriff auf die Krim – und damit einen Krieg mit Russland – geplant hat, denn das hat Präsident Selensky am 24. März 2021 offiziell per Dekret angeordnet. In dem Do-

---

7 https://www.president.gov.ua/news/prezident-zatverdiv-strategiyu-deokupaciyi-ta-reintegraciyi-67321

kument war die Rede von „Maßnahmen militärischer Art" – deutlicher kann man es nicht sagen.

Einen Tag später, am 25. März 2021 hat Präsident Selensky auch die neue Militärdoktrin der Ukraine[8] in Kraft gesetzt. Das Dokument zielte auf die Integration der Ukraine in die Sicherheitsarchitektur der NATO ab und wiederholte die Forderung, die Krim auch mit militärischen Mitteln zurückzuerobern.

Schon im April 2021 hat die Ukraine massiv Truppen an der russischen Grenze zusammengezogen und der ukrainische Botschafter in Deutschland hat mit der atomaren Bewaffnung der Ukraine gedroht[9]. Das war keine leere Drohung, die Ukraine hat mehrere AKW und damit das nötige Material für eine Atombombe, und sie hat noch aus Sowjetzeiten auch das nötige Knowhow, denn in der Ukraine befinden sich viele Anlagen, die ein wichtiger Teil des sowjetischen Atomwaffenprogramms waren.

Die Eskalation wurde im April 2021 aber noch einmal abgewendet, nachdem US-Präsident Biden und Präsident Putin telefoniert und sich zu einem Gipfeltreffen im Sommer 2021 verabredet hatte. Die leichte Entspannung dauerte jedoch nicht lange, denn schon im Oktober 2021 begann die Eskalation, die Russland – aus seiner Sicht – am Ende keine andere Wahl mehr gelassen hat, als in der Ukraine militärisch zu intervenieren.

Ende 2021 wollte der Westen kurzfristig ein weiteres Treffen der Außenminister des Normandie-Formates, das den Friedensplan im Rahmen des Minsker Abkommens umsetzen sollte, erreichen. Am 29. Oktober 2021 hat der russische Außenminister Lawrow Berlin und

---

8 https://www.president.gov.ua/documents/1212021-37661

9 https://www.spiegel.de/ausland/ukraine-botschafter-droht-mit-atomarer-aufruestung-a-de71361f-d7f6-40fb-a62c-99b8aaa172da

Paris daher ein Treffen vorgeschlagen, das aber gut vorbereitet sein müsse. Als Reaktion haben Berlin und Paris am 4. November in einer gemeinsamen Antwort unter anderem mitgeteilt, dass der russische Vorschlag für eine Abschlusserklärung im Normandie-Format nicht angenommen werden könne, weil Russland darin einen direkten Dialog zwischen Kiew und dem Donbass fordert.

Das allerdings war einer der zentralen Punkte des Minsker Abkommens. Als Berlin und Paris das im November 2021 als unannehmbar bezeichnet haben, haben sie das Minsker Abkommen daher de facto beerdigt.

Am 6. November 2021 antwortete Lawrow, die Antwort aus Berlin und Paris sei enttäuschend. Den Vorschlag aus Berlin und Paris, schon am 11. November ein Außenministertreffen im Normandie-Format abzuhalten, lehnte Lawrow ab, da noch keine Antwort auf Moskaus Vorschläge für den Text der Abschlusserklärung des Treffens eingetroffen sei.

Am 15. November 2021 haben sich die Außenminister der Ukraine, Deutschlands und Frankreichs getroffen und dabei Russland öffentlich vorgeworfen, Russland habe sich „zum wiederholten Male" einem Ministertreffen im Normandie-Format verweigert.

Daraufhin ist Lawrow der Kragen geplatzt und er hat seinen Kollegen aus Berlin und Paris einen weiteren Brief geschrieben. Darin hat er noch einmal die russische Position dargelegt und dann angekündigt, dass er die gesamte diplomatische Korrespondenz[10], die es im Vorfeld des Treffens gegeben hatte, am nächsten Tag veröffentlichten werde. Das hat Russland dann auch getan und auf den insgesamt 28 Seiten konnte die ganze Welt erfahren, wie Deutschland und Frankreich das Minsker Abkommen beerdigt und versucht haben, das Moskau in die Schuhe zu schieben.

10 https://web.archive.org/web/20211118170113/https://www.mid.ru/docu-

Der Brief von Lawrow endete mit den Worten:

„Ich bin sicher, dass Sie die Notwendigkeit dieses unkonventionellen Schrittes verstehen, denn es geht darum, der Weltgemeinschaft die Wahrheit darüber zu vermitteln, wer die völkerrechtlichen Verpflichtungen wie erfüllt, die auf höchster Ebene vereinbart wurden.“

Nur wenige Tage nachdem Deutschland und Frankreich das Minsker Abkommen beerdigt haben – worüber es in westlichen Medien keinerlei Berichte gegeben hat – fand vom 18. November 2021 bis zum 3. Dezember 2021 das Manöver Polaris 21[11] statt, in dem Frankreich zusammen mit anderen NATO-Staaten den Krieg gegen Russland geprobt hat. Vor dem Hintergrund der ukrainischen Militärdoktrin, die offen einen Krieg mit Russland vorbereitet und angekündigt hat, war das schon schlimm genug, denn Polaris 21 spielte exakt durch, wie NATO-Staaten die Ukraine bei diesem Krieg unterstützen würden.

Das Manöver war gleich aus mehreren Gründen entscheidend. Erstens haben die Teilnehmer, darunter auch die USA und Großbritannien, Kiew damit signalisiert, dass sie der Ukraine in einem offenen Krieg gegen Russland beistehen würden. Das wird wichtig, wenn wir zu den Ereignissen im März 2022 kommen. Außerdem sandte das Manöver das gleiche Signal in Richtung Russland, Polaris 21 war eine direkte und offene Drohung an Russland.

Aber es kommt noch etwas hinzu, nämlich die offene – und für solche Manöver ungewöhnliche – Erwähnung von Biowaffen. Dass die USA seit Jahren an Biowaffen arbeiten, ist für Experten schon lange

---

ments/10180/4944950/%D0%B4%D0%B8%D0%BF%D0%BB%D0%BE%D0%BC%D0%B0%D1%82%D0%B8%D1%87%D0%B5%D1%81%D0%BA%D0%B0%D1%8F+%D0%BF%D0%B5%D1%80%D0%B5%D0%BF%D0%B8%D1%81%D0%BA%D0%B0.pdf/795480b9-c3da-4498-88c8-f0a723c62c6f

11 https://news.usni.org/2021/11/19/french-navy-kicks-off-force-on-force-drills-in-mediterranean-with-partner-nations-nato

ein offenes Geheimnis, auch wenn der Westen das natürlich bestreitet. Für Russland war das spätestens seit 2014 ein offenes Geheimnis, denn damals ist Russland bei der Wiedervereinigung mit der Krim eines der vom Pentagon finanzierten Labore in die Hände gefallen. In Russland wird seit August 2022 von offiziellen Stellen gesagt[12], dass Covid-19 eine von den USA entwickelte Biowaffe ist.

Dass in der Manöver-Legende von Polaris 21 ziemlich offen die Rede von der Freisetzung einer Biowaffe auf der Krim war, die laut Manöver-Legende Russland angehängt werden sollte, dürfte in Moskau alle Alarmglocken ausgelöst haben. Russland dürfte aufgrund des Manövers und seiner Legende erwartet haben, dass die USA aus der Ukraine heraus einen solchen Angriff durchführen und dann Russland beschuldigen wollten.

Mitte Dezember 2021 forderte Russland von den USA und der NATO ultimativ gegenseitige Sicherheitsgarantien und den Abzug der NATO-Truppen aus der Ukraine und erklärte, dass es im Falle einer Ablehnung gegenseitiger Sicherheitsgarantien gezwungen sei, „militärtechnisch" zu reagieren. Die Verhandlungen darüber, ob die USA überhaupt dazu bereit wären, darüber zu verhandeln, dauerten bis Ende Januar 2022.

Am 19.Januar 2022, also noch während Russland und die USA über die Möglichkeit von Gesprächen über gegenseitige Sicherheitsgarantien gesprochen haben, wurde in den USA das Lend-Lease-Gesetz für die Ukraine eingebracht[13], über das bei seiner Einreichung in den Kongress geschrieben wurde:

„Mit diesem Gesetzentwurf wird vorübergehend auf bestimmte Anforderungen im Zusammenhang mit der Befugnis des Präsidenten, Verteidigungsgüter zu verleihen oder zu leasen, verzichtet, wenn die Verteidigungsgüter für die ukrainische Regierung bestimmt sind und zum

---

12 https://function.mil.ru/news_page/country/more.htm?id=12431664@egNews

13 https://www.congress.gov/bill/117th-congress/senate-bill/3522/summary/00

Schutz der Zivilbevölkerung in der Ukraine vor der russischen Militärinvasion erforderlich sind"

Das zeigt, dass die USA sich offen auf einen Krieg vorbereitet haben, denn das Gesetz zur Unterstützung der Ukraine gegen die „russische Militärinvasion" wurde einen Monat vor Beginn der russischen Intervention in den Kongress eingebracht.

Übrigens trägt ein geleaktes Dokument[14], das demnach von der RAND-Corporation sein soll, in dem geschrieben steht, dass es im Interesse der USA ist, die deutsche Wirtschaft zu schwächen, um die US-Wirtschaft durch die Abwanderung von Kapital und Produktionskapazitäten aus Deutschland in die USA zu stärken, als Datum den 25. Januar 2022, was genau zu der Chronologie passt. In dem Dokument wird – einen Monat vor Beginn der russischen Intervention – bereits über einen bevorstehenden Krieg zwischen Russland und der Ukraine gesprochen und es wird darauf gesetzt, Deutschland – zumindest durch massive Waffenlieferungen an die Ukraine – in den Krieg hineinzuziehen, um den Bruch zwischen Russland und Deutschland so tief wie möglich zu machen:

„Der einzig gangbare Weg, Deutschlands Ablehnung russischer Energielieferungen zu garantieren, ist die Einbindung beider Seiten in den militärischen Konflikt in der Ukraine. Unser weiteres Vorgehen in diesem Land wird unweigerlich zu einer militärischen Antwort Russlands führen. Die Russen werden den massiven Druck der ukrainischen Armee auf die nicht anerkannten Donbass-Republiken natürlich nicht unbeantwortet lassen können. Das würde es ermöglichen, Russland zum Aggressor zu erklären und das gesamte Paket der zuvor vorbereiteten Sanktionen gegen das Land anzuwenden."

14 https://www.anti-spiegel.ru/2022/mit-hilfe-der-gruenen-die-usa-planen-die-zerstoerung-der-deutschen-wirtschaft/

Zeitgleich, nämlich am 26. Januar 2022, haben die USA und die NATO die von Russland geforderten gegenseitigen Sicherheitsgarantien komplett abgelehnt. Wenn wir uns daran erinnern, dass Russland für diesen Fall eine „militärtechnische“ Reaktion angekündigt hatte, war spätestens jetzt klar, dass ein militärischer Konflikt unvermeidbar geworden war. Dass die USA das dafür geschaffene Lend-Lease-Gesetz bereits eingebracht hatten und dass die nach Beginn der russischen Intervention verabschiedeten Russland-Sanktionen bereits im Vorwege vorbereitet waren (wie auch Bundeskanzler Scholz offen gesagt hat), zeigt, dass die USA, die NATO, die EU und deren Mitgliedsstaaten diese Entwicklungen geplant hatten.

Am 19. Februar 2022 hat Selensky auf der Münchner Sicherheitskonferenz unter dem Applaus der hochrangigen westlichen Zuhörer die atomare Bewaffnung der Ukraine angedroht. Damit war das russische Eingreifen nicht mehr zu verhindern, denn dass sich die Ukraine, die in ihrer Militärdoktrin einen Krieg gegen Russland vorbereitet hat, dazu auch noch nuklear bewaffnet, war für Russland eine inakzeptable Perspektive.

Am 21. Februar 2022 hat Putin die Donbass-Republiken anerkannt und Beistandsabkommen mit ihnen geschlossen. In seiner Rede dazu hat Putin Kiew deutlich vor den Folgen einer weiteren Eskalation gewarnt. Kiew hat den Beschuss auf zivile Ziele im Donbass danach aber noch einmal demonstrativ erhöht.

Am 24. Februar hat Putin in einer weiteren Rede den Beginn der russischen Militäroperation in der Ukraine zur Beendigung des Krieges im Donbass und zur Entnazifizierung und Entmilitarisierung der Ukraine verkündet.

Russland muss zu diesem Zeitpunkt davon ausgegangen sein, dass ein ukrainischer Angriff auf den Donbass und die Krim unmittelbar bevorstand. Hinweise gab es, wie wir heute wissen, zur Genüge. Da waren die US-Biowaffenprogramme in der Ukraine und das Manöver Polaris 21, da war die Drohung von Selensky, die Ukraine nuklear zu bewaffnen, da war das schon eingereichte Lend-Lease-Gesetz in den USA und sicher noch einiges mehr, was russischen Geheimdiensten bekannt gewesen, aber bisher nicht öffentlich geworden ist. Anfang März 2022 wurde übrigens gemeldet, dass in einem eroberten ukrainischen Stützpunkt ein Notebook sichergestellt wurde, auf dem Details über einen für den 8. März geplanten ukrainischen Angriff auf die Krim und den Donbass mit NATO-Unterstützung gefunden wurden[15].

Hinzu kamen viele Aussagen westlicher Politiker vom Januar und Februar 2022, die der Ukraine unbedingte Solidarität und Hilfe im Falle eines Krieges mit Russland zugesagt haben. Wir wissen zwar nicht, was all die führenden Vertreter westlicher Staaten und der NATO der ukrainischen Regierung bei ihren Gesprächen hinter verschlossenen Türen versprochen haben, aber es gibt sehr deutliche Hinweise darauf, dass sie Kiew in seiner aggressiven Haltung gegenüber Moskau nicht nur bestärkt, sondern Kiew auch ein Eingreifen der NATO in einem solchen Krieg versprochen haben.

Das ist nicht etwa meine unbegründete Vermutung, das wurde Anfang März, als klar wurde, dass die NATO nicht militärisch eingreift, mehr als deutlich. So ziemlich alle führenden Vertreter Kiews haben das sehr offen gesagt und ihre Enttäuschung darüber, von der NATO betrogen worden zu sein, sehr deutlich verkündet. Als exemplarisches Beispiel zitiere ich eine Aussage des ukrainischen Außenministers von Anfang März 2022[16]:

„Ich möchte deutlich darauf hinweisen, dass in der NATO eine politische Vereinbarung besteht, wonach die Verbündeten der Ukraine auf bilateraler Ebene in jeder erdenklichen Weise helfen sollen. Aber das

15 https://t.me/neuesausrussland/2181

16 https://tass.ru/mezhdunarodnaya-panorama/13978175

Bündnis selbst hat sich als Organisation im Grunde selbst abgeschafft. Wir müssen in diesem Punkt ehrlich sein. Die Ukrainer müssen klar und ehrlich erkennen, dass die NATO nicht wirklich das ist, was sich die Ukrainer darunter vorstellen, zumindest im Moment. Wenn sie morgen ihren Standpunkt ändern, toll. Aber bisher ruft ihre Position keinen Respekt hervor.“

Der ukrainische Außenminister (und all die anderen führenden Köpfe des Kiewer Regimes) hätte die NATO kaum so deutlich kritisiert, wenn man in der ukrainischen Führung nicht der Meinung gewesen wäre, die NATO hätte der Ukraine im Falle einer Konfrontation mit Russland mehr versprochen, als die Lieferung von Waffen. Die Rede war ausdrücklich von einer „politischen Vereinbarung“. Die NATO dürfte der ukrainischen Regierung hinter verschlossenen Türen also tatsächlich mehr versprochen haben, als öffentlich bekannt ist.

All das mag für viele keine Rechtfertigung für Russlands Vorgehen in der Ukraine sein, aber man sollte es zumindest wissen, wenn man den Konflikt in der Ukraine verstehen möchte.

All das wissen jedoch die wenigsten Menschen, die lassen sich stattdessen von den schrecklichen Bildern emotionalisieren und fordern Maßnahmen gegen den angeblich satanischen Feind, auch wenn es zum eigenen Schaden ist. Aktuell kann man das an Parolen wie „frieren gegen Putin“ beobachten. Die Geostrategen, die natürlich nicht frieren werden, freuen sich, wenn sie solche Parolen hören, über die Dummheit der Menschen, die gar nicht verstanden haben, worum es in Wahrheit geht.

Die „dumme“ Masse ist nun einmal problemlos lenkbar, das wussten schon die Senatoren im alten Rom, als sie dem Volk etwa erzählten, es müsse seine Söhne im Krieg gegen Karthago opfern, weil das seine Kinder heidnischen Göttern opfert, was nun wirklich barbarisch sei. Das war, wie Archäologen inzwischen herausgefunden haben, genauso frei erfundene Kriegspropaganda, wie die heutigen Parolen über Menschenrechte. Wichtig ist nur, die „dumme" Masse zu emotionalisieren, damit sie bereit ist, für die Ziele der Reichen und Mächtigen zu leiden, Opfer zu bringen oder sogar als Soldaten zu sterben.

Und wenn wir uns an den Beginn dieses Kapitels erinnern, ist auch heute wieder das größte Problem, dass die Menschen so emotionalisiert sind, dass sie ihr analytisches Denken ausschalten. Das macht die Masse so leicht lenkbar, man muss nur die Emotionen am Kochen halten.

Und dafür gibt es ja die Medien …

Westliche Werte vs. russische Werte

Politik und Medien sprechen gerne von den „westlichen Werten", die man der ganzen Welt bringen müsse, damit überall Wohlstand, Freiheit und Demokratie aufblühen und die Welt endlich ein friedlicher Ort wird. Das klingt gut, aber es wird vergessen, ob die Welt diese Werte überhaupt haben möchte, ob die Menschen auf der Welt diese Werte auch teilen.

Der Westen setzt dabei auf wohlklingende Parolen. Demokratie, also dass die Regierung das umsetzt, was das Volk will, finden sicherlich alle Menschen auf der Welt gut. Aber ein extremes Beispiel zeigt, dass sie oft ganz verschiedene Dinge darunter verstehen. In Afghanistan, um ein extremes Beispiel zu nennen, wollen laut allen vorhandenen Umfragen 99 Prozent unter der Scharia leben[17]. Für mich persönlich ist das unverständlich, aber ich bin auch kein Afghane und ich muss auch nicht in dem Land leben.

Warum aber sollte der Westen den Afghanen aufdrängen dürfen, wie sie zu leben haben? Es wäre demokratisch, den Wunsch der Afghanen zu respektieren und zu akzeptieren, anstatt ihnen das westliche Verständnis von Frauenrechten oder gar LGBT aufdrängen zu wollen. Der Westen tut aber genau das, er will anderen Ländern seine Werte aufzwingen.

Afghanistan ist natürlich ein extremes Beispiel, aber es zeigt das Problem auf. Bei anderen Ländern mögen die Unterschiede zum Westen nicht so groß sein, aber es gibt sie. Und auch die Menschen in

17 https://www.pewresearch.org/religion/2013/04/30/the-worlds-muslims-religion-politics-society-beliefs-about-sharia/

diesen Ländern wollen nicht, dass der Westen ihnen seine Werte von außen aufzwingt.

In den folgenden Kapiteln werden wir uns anschauen, was der Westen als seine „Werte" bezeichnet und wie man in Russland darauf schaut und darüber denkt. Und wir werden uns anschauen, für welche Werte Russland in der gegenwärtigen geopolitischen Konfrontation kämpft.

Liberale Werte

Der Westen rühmt sich seiner „liberalen Werte", die er für universal hält und am liebsten der ganzen Welt aufdrängen möchte. Unter diesem Überbegriff werden alle Themen zusammengefasst, egal ob es wirtschaftliche, politische oder gesellschaftliche Themen sind.

„Liberal" klingt gut, denn es kommt von dem lateinischen Wort für „Freiheit" – und wer will nicht frei sein? Der Westen stellt die (vorgebliche) Freiheit eines jeden über alles, während andere Völker eher die Gemeinschaft über den Einzelnen stellen. Wer den Gedanken der Freiheit des Einzelnen radikal zu Ende denkt, und das ist einer der Kerne dessen, was der Westen de facto umsetzt, der schafft die Solidarität ab, denn es begrenzt die Freiheit des Einzelnen, wenn er mit anderen solidarisch sein soll.

Das wird im Westen so nicht propagiert, aber es wird so umgesetzt. Daher rührt der Abbau der Sozialsysteme der letzten Jahrzehnte im Westen und die damit einhergehende schleichende Verarmung, die in Deutschland schon dazu führt, dass die Rente bei manchen nicht einmal mehr ausreicht, um beim Einkauf von Lebensmitteln nicht zuallererst über den Preis nachdenken zu müssen.

Daher führt die Umsetzung der liberalen Werte, wie sie im Westen umgesetzt werden, zu einem Zerfall der Gesellschaften, der sozialen und gesellschaftlichen Strukturen, zur Verarmung immer größerer Teile der Gesellschaft und zu Gleichgültigkeit. Das ist das Gegenteil von Solidarität, aber es ist die Folge der Umsetzung der liberalen Agenda.

Im Ergebnis führt das Unterstreichen der individuellen Freiheiten sogar dazu, dass unter dem Vorwand, die Rechte von Minderheiten zu schützen, die Sichtweisen dieser Minderheiten die Mehrheit dominieren sollen. Das ist nicht übertrieben, wie die Diskussion um LGBT und Gender in Deutschland zeigt. Die große Mehrheit der Bevölkerung lehnt die „gendergerechte Sprache" strikt ab, trotzdem wird diese Sprache in behördlichen Schreiben verwendet, trotzdem benutzen Medien sie und sogar im Fernsehen wird sie verwendet. Das geschieht unter dem Vorwand, sexuelle Minderheiten zu schützen und die Gleichberechtigung der Frauen voranzubringen.

Und es geschieht gegen den Willen der großen Mehrheit, wie alle Umfragen zu dem Thema zeigen.

Ist das demokratisch? Nein, aber es ist das Ergebnis der konsequenten Umsetzung der liberalen Ideologie, denn unter dem Deckmantel des „Liberalen" kann man gegen den Willen der Mehrheit Entscheidungen durchdrücken und wer gegen diese Entscheidungen ist, dem wird vorgeworfen, gegen das Liberale, also gegen die Freiheit zu sein.

Das Leitziel des Liberalismus ist die Freiheit des Individuums gegenüber staatlicher Regierungsgewalt. Daher ist es das Ziel, den Staat immer weiter zurückzudrängen, was wir sowohl beim Abbau der Sozialsysteme erleben, der von der Forderung begleitet wird, jeder möge bitte individuell für sich vorsorgen, anstatt sich zum Beispiel auf die staatliche Rente zu verlassen. Wir erleben das aber auch in der Wirtschaft, die ständig weniger staatliche Eingriffe fordert, weil „die Märkte" alles besser können. Und wir erleben es bei Privatisierungen, die mit der Argumentation vorangetrieben werden, private Investoren könnten alles besser und effizienter managen als der Staat.

All das sind direkte Folgen all der Maßnahmen, die mit „Liberalisierung" überschrieben werden. Alles soll freier, liberaler werden.

In der Realität sehen wir jedoch, dass all diese „Liberalisierungen" wenig Gutes gebracht haben. Wir sehen Verarmung weiter Teile der Gesellschaft, in Deutschland gibt es plötzlich ein neues Massenphänomen namens „Altersarmut" und die Privatisierungen zum Beispiel von Versorgungsbetrieben haben dazu geführt, dass zum Beispiel das Trinkwasser in deutschen Städten teurer und schlechter geworden ist. Das ist auch verständlich, denn einem privaten Wasserversorger geht es in erster Linie um die Erhöhung seiner Gewinne und nicht um sauberes Wasser.

All die Themen, die unter dem Oberbegriff des Liberalen zusammengefasst sind, beeinflussen sich natürlich auch gegenseitig, sie wechselwirken miteinander. Auf einzelne dieser Themen gehen wir in den folgenden Kapiteln ein. Meine Bitte an Sie, liebe Leser, ist es, dabei im Hinterkopf zu behalten, dass es diese Wechselwirkungen gibt, denn dadurch wird vieles, was wir erleben, verständlicher.

Nach dieser sehr allgemein und kurz gehaltenen Einführung in das Thema will ich zeigen, wie in Russland darüber gedacht wird. Der russische Präsident Putin hat der Financial Times im Juni 2019 ein sehr langes Interview[18] gegeben, das damals auch im Westen Schlagzeilen gemacht hat, denn in dem Interview hat Putin demnach über das „Ende des Liberalismus" gesprochen. Ob das so stimmt, werden wir noch sehen.

Ich werde hier diesen Teil des Interviews zitieren, denn er zeigt sehr klar, wie viele Themen von dem Liberalismus beeinflusst werden und wie die russische Regierung zu ihnen steht. Die fettgedruckten Hervorhebungen habe ich in den Text eingefügt, um auf Aussagen hinzuweisen, die ich zum Verständnis der russischen Sicht für wichtig

18 http://kremlin.ru/events/president/news/60836

erachte. Vieles von dem, was Putin hier kurz anspricht, werden wir in den folgenden Kapiteln detaillierter anschauen.

Barber: *Zu Beginn unseres Gesprächs sprach ich über die Fragmentierung der Welt. Ein weiteres Phänomen von heute ist, dass es einen solchen Mangel an Akzeptanz der Eliten durch die Bevölkerung gibt und dass die Bevölkerung gegen das Establishment steht. Wir haben es im Fall des Brexit in Großbritannien gesehen, wir haben es möglicherweise bei Trump in Amerika gesehen, wir haben es mit der AfD in Deutschland gesehen, wir haben es in der Türkei gesehen und wir haben es in der arabischen Welt gesehen. Wie lange wird Russland Ihrer Meinung nach so immun gegen eine solche globale Opposition bleiben, eine globale Opposition gegen das Establishment?*

Wladimir Putin: *Wir sollten die Realitäten von Fall zu Fall betrachten. Natürlich gibt es einige allgemeine Tendenzen, aber sie sind sehr allgemeiner Natur. Und in jedem Fall müssen Sie schauen, wie die Situation entstanden ist, auch basierend auf der Geschichte des einen oder anderen Landes, auf den Traditionen, der Art und Weise, wie das wirkliche Leben der Menschen ist.*

Wie lange wird Russland ein stabiles Land bleiben? Je länger, desto besser. Von Stabilität und innenpolitischer Stabilität hängt die Positionierung in der Welt ab. Und am Ende hängt vielleicht sogar das Wohlergehen der Menschen davon ab.

Das ist einer der Gründe für den Zusammenbruch der Sowjetunion. Es war ein interner Grund, es war schwierig, zu leben und die Realeinkommen der Menschen waren extrem niedrig und es gab keine Waren in den Regalen der Geschäfte und die Menschen hatten andere Sorgen, als die Staatlichkeit zu bewahren.

Sie dachten, egal was passiert, schlimmer könne es nicht werden. Es stellte sich heraus, dass es für viele Menschen schlimmer wurde, vor allem in den frühen 90er Jahren, als das gesamte System der sozialen Sicherheit, des Gesundheitswesens zusammenbrach und die Industrie zusammenbrach. Ob die Industrie nun gut oder schlecht war, aber es gab Arbeitsplätze. Sie hörten auf zu existieren. Daher ist es notwendig, jeden Fall einzeln zu betrachten.

Was geschieht im Westen? Warum kam es in den USA zum „Trump-Phänomen", wie es genannt wird? Was geschieht in den europäischen Ländern? ***Die regierenden Eliten entfernen sich vom Volk****. Die Kluft zwischen den Interessen der Eliten und den Interessen der großen Mehrheit der Bevölkerung ist ganz offensichtlich.*

Natürlich müssen wir immer daran denken. Und eine unserer Aufgaben hier in Russland ist es, nie zu vergessen, was die Bedeutung einer Regierung ist: Den Menschen ein stabiles, normales, sicheres und berechenbares Leben zu schaffen, mit einer Aussicht für Verbesserungen.

Dann ist da noch die moderne, so genannte liberale Idee, die sich meiner Meinung nach völlig überlebt hat*. Einige ihrer Elemente, unsere westlichen Partner geben es zu, sind einfach unrealistisch: der Multikulturalismus dort und so weiter. Das war, als das Problem mit der Migration begann und viele Menschen erkannten, dass es leider nicht funktionierte und da war es wichtig, an die Interessen der ursprünglichen Bevölkerung zu denken. Obwohl klar ist, dass es notwendig ist, an die Menschen zu denken, die sich in einer schwierigen Situation befinden, in einer schwierigen Lebenssituation aus verschiedenen politischen Gründen in ihrem Heimatland.* ***Wunderbar, aber was ist mit den Interessen der eigenen Bevölkerung, wenn es nicht um zwei, drei, zehn Menschen geht, sondern um Tausende, Hunderttausende von Menschen, die in die Länder Westeuropas kommen?***

Barber: *Hat Angela Merkel einen Fehler gemacht?*

Wladimir Putin: ***Einen Kardinalfehler****. Jetzt können Sie Trump für seinen Wunsch, eine Mauer zwischen Mexiko und den Vereinigten Staaten zu bauen, so sehr kritisieren, wie Sie wollen. Vielleicht ist*

das unnötig, ich weiß es nicht. Vielleicht, ich will mich darüber nicht streiten. Aber er muss doch etwas gegen diesen Zustrom von Migranten tun, gegen den Drogenschmuggel, oder nicht?
Niemand tut etwas. Das ist schlecht, aber sagen Sie mir: Was ist dann gut? Was sollen wir tun? Niemand schlägt etwas vor. Ich sage jetzt nicht, dass sie eine Mauer brauchen oder dass sie die Zölle in den Wirtschaftsbeziehungen mit Mexiko jährlich erhöhen müssen, ich sage das nicht, aber es muss etwas getan werden, und er ist zumindest auf der Suche nach etwas.
Worauf will ich hinaus? Menschen, die sich darüber Sorgen machen, normale Bürger der Vereinigten Staaten, die schauen natürlich und sagen: Das ist ein guter Mann, zumindest tut er etwas, bietet zumindest etwas an, sucht nach einer Lösung.
Und diese liberale Idee, jetzt spreche ich nicht über die Vertreter dieser Idee, diese Vertreter unternehmen nichts. Sie sagen, so muss es sein, so ist es gut. Aber was ist gut? Ihnen geht es gut, sie sitzen in komfortablen Büros, aber diejenigen, die es jeden Tag direkt in Texas oder Florida erleben, denen geht es nicht gut, sie müssen die Probleme ausbaden. Wer denkt an sie?
Dasselbe gilt für Europa. Ich habe mit vielen Kollegen darüber gesprochen, aber niemand sagt etwas. Sie sagen: „Nein, wir können keine härtere Politik machen, weil dies und weil das". Warum? „Weil, ich weiß nicht, warum. So sind die Gesetze". Nun, ändern Sie die Gesetze!
Wir haben auch viele Probleme in diesem Bereich. Wir haben offene Grenzen zu den Republiken der ehemaligen Sowjetunion, aber zumindest sprechen sie da alle Russisch, verstehen Sie? Und dann unternehmen wir jetzt einige Schritte, um in diesem Bereich Ordnung zu schaffen, auch in Russland. Wir arbeiten in den Ländern, aus denen diese Migranten kommen, wir beginnen, ihnen schon dort Russisch beizubringen und arbeiten hier mit ihnen weiter. Teilweise verschär-

fen wir auch die Gesetzgebung: ***Wenn Sie in unser Land kommen, respektieren Sie bitte die Gesetze des Landes, seine Bräuche, seine Kultur und so weiter.***
Das heißt, für uns ist auch nicht alles einfach, aber wir versuchen es zumindest, wir arbeiten in diese Richtung. Aber diese liberale Idee legt nahe, dass überhaupt nichts getan werden sollte. ***Töte, raube, vergewaltige, dir passiert nichts, weil du ein Migrant bist, deine Rechte müssen geschützt werden.*** *Welche Rechte? Du hast ein Gesetz verletzt, du wirst dafür bestraft.*
Daher hat diese Idee sich selbst überlebt und sie ist mit den Interessen der großen Mehrheit der Bevölkerung in Konflikt geraten.
Dann zu den traditionellen Werten. Ich will niemanden beleidigen, verstehen Sie, wir werden auch so als homophob bezeichnet und so weiter. Aber wir haben nichts gegen Menschen mit nicht-traditioneller sexueller Orientierung. Gott segne sie, sie sollen leben, wie sie es für richtig halten. Aber einige Dinge erscheinen uns übertrieben.
Was die Kinder betrifft, die lernen, dass es – ich weiß, nicht wie viele – bereits fünf oder sechs Geschlechter gibt. Ich kann sie nicht einmal aussprechen, ich weiß nicht, was das ist. Aber soll es allen gut gehen, wir haben nichts gegen irgendjemanden. ***Aber wir dürfen die Kultur, die Traditionen und traditionellen Grundlagen von Familien, nach denen Millionen Menschen leben, nicht vergessen.***
Barber: *Das ist sehr wichtig, was Sie über das Ende der liberalen Idee sagen. Was würden Sie sonst noch sagen? Definitiv unkontrollierte Einwanderung, offene Grenzen, eine gewisse Diversifizierung als Organisation des Gesellschaftsprinzips. Wo ist Ihrer Meinung nach die liberale Idee noch gescheitert? Und wenn ich hinzufügen darf, es gibt die Religion, sollte sie eine wichtige Rolle in der nationalen Kultur und im Zusammenhalt spielen?*
Wladimir Putin: *Sie sollte die Rolle spielen, die sich heute entwickelt hat. Man kann sie nicht aus dem kulturellen Raum verbannen. Man*

darf nichts übertreiben. Wir in Russland sind ein orthodoxes Volk und es gab immer Probleme zwischen der Orthodoxie und der katholischen Welt. Aber genau deshalb werde ich über Katholiken sprechen. Gibt es da Probleme? Ja. Aber es ist unmöglich, sie auszulöschen und mit Hilfe dieser Probleme zu versuchen, die römisch-katholische Kirche selbst zu zerstören? Das ist es, was nicht getan werden darf.
Und manchmal scheint es mir, dass einzelne Elemente, individuelle Probleme in der katholischen Kirche von diesen liberalen Kreisen als Instrument zur Zerstörung der Kirche selbst benutzt werden. Das halte ich für falsch und gefährlich.
Haben wir vergessen, dass wir alle in einer Welt leben, die auf biblischen Werten basiert? Sogar Atheisten, aber wir alle leben in dieser Welt. Man muss nicht jeden Tag daran denken und in die Kirche gehen. Man muss sich nicht täglich geißeln, um zu zeigen, was man für ein guter Christ oder Moslem oder Jude ist, aber in der Seele, im Herzen, sollte es einige grundlegende menschliche Regeln und moralische Werte geben. In diesem Sinne sind traditionelle Werte stabiler, für Millionen von Menschen wichtiger, als diese liberale Idee, die meiner Meinung nach tatsächlich aufhört zu existieren.
Barber: *Religion ist nicht das Opium des Volkes?*
Wladimir Putin: *Nein, das ist sie nicht.*
Aber ich habe das Gefühl, dass Sie weit von der Religion entfernt sind, denn es ist schon Viertel vor Eins in der Nacht Moskauer Zeit und Sie quälen mich immer noch. (Putin lacht)
Barber: *Das macht Geschichte, ich warte schon lange auf dieses Interview. Wir haben noch eine letzte Frage.*
Wladimir Putin: *Bitte.*
Foy (Moskau-Korrespondent der Financial Times, Anm. d. Übers.): *Herr Präsident, ich möchte darüber nachdenken, was Sie gerade gesagt haben. Einige der Themen, die Sie erwähnt haben, finden bei Herrn Trump und anderen Gruppen in Europa, die an die Macht*

gekommen sind, Anklang. Was glauben Sie, wenn die Zeit der liberalen Idee zu Ende geht, tauchen dann in Europa Verbündete für diese Entliberalisierung auf?

Wladimir Putin: *Wissen Sie, es scheint mir, dass es nie rein liberale oder rein traditionelle Ideen gegeben hat. Es gab sie wahrscheinlich in der Geschichte der Menschheit, aber das landet sehr schnell in einer Sackgasse, wenn es keine Vielfalt gibt, wenn es nur Extreme gibt.*

Man muss unterschiedliche Ideen und Meinungen zulassen, aber dabei nie die Interessen der Mehrheit der Bevölkerung vergessen. *Man darf nicht vergessen, wie die Millionen von Menschen leben. Das darf man nicht vergessen.*

Dann werden wir, denke ich, einige innenpolitische Schocks und Probleme vermeiden. Das gilt auch für die liberale Idee. Dass sie, wie ich denke, ihre Dominanz verliert, bedeutet nicht, dass sie sofort zerstört werden sollte. Wir sollten auch diese Standpunkte mit Respekt behandeln.

Sie können einfach nicht, wie sie es seit Jahrzehnten zu tun versuchen, allen alles diktieren. ***Diktatur herrscht (im Westen) doch fast überall: In den Medien und im wirklichen Leben. Bei einigen Themen gilt es als unanständig, auch nur den Mund zu öffnen.*** *Und warum? Deshalb bin ich nicht dafür, allen sofort den Mund zu verbieten, Druck auszuüben und alle zu verhaften. Nein, natürlich nicht. Die liberale Idee kann auch nicht zerstört werden, sie hat das Recht, zu existieren und man muss sie sogar etwas unterstützen. Aber man sollte nicht denken, dass sie das Recht auf absolute Herrschaft hat, das ist es, worüber wir sprechen.*

Putin hat den russischen Standpunkt in dem Interview sehr gut beschrieben, denn Russland stellt sich nicht einmal so sehr gegen den Liberalismus in der Welt, es geht Russland darum, dass keine Idee die Welt dominieren darf. Jedes Land, jedes Volk, so die russische Sicht, soll seinen Weg selbst finden und gehen. Wenn der Westen den modernen Liberalismus in aller Radikalität bei sich umsetzen will, soll er es tun, wenn die Menschen im Westen das auch wollen. Aber Putin hat darauf hingewiesen, dass es daran Zweifel gibt, auch in den Ländern des Westens.

Für das eigene Land lehnt die russische Regierung den Liberalismus ab, was nicht bedeutet, dass die russische Regierung gegen Freiheit ist. Im Gegenteil, denn in Russland ist fast nichts verboten, aber der russische Staat fördert keine liberalen Ideen, sondern traditionelle Werte, wie die klassische Familie, den sozialen Gedanken und die soziale Verantwortung der Wirtschaft, die im Westen nicht einmal mehr auf dem Papier existiert.

Im Westen geht es der Wirtschaft nur noch um die Steigerung von Gewinnen, um die Optimierung von Kosten, um Börsenkurse und so weiter. All das gibt es in Russland auch, aber russische Unternehmen werden auch in die Verantwortung genommen, wenn es um die Umsetzung nationaler und sozialer Projekte geht. Unternehmen beteiligen sich beispielsweise an Infrastrukturmaßnahmen, um unterentwickelte Regionen Russlands zu modernisieren, bekommen dafür aber im Gegenzug auch Steuervorteile oder passende Grundstücke für ihre wirtschaftlichen Projekte in den betreffenden Regionen. So hilft die Wirtschaft bei der Erschließung abgelegener Regionen, bekommt dort dann aber gute Startbedingungen und im Ergebnis entstehen dort Arbeitsplätze.

Es ist ein Hand-in-Hand, was dort umgesetzt wird, aber die Federführung, das ist der entscheidende Unterschied zum Westen, wie wir noch sehen werden, bleibt beim Staat.

Wie erwähnt hat das Interview damals, im Jahre 2019, einige Schlagzeilen gemacht, was etwas anderes wichtiges aufzeigt: Leider wird im Westen oft nicht korrekt über das berichtet, was in Russland gesagt wird. Daher wurde Putin einige Monate später bei einer Podiumsdiskussion[19] von einem BBC-Journalisten nach dem Interview gefragt und auch diese Frage und Putins Antwort werde ich hier zitieren.

Simmons: *In einem Interview mit der Financial Times haben Sie das Ende der liberalen Demokratie, also letztlich das Ende der westlichen Lebensweise und des westlichen liberalen Wirtschaftssystems, prognostiziert.*

Putin: *Das ist eine falsche, sehr beliebige Interpretation dessen, was ich gesagt habe. So interpretieren es diejenigen, die glauben wollen, dass wir unsere Politik auf diese Weise aufbauen, basierend auf dem, was Sie gerade gesagt haben. Ich habe nicht gesagt, was Sie gerade behauptet haben. Woher haben Sie das? Das sehen wir oft: Den Austausch dessen, was tatsächlich gesagt wurde, durch etwas anderes. Zuerst wird etwas ausgetauscht und dann wird diese falsche Aussage verurteilt.*

Ich habe in dem Interview mit der Financial Times gesagt, dass das liberale Modell kein Recht hat, alles zu dominieren und dass es kein Recht hat, zu glauben, dass es das einzige Modell auf der Welt ist. Ich habe gesagt, dass die Welt viel vielfältiger ist, dass sie sich komplex entwickelt. Und man kann nicht ein Modell allen als das einzige Wahre aufzwingen, dem alle folgen müssen. Darüber habe ich gesprochen. Und ich bin auch jetzt bereit, diese These zu wiederholen.

Nehmen wir Asien, wie es sich entwickelt, wie es wächst. Schauen Sie sich die Geschichte der asiatischen Länder, ihre Kulturen an. Ist es möglich, westliche Ideen aus den Vereinigten Staaten oder Europa auf das Entwicklungsmodell asiatischer Länder zu stülpen? Nein, natürlich wird sich so dort nichts entwickeln. Wahrscheinlich wird dort dann einfach Chaos herrschen. So wie in Libyen oder im Irak, als man versuchte, diesen Ländern die liberalen Werte aufzuzwingen.

19 http://kremlin.ru/events/president/news/61704

Es hätte noch schlimmer kommen können. Das ist es, worüber ich spreche. Nicht, dass das liberale Modell kein Existenzrecht hat. Habe ich das gesagt? Nein, natürlich nicht. Und wo es funktioniert, bitte. Aber selbst dort, wo es funktioniert, erschöpft es sich bereits, denn das Aufzwingen dieses Modells stößt selbst in Ländern, in denen dieses Modell seit vielen Jahren weit verbreitet ist, oft auf Widerstand. Nehmen wir einige Länder in Europa. Warum wird immer wieder über die Migrationskrise gesprochen? Die Migrationskrise ist auch das Ergebnis dieses liberalen Modells, das in allem übertrieben ist. Es wäre besser, Geld in Entwicklungsländer zu investieren, um die Ausbreitung der Armut zu stoppen. Lassen Sie uns die Welthandelsorganisation dazu nutzen. Lassen Sie uns aufhören, die westliche Landwirtschaft zu subventionieren, öffnen wir stattdessen unsere Märkte für landwirtschaftliche Produkte aus Entwicklungsländern, investieren wir die notwendigen Ressourcen dort, geben wir den Menschen dort eine Chance, damit sie in ihrer Heimat arbeiten können, dort bleiben und Geld verdienen können, um ihre Familien zu ernähren. Das wollen Sie nicht? Dann bekommen Sie Migranten. Und das liberale Modell hat keine Möglichkeit, diesen Strom aufzuhalten. Bitte, es ist angerichtet: Die Bevölkerung in Europa wird immer unzufriedener, extreme Ansichten nehmen zu und rechte Bewegungen werden stärker. Das ist es, worüber ich spreche. Und ich bleibe bei diesem Standpunkt.

Das liberale Modell ist laut der russischen Sicht an vielen Missständen der Welt schuld, auch an der Migrationskrise und der Armut in Afrika und anderen Teilen der Welt, was Putin hier angeschnitten hat. Um zu verstehen, wie berechtigt die russische Kritik ist, werden wir uns in den folgenden Kapiteln einige zentrale Themen der liberalen Agenda anschauen.

LGBT und Gender oder klassische Familie?

Die Themen LGBT und Gender sorgen seit Jahren für aufgeregte Diskussionen, denn sie sind trotz aller Mühe, die sich Politik und Medien geben, selbst im Westen noch lange nicht mehrheitsfähig. Das sieht man an der deutlichen Ablehnung des „Genderns", die alle Umfragen zeigen.

Um die Emotionen aus der Diskussion herauszunehmen, sei eines hier gleich zu Beginn deutlich gesagt: In Russland gibt es keine gesetzlichen Verbote für LGBT-Menschen. Es gibt Gay-Clubs, viele russische Showstars sind offen homosexuell, aber Putin zeichnet sie trotzdem mit Preisen aus. In Russland gilt „leben und leben lassen", das bedeutet, wer eine – wie es in Russland genannt wird – „nicht-traditionelle sexuelle Orientierung" hat, der kann sie ausleben.

In Russland gibt es nur eine Einschränkung: Man darf diese „nicht traditionellen" Lebensweisen nicht vor Kindern „propagieren". Bei Zuwiderhandlungen droht aber keine Gefängnisstrafe, das ist lediglich eine Ordnungswidrigkeit, für die man ein Bußgeld bezahlen muss.

Es mag in Russland Menschen geben, die homophob sind, zumal in Russland ca. 20 Prozent (teilweise sehr konservative) Moslems leben, vor allem im Kaukasus. Aber etwaige Verbrechen gegen Homosexuelle werden in Russland streng verfolgt.

Das hat übrigens, neben der Tatsache, dass Gewaltverbrechen in Russland, wie in jedem Land der Welt, verfolgt werden, noch einen ganz pragmatischen Grund: Das oberste Ziel der russischen Regierung ist Stabilität in Russland. Stabilität ist den Russen nach dem Trauma der 1990er Jahre sehr wichtig und die Regierung tut alles, um ihr Volk zu einen und jede Art von „Spaltpilzen" innerhalb der Gesellschaft zu verhindern.

Aus diesem Grund wird es in Russland zum Beispiel als Volksverhetzung bestraft, wenn man Religionen beleidigt. Die russische Regierung will nicht, dass die russische Gesellschaft, in der alle Weltreligionen Millionen von Anhänger haben, an den Grenzen der Glaubensrichtungen gespaltet werden kann. In der russischen Gesetzgebung spielt der Respekt vor anderen Glaubensrichtungen, vor anderen Ethnien und Kulturen, eine große Rolle. Die russische Gesellschaft besteht aus hunderten ethnischen Gruppen, es gibt in Russland über hundert offizielle regionale Amtssprachen, die Kulturen und Traditionen aller ethnischen Gruppen werden gefördert.

Russland ist stolz auf diese Vielfalt, sieht darin eine seiner Stärken. Diese Vielfalt funktioniert in Russland deshalb, weil Russland sich gegen die liberalen Werte stellt. So ist es Russland wichtiger, dass der innere Frieden gewahrt ist, als dass Recht eines Einzelnen zu schützen, der auf einen christlichen Altar steigen, einen Gottesdienst stören und Unfrieden schüren möchte.

Das ist ein fester Bestandteil der russischen Mentalität, denn diese Einstellung, andere so zu akzeptieren, wie sie sind, hat sich in hunderten Jahren der russischen Geschichte entwickelt. Nur so konnte Russland weitgehend friedlich der größte Flächenstaat der Welt werden, in dem ungezählte Kulturen leben. Der Zentralstaat hat sie so akzeptiert, wie sie waren, und ihnen nicht seine Lebensweise, Kultur oder Religion aufgezwungen.

Die Sowjetunion mit ihrer Staatsideologie war dabei nur zum Teil eine Ausnahme, denn sie hat den Menschen zwar ihre Ideologie aufgezwungen, aber ihre Lebensweise nicht eingeschränkt. Im Gegenteil, die Zeitungen sind in den russischen Regionen in den Sprachen der nationalen Minderheiten erschienen, ihre Sprachen wurden geachtet. Ob das geschehen ist, um die sozialistische Propaganda effektiver zu verbreiten, sei dahingestellt. Fakt ist, dass es in Russland eine lange Tradition hat, andere Kulturen so zu akzeptieren, wie sie sind. Darin war auch die Sowjetunion keine Ausnahme.

Um eine Spaltung der Gesellschaft zu vermeiden, wird im heutigen Russland darauf geachtet, dass niemandem die Einstellungen anderer aufgedrängt werden. Respekt vor der Verschiedenheit anderer ist ein wichtiger Teil der russischen Mentalität. Darum wurden in Russland zum Beispiel die Zeugen Jehovas verboten: Weil sie aggressiv missionieren und dabei andere Religionen schlecht reden. Das könnte Unruhe unter den Religionen erzeugen.

In Russland gilt, dass man das Weltbild, die Religion, die Kultur anderer akzeptiert und dass niemand andere „missionieren" soll.

Das gilt bis heute und gilt auch für Homosexuelle. Sie können privat leben, wie sie möchten, es interessiert im Prinzip niemanden. Wogegen die russische Regierung und die überwältigende Mehrheit der russischen Bevölkerung ist, ist der Versuch, anderen die LGBT-Regeln aufzudrängen. Daher rührt das Verbot der „Propagierung nicht traditioneller Orientierungen". Kinder sollen nicht indoktriniert werden, sollen sich ungestört entwickeln und, wenn sie volljährig werden, können sie selbst entscheiden, wie sie leben möchten. Darum sind in Russland Schwulenparaden verboten: Nicht, weil man Homosexuelle unterdrücken will, sondern weil sie – wie jede andere Minderheit – ihr Leben können, aber ihre Lebensweise anderen nicht aufdrängen sollen.

Es geht nach russischem Verständnis nicht um die Unterdrückung von LGBT-Menschen, denn sie können leben, wie sie möchten, es geht darum, dass eine Minderheit der Mehrheit nicht ihr Weltbild aufzwingen soll.

Die russische Gesellschaft ist konservativ, das gilt auch für junge Menschen. Für jemanden, der in Europa sozialisiert wurde, mag das manchmal etwas befremdlich sein, aber so ist die russische Gesellschaft nun einmal. In Russland wird die traditionelle Familie aus Mann, Frau und Kindern als erstrebenswert angesehen.

Globalisierung und Neokolonialismus

Dieses Kapitel werde ich mit einer These beginnen, die für viele Leser wahrscheinlich schwere Kost ist. Die These lautet:

Globalisierung ist die Fortsetzung der Kolonialpolitik mit anderen Mitteln

In den westlichen Medien lernen wir seit Jahrzehnten, dass die Globalisierung alternativlos ist, dass sie allen Menschen Wohlstand bringen wird, dass freier Handel ein Segen für alle ist, und so weiter. Ob das so ist, werden wir uns nun anschauen.

Als willkürlich gewähltes Beispiel, an dem wir uns das anschauen werden, nehmen wir eine Meldung aus dem Jahr 2018. Damals hat der Spiegel berichtet[20], dass in einem Bergwerk in Sambia ein Rekord-Smaragd gefunden wurde. Eigentlich war das keine wirklich interessante Meldung, wenn der Artikel nicht einen vielsagenden Satz enthalten hätte. In dem Artikel wurde berichtet, dass in Sambia ein Rekord-Smaragd mit einem Gewicht von 5.655 Karat gefunden wurde, was eigentlich nur für Fachleute interessant gewesen sein dürfte. Dann aber kam in dem Spiegel-Artikel ein entscheidender Satz:

„Das Bergwerk, in dem der „Löwen-Smaragd“ gefunden wurde, gehört Gemfields zufolge zu 75 Prozent dem Unternehmen und zu 25 Prozent der Regierung Sambias.“

Was bedeutet das?

Es bedeutet, dass die Bodenschätze, die in diesem größten Smaragdbergwerk der Welt gefördert werden, nicht etwa dem Land gehören, in dem das Bergwerk liegt, sondern dem Unternehmen Gemfields.

20 http://www.spiegel.de/panorama/sambia-1-1-kilogramm-schwerer-loewen-smaragd-gefunden-a-1236198.html

Sambia wird mit 25 % der Einnahmen abgespeist. Da muss man sich nicht wundern, dass Sambia ein bettelarmes Land mit einem BIP von knapp 1.200 Dollar pro Einwohner ist.

Zumal dies das Geschäftsfeld von Gemfield ist. Sie halten Mehrheitsanteile an Smaragdminen, Rubinminen und anderen Minen in verschiedenen afrikanischen Ländern, die früher zum britischen Imperium gehört haben. Praktischerweise hat Gemfields auch noch die bekannte Juwelier-Firma Faberge gekauft, sodass sie die gesamte Wertschöpfungskette von der Mine bis zur Produktion von Schmuck in der Hand halten.

Gemfield ist eine britische Firma, deren Hauptaktionäre ein südafrikanischer Milliardär und einige Investoren sind, die auf den Cayman-Inseln registriert sind und über die man kaum etwas weiß.

Das Geschäftsmodell, das wir hier sehen, ist weit verbreitet. Westliche Firmen kaufen in bettelarmen Ländern Lizenzen zur Förderung von Bodenschätzen, egal ob Edelsteine, Öl, Gold oder was auch immer, für ein Taschengeld und beuten dann die Bodenschätze aus. Die Bevölkerung des Landes hat nichts davon. Solche Verträge nennen sich im Bereich Öl und Gas PSA-Verträge („Production Sharing Agreement"). Dabei wird festgelegt, welchen Anteil der Investor an den geförderten Bodenschätzen im Gegenzug für seine Investitionen erhält, es ist natürlich immer der Löwenanteil.

Was auf den ersten Blick gut klingt, bedeutet in Wirklichkeit, dass das Land, dem die Bodenschätze gehören, auf den größten Teil seiner eigenen Bodenschätze und damit auf ein hohes Einkommen verzichtet.

Dabei könnte Sambia seine Bodenschätze doch eigentlich auch selbst fördern. Dazu allerdings würde es Kredite für Investitionen brauchen und wer im Westen wäre bereit, Sambia Kredite zu geben? Dabei wäre es ganz einfach: Die Bank könnte den Kredit zu den gleichen PSA-Konditionen geben, nur dass ihre PSA-Rechte mit Rück-

zahlung des Kredites auslaufen und nicht auf ewig festgeschrieben sind, wie es bei den PSA-Verträgen der Fall ist.

Die PSA-Abkommen sind also letztlich nichts anderes, als die Fortsetzung der Kolonialpolitik, bei der es ebenfalls nur darum ging, Bodenschätze auszubeuten, einen möglichst geringen Anteil an dem Gewinn in dem kolonisierten Land zu belassen und das Maximum aus den Kolonien herauszupressen. Und zwar mit einem minimalen Kapitaleinsatz. Die Kolonialmächte haben einfach den regionalen Herrscher, den sie oft vorher selbst eingesetzt hatten, an dem Geschäft beteiligt. Der wurde mit seinem kleinen Anteil trotzdem steinreich, aber das Volk wurde ausgebeutet und der Löwenanteil der Gewinne ist in die Taschen der Kolonialmacht geflossen.

Was früher die Kolonialmächte getan haben, machen heute die Großkonzerne und das nennt man Globalisierung. Uns wird erzählt, das wäre etwas Gutes, dabei ist die Globalisierung nichts anderes als die Fortsetzung der Kolonialpolitik der Vergangenheit. Nicht einmal die Mittel haben sich wirklich verändert, denn auch heute greifen meistens lokale Despoten die Gelder ab, die im Land bleiben. Sie werden auf diese Weise sehr reich und übernehmen – wie früher auch – die Aufgabe, die lokale Bevölkerung trotz der Ausbeutung ruhig zu halten. Seit der Kolonialzeit hat sich nicht wirklich viel verändert, auch wenn die ehemaligen Kolonien heute fast alle formell unabhängige Staaten geworden sind.

Und auch währen der Kolonialzeit wurde die Kolonisierung den Menschen in Europa als etwas Gutes verkauft, denn man brachte den ungebildeten und ungläubigen Wilden in den Kolonien ja angeblich Zivilisation und christlichen Glauben. Um Gold, Bodenschätze und Ausbeutung ging es damals offiziell auch nie, es ging darum, Gutes zu tun. Ganz wie heute mit der Globalisierung, nur dass es nicht mehr um Zivilisation und den „wahren Glauben" geht, heute bringt der Westen angeblich die Demokratie.

So hatte jede Zeit ihre Parolen, die allerdings mit der Realität nie viel zu tun hatten. Oder sind all die Länder, in denen der Westen mit PSA-Verträgen aktiv sind, etwa blühende Demokratien mit Wohlstand für alle?

Warum ist das für uns ein wichtiges Thema?

Heute ist das Thema Flüchtlinge bzw. Migranten in aller Munde. Und wir hören von Medien und Politikern immer, dass man die Fluchtursachen bekämpfen müsse, also zum Beispiel die Armut in Afrika. Denn in Afrika sind Millionen Menschen auf dem Weg, die vor der Armut in der Heimat versuchen, nach Europa zu fliehen. Der wichtigste Grund für die Flucht ist Armut und die daraus folgende Perspektivlosigkeit. Es sind genau solche PSA-Abkommen, die westliche Firmen oft sogar mit Subventionen aus Europa oder den USA abschließen, die für die Armut verantwortlich sind. Denn wenn man drei Viertel der Einnahmen eines afrikanischen Landes aus seinen Bodenschätzen einer westlichen Firma überlässt, dann muss man sich über Armut in dem Land nicht wundern.

Ein weiteres Beispiel, das direkt für die Armut in Afrika verantwortlich ist, sind Lebensmittelexporte aus dem Westen. Sowohl die USA als auch die EU zahlen gigantische Subventionen an Lebensmittelproduzenten, die dadurch Lebensmittel erstens industriell und zweitens hochsubventioniert produzieren können. Da kann kein afrikanischer Bauer gegen konkurrieren und er geht pleite. Was man uns als Entwicklungshilfe verkauft, ist in Wirklichkeit ein Subventionsprogramm für unsere industriellen Lebensmittelproduzenten auf Kosten afrikanischer Bauern. Und was macht ein afrikanischer Bauer, der pleite gegangen ist und keinen neuen Job findet? Er geht in Richtung Europa.

Dabei war Afrika früher ein Kontinent, der Lebensmittel exportiert hat, nur eben nicht industriell und subventioniert hergestellte Lebensmittel. Indem der Westen seine industriell und staatlich subventionierten Lebensmittel nach Afrika exportiert, damit die Afrikaner nun unsere Industriehühner aus Massentierhaltung kaufen dürfen, die sie selbst nicht so billig produzieren können, wurde in Afrika die Landwirtschaft zerstört.

Dieses Geschäftsmodell wird von der westlichen Presse als Globalisierung gefeiert und soll allen Menschen Wohlstand bringen. Nur haben wir inzwischen bemerkt, dass die Globalisierung weder den Menschen im Westen mehr Wohlstand gebracht, im Gegenteil, denn oft wurden dabei Fabriken im Westen geschlossen, weil man in Indien oder China billiger produzieren konnte. Und den Menschen in Afrika brachte die Globalisierung so viel Armut, dass inzwischen Millionen auf dem Weg nach Europa sind oder schon in Europa angekommen sind.

Gewonnen haben die großen westlichen Konzerne, die ohne viel Aufwand ihre Gewinne erhöhen konnten, sei es wegen der Verlegung ihrer Produktion ins billigere Ausland oder wegen der Bodenschätze, die sie für einen im Vergleich minimalen Kapitaleinsatz in den betroffenen Ländern ausbeuten und behalten dürfen.

Wie man sieht, gewinnen bei der Globalisierung nur die westlichen Konzerne. Sie bekommen Subventionen, die wir mit unseren Steuern bezahlen, um im Ausland Märkte zu erobern und große Gewinne zu machen und wenn die dadurch arbeitslos gewordenen Menschen in der Dritten Welt dann in großen Mengen in Europa ankommen, dann bekommen die Konzerne auch noch billige Arbeitskräfte.

Verlieren tun dabei die afrikanischen Länder, die Menschen dort und am Ende auch die Menschen im Westen.

Und wenn in Afrika ein Land versuchen würde, seine Märkte mit Zöllen davor zu schützen, um zum Beispiel die eigene Landwirtschaft zu erhalten, dann würde ihm unter dem Vorwand, den freien Handel zu stören, ein Wirtschaftskrieg erklärt. Natürlich würde die westliche Presse das so nicht formulieren, dort wäre die Rede von einem unmenschlichen Despoten, der sein Volk unterdrückt und vor das internationale Tribunal in Den Haag gehört.

Es kann daher nicht verwundern, wenn Gegner der Globalisierung sie als Neokolonialismus bezeichnen.

Genau das sagt auch der russische Präsident Putin seit Jahren, wenn auch früher in diplomatische Worte verpackt, inzwischen aber vollkommen offen.

Am 16. August 2022 hat er seine Eröffnungsrede auf der Moskauer Sicherheitskonferenz[21] genutzt, um die von den Staaten des Westens aufgezwungene Globalisierung in deutlichen Worten zu kritisieren. Ich zitiere hier Auszüge aus der Rede, die komplette Übersetzung finden Sie auf meiner Seite Anti-Spiegel[22].

Putin sagte unter anderem:

Die Lage in der Welt verändert sich dynamisch, die Konturen der multipolaren Weltordnung nehmen Gestalt an. Immer mehr Länder und Völker wählen den Weg der freien, souveränen Entwicklung auf der Grundlage ihrer Identität, ihrer Traditionen und Werte.

Die westlichen globalistischen Eliten bekämpfen diese objektiven Prozesse, indem sie Chaos provozieren, alte und neue Konflikte schüren, die Politik der so genannten Eindämmung umsetzen und im Grunde alle alternativen, souveränen Entwicklungswege untergraben. Dabei versuchen sie mit allen Mitteln, die Hegemonie, die Macht, die ihnen aus den Händen gleitet, zu bewahren, indem sie versuchen, Länder und Völker in der de facto neokolonialen Ordnung zu halten. Ihre

21 http://kremlin.ru/events/president/news/69166

22 https://www.anti-spiegel.ru/2022/putins-abrechnung-mit-den-westlichen-globalistischen-eliten-im-o-ton/

Hegemonie bedeutet den neoliberalen Totalitarismus, Stagnation für die ganze Welt und für alle Zivilisation, Obskurantismus und Abschaffung der Kultur.
Dazu werden alle Mittel eingesetzt. Die USA und ihre Vasallen mischen sich rücksichtslos in die inneren Angelegenheiten souveräner Staaten ein: Sie organisieren Provokationen, Staatsstreiche und Bürgerkriege. Durch Drohungen, Erpressung und Druck versuchen sie, unabhängige Staaten zu zwingen, sich ihrem Willen unterzuordnen und nach ihnen fremden Regeln zu leben. Und all das geschieht mit dem einen Ziel, die eigene Dominanz aufrechtzuerhalten, ein Modell, das es ermöglicht, die ganze Welt zu parasitieren. So, wie es Jahrhunderte zuvor war, aber so ein Modell kann nur mit Gewalt aufrechterhalten werden.
(…)
Es ist offensichtlich, dass die westlichen globalistischen Eliten mit solchen Aktionen unter anderem versuchen, die Aufmerksamkeit ihrer eigenen Bürger von den akuten sozioökonomischen Problemen – sinkender Lebensstandard, Arbeitslosigkeit, Armut, Deindustrialisierung – abzulenken, um ihr eigenes Versagen auf andere Länder – auf Russland und China – abzuwälzen, die ihren Standpunkt verteidigen, eine souveräne Entwicklungspolitik aufbauen und sich nicht dem Diktat supranationaler Eliten unterwerfen.
(…)
Es ist offensichtlich, dass der Abbau von Spannungen in der Welt, die Überwindung von Bedrohungen und Risiken im militär-politischen Bereich, die Stärkung des Vertrauens zwischen den Ländern und die Gewährleistung ihrer nachhaltigen Entwicklung nur durch eine grundlegende Stärkung des Systems der modernen multipolaren Welt möglich sind. Ich wiederhole erneut, dass die Ära der unipolaren Weltordnung in der Vergangenheit verschwindet. Egal, wie sehr sich die Nutznießer des derzeitigen globalistischen Modells an den Status

quo klammern, er ist dem Untergang geweiht. Die geopolitischen Veränderungen historischen Maßstabs gehen in eine ganz andere Richtung.“

Man beachte die Formulierungen, die Putin hier benutzt. Wer mein Buch über Putin gelesen hat, in dem ich seine Reden und Interviews mit ihm ausführlich zitiert habe, der stellt den Unterschied schnell fest. Seine frühere Zurückhaltung fehlt nun vollkommen und er spricht offen von einer „*de facto neokolonialen Ordnung*“, in der der Westen die Länder der Welt zu halten versucht.

Wir haben das Kapitel über den Liberalismus schon hinter uns, aber auch dazu äußert Putin sich hier überdeutlich, wenn er davon spricht, dass die westliche Hegemonie, also die westliche Vorherrschaft, einen „*neoliberalen Totalitarismus, Stagnation für die ganze Welt und für alle Zivilisation, Obskurantismus und Abschaffung der Kultur*“ bedeutet.

Ich benutze hier oft Formulierungen wie „der Westen“ oder die „westliche Politik“, womit aber eigentlich die US-amerikanische Politik gemeint ist, denn es sind die USA, die den Westen dominieren und die Politik vorgeben. Die restlichen Staaten „des Westens“, also die Staaten von EU und NATO, sowie Japan, Südkorea und Australien, folgen der amerikanischen Linie in der Regel bedingungslos. Das tun sie sogar dann, wenn es zu ihrem eigenen Schaden ist, was deutlich aufzeigt, in welchem Verhältnis die Staaten des Westens zu ihrer „Vormacht“ USA stehen.

Putin sagt auch das nun in aller Deutlichkeit, wenn er von „*den USA und ihren Vasallen*“ spricht, denn tatsächlich erleben wir, dass die Staaten des Westens sich gegenüber den USA inzwischen genauso gehorsam verhalten, wie es die Satellitenstaaten des Warschauer Paktes gegenüber der Sowjetunion getan haben.

Man muss sich daran erinnern, wie zum Beispiel das Britische Empire seine Macht ausgeübt hat. Formell waren die Kolonien kein Teil

Großbritanniens, sie waren formal (zumindest zum Teil) eigene Staaten, die sich dem Britischen Empire untergeordnet haben. Die Kolonien hatten eigene Regierungen, die allerdings so ausgesucht waren, dass sie die britische Politik unterstützt haben. Anti-britische Kräfte wurden nicht in hohe Regierungsämter der Kolonien gelassen.

Dass erinnert sehr daran, wie die USA heute ihre Macht in ihren Satellitenstaaten ausüben, denn auch dort wird dafür gesorgt, dass „anti-amerikanische" Kräfte keine Chance haben, in nationale Regierungen zu kommen. Formell sind die Staaten des Westens mehr oder weniger souveräne Staaten, aber de facto haben sie Regierungen von Amerikas Gnaden, die in der internationalen Politik weitgehend das umsetzen, was in Washington gewollt ist.

Übrigens bezahlen die Staaten den USA sogar Tribute, ganz so, wie es zum Beispiel die Vasallenstaaten des Römischen Reiches getan haben. Rom hat ihnen „Schutz" versprochen und dafür haben diese Staaten bezahlt und sich Rom politisch untergeordnet.

Das gleiche sehen wir auch heute, wenn die Staaten des Westens den USA jedes Jahr Milliarden dafür überweisen, dass US-Truppen in diesen Staaten stationiert sind. Auch daran sieht man das Machtgefälle im Westen, denn es sind nicht etwa deutsche Soldaten in den USA stationiert, wofür die USA der Bundesrepublik jährlich Milliarden überweisen, sondern es ist umgekehrt.

Übrigens ist das wirklich ein weiterer Beleg dafür, dass die USA die Staaten des Westens als „tributpflichtige Vasallen" betrachten, wie es der einflussreiche amerikanische Präsidentenberater Zbigniew Brzeziński in seinem Buch „Die einzige Weltmacht" formuliert hat, denn wenn echte Partner Militärbasen in anderen Ländern aufbauen, bekommen sie dafür kein Geld, sondern bezahlen dafür eine jährliche Pacht.

In dem Moment, in dem ein Staat einem anderen Staat dafür Geld überweist, dass dessen Truppen auf dem eigenen Staatsgebiet stationiert sind, ist per Definition von „tributpflichtigen Vasallen“ die Rede. Wir sehen das auch, wenn mal wieder Konzerne zu Milliardenstrafen verurteilt werden, denn wenn ausnahmsweise ein amerikanischer Konzern in Europa zu einer Strafe verdonnert wird, protestiert die US-Regierung massiv dagegen. Andererseits werden aber ständig europäische Konzerne in den USA zur Zahlung von Milliardenstrafen verurteilt, ohne dass deren europäische Regierungen dagegen ernsthaft protestieren. Auch das ist eine Form von Tributzahlungen, wenn es – wie in den westlichen Ländern – immer nur in die eine Richtung geschieht.

Diese Abschweifung zum Verhältnis zwischen den USA und ihren Vasallen habe ich mir erlaubt, um etwas Wichtiges aufzuzeigen: Es sind nicht nur die Staaten der EU, die die Kolonisierung mit Hilfe der Globalisierung fortsetzen, sondern auch innerhalb der westlichen Welt gibt es einen Kolonialherren (USA), der die von ihm abhängigen Staaten ausbeutet.

Das sind Fakten, die man kaum bestreiten kann, weshalb es schwierig ist, Russlands Kritik an der Globalisierung zu widerlegen. Russland, dazu kommen wir am Ende dieses Buches, bietet ein Gegenmodell zum westlichen Modell der Globalisierung, also der Fortsetzung der Kolonialpolitik, an. Russland ist dagegen, dass einige Staaten die Welt dominieren und der Welt ihr Modell aufzwingen wollen.

Wirtschaftssystem

Für das heutige Wirtschaftssystem kann man viele Bezeichnungen finden. Es wird „Kapitalismus" genannt, früher war von „Marktwirtschaft" oder gar „sozialer Marktwirtschaft" die Rede. Oder man nennt es, wie im vorherigen Kapitel beschrieben, „Globalisierung".

Das westliche Wirtschaftssystem hat sich in den letzten 30 Jahren sehr verändert. Der Mittelstand hat an Bedeutung verloren und die Macht der Konzerne ist gewachsen, was bedeutet, dass damit auch die Macht einiger weniger sehr reicher Menschen, die Mehrheiten an den Konzernen halten, gewachsen ist.

All das wird als „alternativlos" bezeichnet. Ich werde in diesem Kapitel darauf nicht mit meinen eigenen Worten eingehen, sondern eine Rede des russischen Präsidenten Putin zitieren, die er im Juni 2019 auf dem Petersburger Wirtschaftsforum gehalten hat[23]. In der Rede hat er eine Alternative für ein – so die russische Sicht der Dinge – gerechteres weltweites Wirtschaftssystem vorgeschlagen.

Da es in diesem Buch darum geht, wofür Russland in dem aktuellen Konflikt mit dem Westen steht, zeige ich auf, wie Putin die Ideen formuliert hat, für die Russland steht.

Man beachte dabei, dass er diese Rede 2019 gehalten hat, bevor Covid-19 die Weltwirtschaft durcheinandergebracht hat und bevor westliche Sanktionen so massiv in den internationalen Handel eingegriffen haben. Die Visionen und Ideen, die Putin in der Rede nannte, sind immer noch das Ziel der russischen Politik, denn die von Putin genannten systemischen Probleme der Weltwirtschaft sind durch die Covid-Maßnahmen und die Sanktionen noch verschärft worden.

Guten Tag, liebe Freunde und Kollegen, meine Damen und Herren.

Ich freue mich sehr, die Staats- und Regierungschefs und alle Teil-

23 http://kremlin.ru/events/president/news/60707

nehmer des Internationalen Wirtschaftsforums in St. Petersburg in Russland begrüßen zu dürfen. Wir danken unseren Gästen für ihr freundschaftliches Verhältnis zu Russland, für ihre Bereitschaft, mit uns zusammenzuarbeiten und wirtschaftlich zu kooperieren. Die Basis dafür ist – die Unternehmensführer wissen das sehr gut – Pragmatismus, Verständnis für gegenseitige Interessen, natürlich gegenseitiges Vertrauen und offene und klare Positionen.
Ich möchte die Plattform des Wirtschaftsforums in St. Petersburg nutzen, um nicht nur über die Ziele zu sprechen, die wir uns in Russland gesetzt haben, sondern auch darüber, wie sich unserer Ansicht nach das Weltwirtschaftssystem entwickelt. Für uns ist das kein abstraktes Thema. Die Entwicklung Russlands ist aufgrund seiner Größe, seiner Geschichte, seiner Kultur, seines menschlichen Potenzials und seiner wirtschaftlichen Möglichkeiten nur innerhalb des globalen Kontextes möglich.
Wie ist der Stand der Dinge heute, wie beurteilen wir sie in Russland? Formal sehen wir in letzter Zeit ein Wachstum der Weltwirtschaft. Ich hoffe, dass wir heute vor allem darüber sprechen werden, weil dies ein Wirtschaftsforum ist. (Anm. d. Übers.: Putin spielte damit auf vergangene Diskussionen bei dem Wirtschaftsforum an, bei denen ihn Journalisten meist zu geopolitischen Themen und nicht zur Wirtschaft befragt haben)
Insgesamt sehen wir formal eine positive Entwicklung. Das Wachstum betrug in den Jahren 2011 bis 2017 durchschnittlich 2,8 Prozent jährlich. In den vergangenen Jahren waren es knapp über drei Prozent. Aber unserer Meinung nach, und das müssen die Staats- und Regierungschefs offen anerkennen, befindet sich das bestehende Wirtschaftsmodell trotz des erwähnten Wachstums leider in einer Krise. Und es handelt sich dabei um eine umfassende Krise. Die Probleme häuften sich im letzten Jahrzehnt an und vermehren sich weiter. Sie sind ernster und größer, als es schien.

Seit dem Ende des Kalten Krieges wurden neue Märkte in den Prozess der Globalisierung aufgenommen, was die Architektur der Weltwirtschaft dramatisch verändert hat. Das vorherrschende Entwicklungsmodell, das auf der westlichen, so genannten liberalen, Tradition beruht, nennen wir es mal „euro-atlantisch", begann nicht nur eine globale, sondern eine universelle Rolle für sich zu beanspruchen.

Die wichtigste Triebfeder des aktuellen Globalisierungsmodells ist der Welthandel. Er ist von 1991 bis 2007 mehr als doppelt so schnell gewachsen, wie das weltweite BIP. Das ist verständlich, denn in der ehemaligen Sowjetunion und Osteuropa entstanden neue Märkte und die Waren strömten in diese Märkte. Aber diese Periode war nach historischen Maßstäben relativ kurz.

Es folgte die globale Krise der Jahre 2008/2009, die die Ungleichgewichte verschärfte und die Dysbalance offenlegte. Sie zeigte auch, dass der Mechanismus des globalen Wachstums allmählich ins Stottern kommt. Natürlich hat die Weltgemeinschaft dann ernsthaft an den Fehlern gearbeitet. Wenn man jedoch der Wahrheit in die Augen schaut, sehen wir, dass der Wille und vielleicht auch der Mut nicht ausgereicht haben, die Probleme vollständig zu verstehen und die nötigen Schlussfolgerungen zu ziehen. Es herrschte ein vereinfachender Ansatz vor, der sagte, dass das Modell der globalen Entwicklung selbst durchaus gesund sei, nichts Wichtiges geändert werden müsse, es reiche aus, die Symptome zu behandeln und ein paar Regeln und Institutionen der Weltwirtschaft und der internationalen Finanzen besser zu koordinieren, und alles wird wieder gut. Damals gab es viele Hoffnungen und positive Erwartungen, die sich aber schnell in Luft auflösten. Die Politik der „quantitativen Lockerung" und andere ergriffene Maßnahmen lösten die Probleme nicht in der Sache, sondern verlagerten sie nur in die Zukunft. Ich weiß, dass es auch hier Diskussionen über diese so genannte „quantitative

Lockerung" gegeben hat. In der russischen Regierung und auch in der Präsidialverwaltung diskutieren und streiten wir ständig über diese Themen.

Ich werde stattdessen die Daten der Weltbank und des IWF zitieren. Während vor der Krise von 2008/2009 das Verhältnis des Welthandels mit Waren und Dienstleistungen im Vergleich zum globalen BIP ständig wuchs, änderte sich der Trend nach der Krise. Es ist eine Tatsache, dass es ein solches Wachstum nicht mehr gibt. Das im Jahr 2008 erreichte Verhältnis zwischen weltweitem BIP und weltweitem Handel wurde nicht wieder erreicht. Damit ist der Welthandel nicht mehr der unumstrittene Motor der Weltwirtschaft. Und der neue Motor, dessen Rolle die hochmoderne Technik spielen sollte, springt nicht wirklich an. Mehr noch: Die Weltwirtschaft ist in eine Phase der Handelskriege und des wachsenden direkten und verdeckten Protektionismus eingetreten.

Was sind die Ursachen für die Krise der internationalen Wirtschaftsbeziehungen, die das Vertrauen zwischen den Teilnehmern der Weltwirtschaft untergräbt? Ich glaube, dass der Hauptgrund darin liegt, dass das Ende des 20. Jahrhunderts eingeführte Modell der Globalisierung immer weniger zu der sich rasch entwickelnden, neuen wirtschaftlichen Realität passt.

In den vergangenen drei Jahrzehnten ist der Anteil der Industrieländer am globalen BIP nach Kaufkraftparität von 58 Prozent auf 40 Prozent gesunken. Und der Anteil der G7-Länder ist von 46 auf 30 Prozent gesunken, während der Anteil der Schwellenländer wächst. Eine solche rasante Entwicklung neuer Volkswirtschaften, nicht nur mit ihren eigenen Interessen, sondern auch mit ihren eigenen Entwicklungsplattformen, ihren eigenen Ansichten zur Globalisierung und regionalen Integrationsprozessen, passt nicht zu den Vorstellungen, die noch vor Kurzem als unerschütterlich galten. Die Schablonen, die – man muss das deutlich sagen – von den Ländern des Wes-

tens kamen und ihnen außergewöhnliche Vorteile gaben, brachten ihnen Rendite und festigten ihre Position für die Zukunft. Die übrigen Länder mussten in ihrem Fahrwasser nachziehen. Natürlich wird viel über Gleichberechtigung gesprochen. Ich werde darüber gleich noch sprechen. Aber als dieses bequeme, gewohnte System begann, Risse zu zeigen, als Konkurrenten heranwuchsen, begannen die Staaten, die zuvor die Prinzipien der Freiheit des Handels gepredigt hatten, von ehrlichem und offenem Wettbewerb gesprochen haben, in dem Wunsch, ihre Dominanz um jeden Preis zu wahren, in der Sprache von Handelskriegen und Sanktionen sprechen. Es folgten offene wirtschaftliche Raubzüge, den Konkurrenten wurden die Hände auf den Rücken gedreht. Es wurde mit Einschüchterung gearbeitet, Konkurrenten durch so genannte nicht-marktwirtschaftliche Methoden beseitigt.

Sehen Sie, es gibt viele Beispiele, ich werde nur davon erzählen, was uns direkt betrifft und was allen, glaube ich, auf der Zunge liegt. Zum Beispiel der Bau der Gaspipeline Nord Stream 2. Ich habe im Saal unsere Partner gesehen, die daran arbeiten, nicht nur die russischen, sondern auch unsere Freunde aus Europa. Das Projekt zielt darauf ab, die Energiesicherheit Europas zu verbessern, neue Arbeitsplätze zu schaffen, es liegt voll und ganz im nationalen Interesse aller Beteiligten, sowohl der Europäer als auch Russlands. Wenn es diesen Interessen nicht entsprechen würde, würden unsere europäischen Partner es nicht umsetzen. Hat sie jemand dazu gezwungen? Sie kamen selbst zu uns, weil die Umsetzung dieses Projekts in ihrem Interesse ist.

Aber das passt nicht in die Logik und entspricht nicht den Interessen derjenigen, die innerhalb des bestehenden universalistischen Modells an ihre Exklusivität, ihre Einzigartigkeit, gewöhnt sind und daran, dass sie alles tun und lassen dürfen. Es passt nicht dazu, weil andere ihre Rechnungen bezahlen sollen, und deshalb wird das Projekt permanent torpediert. Es ist besorgniserregend, dass diese zerstörerische

Praxis nicht nur traditionelle Märkte wie Energie oder Rohstoffe getroffen hat, sondern auch in aufstrebenden Industrien Einzug hält. Bei Huawei etwa versucht man nicht nur, die Firma zu schwächen, man versucht, sie brutal aus dem globalen Markt zu verdrängen. Manche nennen das schon den „ersten technologischen Krieg" des digitalen Zeitalters.

Man dachte, dass die rasante digitale Transformation, die sich rasant verändernden Branchen, Märkte und Berufe, darauf ausgerichtet sind, den Horizont für alle zu erweitern, die bereit und offen für Veränderungen sind. Aber auch hier werden leider Mauern gebaut und direkte Verbote für den Kauf von Hightech-Produkten verhängt. Es ist so weit gekommen, dass Universitäten sogar die Zulassung ausländischer Studenten in bestimmten Fachrichtungen einschränken. Ehrlich gesagt geht das nicht in meinen Kopf. Aber trotzdem geschieht das alles in der Realität. Überraschend, aber es ist so.

Monopol bedeutet immer die Konzentration des Einkommens bei wenigen auf Kosten aller anderen, und in diesem Sinne heben Versuche, die neue technologische Welle zu monopolisieren, den Zugang zu ihren Früchten zu begrenzen, das Problem der globalen Ungleichheit auf ein ganz neues Niveau. Sowohl zwischen den Ländern und Regionen als auch innerhalb der Staaten selbst. Nun, wie wir wissen, ist Ungleichheit der Hauptgrund für Instabilität. Und es geht nicht nur um Einkommen, um materielle Ungleichheit, sondern um die fundamentalen Unterschiede der Chancen für die Menschen. In der Tat sehen wir den Versuch, zwei Welten zu schaffen und die Kluft zwischen ihnen wächst ständig. Einige haben Zugang zu den fortschrittlichsten Bildungssystemen, der besten Gesundheitsfürsorge, zu modernen Technologien, während andere keine Perspektiven haben, keine Chance, auch nur der Armut zu entkommen, und einige sogar ums Überleben kämpfen.

Mehr als 800 Millionen Menschen auf der Welt haben heute nur begrenzten Zugang zu Trinkwasser, etwa elf Prozent der Weltbevölkerung haben nicht genug zu essen. Wenn das System auf einer immer offensichtlicheren Ungerechtigkeit beruht, wird es niemals nachhaltig und ausgewogen sein.
Die Krise verschärft sich durch die wachsenden ökologischen und klimatischen Herausforderungen, die das sozioökonomische Wohlergehen der gesamten Menschheit unmittelbar bedrohen. Klima und Ökologie sind bereits zu einem objektiven Faktor für die Entwicklung der Welt geworden, zu einem Problem, das große Folgen hat, darunter eine neue, unkontrollierbare Zunahme der Migration, erhöhte Instabilität und die Unterminierung der Sicherheit in Schlüsselregionen der Welt. Gleichzeitig besteht die große Gefahr, dass wir anstelle gemeinsamer Anstrengungen zur Lösung von Umwelt- und Klimaproblemen mit Versuchen konfrontiert werden, auch dieses Thema für unfairen Wettbewerb zu nutzen.
Heute stehen wir vor zwei Extremen, zwei möglichen Szenarien für die weitere Entwicklung. Das erste ist die Wiedergeburt des universalistischen Modells der Globalisierung, ihre Verwandlung in eine Karikatur ihrer selbst, bei dem die allgemeingültigen internationalen Regeln durch die Gesetze eines Landes oder einer Gruppe einflussreicher Länder ersetzt werden. Ich bedauere, es konstatieren zu müssen, aber das tun heute die USA, indem sie ihre Gesetze der ganzen Welt aufzwingen. Übrigens, darüber habe ich vor 12 Jahren gesprochen, ein solches Modell widerspricht nicht nur der Logik der normalen zwischenstaatlichen Beziehungen und den sich abzeichnenden Realitäten einer komplexen, multipolaren Welt, sondern es löst auch keine Herausforderungen der Zukunft. (Anm. d. Übers.: Putin spielt hier auf seine – auch und gerade von seinen Kritikern so genannte – „historische Rede“ bei der Münchener Sicherheitskonferenz 2007 an, bei der er den USA zum ersten Mal offen „die Leviten gelesen“ hat und

genau eine solche Entwicklung prognostiziert hat, wie wir sie heute erleben.)
Und das zweite mögliche Szenario ist die Zersplitterung des globalen Wirtschaftsraums durch eine Politik des ungezügelten wirtschaftlichen Egoismus und seiner gewaltsamen Durchsetzung. Aber das ist der Weg zu endlosen Konflikten, zu Handelskriegen und vielleicht auch echten Kriegen, kurz gesagt, ein Kampf alle gegen alle, völlig ohne Regeln. (Anm. d. Übers.: Egal, wie man zu den anti-russischen Sanktionen des Westens stehen mag, aber genau so, wie es Putin hier beschreibt, ist es 2022 gekommen.)
Was kann die Lösung sein? Nicht eine utopische, kurzlebige, sondern eine realistische Lösung? Es ist klar, dass ein nachhaltigeres und gerechteres Entwicklungsmodell neue Regelungen erfordert, die nicht nur klar formuliert sind, sondern vor allem von allen respektiert und eingehalten werden. Ich bin jedoch davon überzeugt, dass das Gerede von einer solchen Wirtschaftsordnung ein guter und leerer Wunsch bleiben wird, wenn wir nicht wieder Begriffe wie Souveränität, das bedingungslose Recht jedes Landes auf seinen eigenen Entwicklungsweg und, wie ich hinzufügen möchte, Verantwortung nicht nur für die eigene, sondern auch für die globale nachhaltige Entwicklung in den Mittelpunkt der Diskussion rücken
Was kann Gegenstand der Regulierung solcher Abkommen und eines solchen gemeinsamen Rechtsrahmens sein? Natürlich nicht die Aufzwingung eines einzigen „wahren Kanons“, sondern vor allem die Harmonisierung der nationalen Wirtschaftsinteressen, der Grundsätze des Wettbewerbs und der Zusammenarbeit zwischen den Ländern mit ihren verschiedenen Entwicklungsmodellen, Besonderheiten und Interessen. Solche Grundsätze sollten so offen und demokratisch wie möglich erarbeitet werden.
Auf dieser Grundlage muss das Welthandelssystem an die modernen Gegebenheiten angepasst werden, und die Effektivität der Welthan-

delsorganisation gesteigert werden. Andere internationale Institutionen dürfen nicht zerstört, sondern müssen mit neuen Bedeutungen und Inhalten gefüllt werden. Damit das realistisch ist, reicht es nicht, nur Lippenbekenntnisse zu den Forderungen und Interessen der Entwicklungsländer abzugeben, die sich mit der Modernisierung ihrer Industrie, ihres Agrarsektors und ihres sozialen Bereichs befassen. Das wären dann gleiche Entwicklungsbedingungen für alle.

Deshalb schlagen wir übrigens vor, über die Schaffung einer offenen, für alle zugänglichen Datenbank mit den besten Praktiken und Entwicklungsprojekten nachzudenken. Russland ist bereit, seine erfolgreichen Projekte im sozialen, demographischen und wirtschaftlichen Bereich für alle zugänglich auf eine solche Informationsplattform zu stellen und lädt andere Länder und internationale Organisationen ein, sich dieser Initiative anzuschließen.

Nun zur Finanzwirtschaft. Ich stelle fest, dass die großen globalen Institutionen im Rahmen des Bretton-Woods-Systems vor 75 Jahren gegründet wurden. Das jamaikanische Währungssystem, das es in den 1970er Jahren ablöste und die Priorität des Dollars bestärkte, hat aber die wichtigsten Probleme nicht gelöst, vor allem bei der Ausgewogenheit der Währungsbeziehungen und des Handels. Seit dieser Zeit sind neue Wirtschaftszentren entstanden, die Rolle regionaler Währungen hat zugenommen und das Gleichgewicht von Macht und Interessen hat sich verändert. Es liegt auf der Hand, dass diese tiefgreifenden Veränderungen eine Anpassung der internationalen Finanzinstitutionen erfordern, ein Umdenken über die Rolle des Dollars, der erst zur Reservewährung der Welt und nun zu einem Druckmittel des Emittenten auf den Rest der Welt geworden ist.

Übrigens, meiner Meinung nach ist das der große Fehler der amerikanischen Finanzinstitutionen und politischen Entscheidungsträger: Die USA selbst untergraben ihre Vorteile, die

sie seit der Schaffung des Bretton-Woods-Systems haben. Das Vertrauen in den Dollar sinkt weltweit.
Die Agenda der technologischen Entwicklung sollte Länder und Menschen vereinen und nicht spalten. Und dazu brauchen wir faire Grundsätze in Schlüsselbereichen wie Hightech-Dienstleistungen, Bildung, Technologietransfer, neue digitale Wirtschaft und dem globalen Informationsraum. Ja, es wird sicher nicht einfach sein, ein so harmonisches System aufzubauen, aber es ist das beste Rezept, um das gegenseitige Vertrauen wiederherzustellen und es gibt keinen anderen Weg.
Wir müssen zusammenarbeiten, wenn wir das Ausmaß der globalen Herausforderungen der neuen Ära und unsere Verantwortung für morgen tatsächlich verstehen. Dazu müssen wir das Potenzial der Vereinten Nationen nutzen, dieser einzigartigen Vertretung aller Länder der Welt, durch die Stärkung ihrer wirtschaftlichen Institutionen und auch neue Organisationen, wie die G20, effektiver einbinden. Solange ein solches Regelwerk nicht entstanden ist, müssen wir von der gegenwärtigen Situation und den realen Problemen ausgehen und schauen, was wirklich in der Welt geschieht.
Als einen ersten Schritt auf dem Weg schlagen wir vor, eine Art Demilitarisierung der Schlüsselbereiche der Weltwirtschaft und des Handels durchzuführen, nämlich die Versorgung mit lebenswichtigen Gütern wie Medikamenten und medizinischer Ausrüstung zu sichern und den Handel damit vor Sanktionen zu schützen. (Beifall im Saal unterbricht die Rede)
Vielen Dank für Ihr Verständnis. Das gilt auch für Versorgungsgüter, die es ermöglichen, die Belastung für Umwelt und Klima zu reduzieren. Wie Sie sehen, sprechen wir über jene Bereiche, die für das Leben und die Gesundheit von Millionen, oder besser gesagt, Milliarden von Menschen, ja für den ganzen Planeten entscheidend sind.

Liebe Kolleginnen und Kollegen! Die heutigen Trends in der Welt zeigen, dass die Rolle eines Landes, seine Souveränität und sein Platz im modernen Koordinatensystem von mehreren Schlüsselfaktoren bestimmt werden: Das ist zunächst die Fähigkeit, die Sicherheit seiner Bürger zu gewährleisten, es ist die Fähigkeit, nicht nur die nationale Identität zu bewahren, sondern auch zur Entwicklung der weltweiten Kultur beizutragen. Und es gibt mindestens drei weitere Faktoren, die wir für grundlegend halten. Ich werde mich etwas ausführlicher auf sie konzentrieren.

Der erste Faktor ist das Wohlergehen und der Wohlstand des Menschen, seine Möglichkeit, seine Talente zu entwickeln.

Der zweite Faktor ist die Fähigkeit der Gesellschaft und des Staates, schnelle technologische Veränderungen umzusetzen.

Der dritte Faktor ist schließlich die Freiheit für unternehmerische Initiativen.

Ich beginne mit dem ersten Faktor.

Heute liegt das BIP nach Kaufkraftparität pro Kopf in Russland bei etwa 30.000 Dollar. Auf dem gleichen Niveau liegen auch die Länder Süd- und Osteuropas. Unsere Aufgabe in den kommenden Jahren ist es nicht nur, unter die Top Fünf der größten Volkswirtschaften der Welt zu kommen, und das ist kein Selbstzweck, sondern nur ein Mittel, um bei allen grundlegenden Parametern, die Lebensqualität und Wohlbefinden der Menschen widerspiegeln, auf mitteleuropäisches Niveau zu kommen. Auf dieser Grundlage haben wir uns auch unsere nationalen Ziele für das Wachstum der Wirtschaft und der Einkommen der Bürger, die Verringerung der Armut, die Erhöhung der Lebenserwartung, die Entwicklung von Bildung und Gesundheitsversorgung und beim Umweltschutz gesetzt. Die nationalen Projekte, die wir umsetzen, zielen darauf ab, diese Probleme zu lösen.

Der zweite Faktor ist die zwangsläufige technologische Entwicklung. Die Möglichkeiten sind hier wirklich kolossal. Unsere Aufgabe ist es, zu den ersten zu gehören, die diese Technologien nutzen, ihnen zu einem echten Durchbruch zu verhelfen. So wird nach Einschätzung von Experten im nächsten Jahrzehnt das zusätzliche Wachstum des weltweiten BIP aufgrund der Einführung künstlicher Intelligenz 1,2 Prozent jährlich betragen. Das ist das Doppelte von dem, was die Informationstechnologie zu Beginn des 21. Jahrhunderts gebracht hat. Der weltweite Markt für Produkte der künstlichen Intelligenz wird bis 2024 um fast das 17-fache auf etwa eine halbe Billion Dollar wachsen. Wie andere führende Länder der Welt hat Russland eine nationale Strategie für die Entwicklung künstlicher Intelligenz erarbeitet. Entwickelt wurde sie von der Regierung unter Beteiligung von heimischen Hightech-Unternehmen. Das Dekret über den Start dieser Strategie wird in naher Zukunft unterzeichnet. Ein detaillierter, schrittweiser Aktionsplan ist in das nationale Programm der digitalen Wirtschaft integriert.

Russland verfügt über starke Humanressourcen, eine gute Ausgangslage für die Schaffung der fortschrittlichsten technologischen Lösungen. Und das gilt nicht nur für künstliche Intelligenz, sondern auch für andere Gruppen sogenannter End-to-End-Technologien. In diesem Zusammenhang lade ich unsere Unternehmen mit staatlicher Beteiligung sowie führende russische Privatunternehmen ein, wichtige Partner des Staates bei der Entwicklung dieser wissenschaftlichen und technologischen Bereiche zu werden. Es geht, wie gesagt, um künstliche Intelligenz und andere digitale Technologien. Das schließt sicherlich neue Materialien, Gentechnologien für die Medizin, Landwirtschaft und Industrie, sowie tragbare Energiequellen, sowie die Technologie für ihre Übertragung und Speicherung ein. Das praktische Ergebnis einer solchen Partnerschaft sollte die Produktion und Förderung bahnbrechender Produkte und Dienstleistungen sowohl im In- als auch im Ausland sein. Für den Staat ist das eine Chance, eine mächtige, souveräne technologische Basis zu bilden. Für die Un-

ternehmen ist es die Chance, in eine neue technologische Ära einzutreten. All diese Fragen haben wir vor einer Woche bei einem außerordentlichen Treffen in Moskau diskutiert. Dafür werden in nächster Zeit entsprechende Vereinbarungen mit Sberbank, Rostec, Rosatom, der Russischen Eisenbahn und Rostelecom abgeschlossen. Die entsprechenden Dokumente sind schon erstellt. Ich bitte auch darum, dass sich an diesem Großprojekt unsere führenden Unternehmen des Energiesektors Gazprom, Rosneft, Rosseti und Transneft beteiligen. Ich habe die Regierung angewiesen, diese Arbeit zu organisieren.

Wie wird die Zusammenarbeit zwischen Staat und Großunternehmen aufgebaut? Im Rahmen des Partnerschaftsvertrages investieren die Unternehmen in Forschung und Entwicklung, Kompetenzzentren, Unterstützung von Start-Ups, Wissenschaft, Management, Ingenieurwesen und werben ausländische Spezialisten an. Im Gegenzug wird der Staat sich verpflichten, finanzielle und steuerliche Unterstützungsinstrumente zur Verfügung zu stellen, um die Nachfrage nach inländischen High-Tech-Produkten anzukurbeln, auch durch öffentliche Aufträge, das heißt, der Staat hilft, den Markt zu erschaffen. Wir werden daran arbeiten. Vielleicht werden unsere chinesischen Freunde auch einiges von diesen neuen Angeboten und Produkten kaufen.

Es ist notwendig, das System der technischen Standardisierung und Regulierung zu verfeinern und hier sogar eine Art experimentelles Rechtssystem zu schaffen. Ein adäquates, flexibles rechtliches Umfeld ist ein Schlüsselthema für neue Industrien. Sie zu bilden ist auf der ganzen Welt nicht einfach, es gibt viele heikle Probleme für die Sicherheit des Staates und für die Interessen der Gesellschaf und der Bürger. Aber um Ergebnisse zu erzielen, ist es von entscheidender Bedeutung, den Entscheidungsprozess zu beschleunigen, daher bitte ich die Kollegen aus der Regierung und die Experten der Wirtschaft, einen wirksamen Mechanismus vorzuschlagen.

Neue Branchen werden auch Spezialisten mit neuem Wissen benötigen. Dazu modernisieren wir aktiv die Programme und Inhalte der Bildung. Im August findet, wie Sie wissen, in Kasan die Weltmeisterschaft der Berufe, WorldSkills, statt, bei der auf Initiative Russlands erstmals Wettbewerbe in den Bereichen „Kompetenzen der Zukunft" veranstaltet werden, wie zum Beispiel in den Bereichen maschinelles Lernen und Big Data, Komposittechnologien und Quantentechnik. Ich wünsche unserem Team und allen Teilnehmern viel Erfolg.

Ich möchte betonen, dass wir eine ganz neue Plattform „Russland, das Land der Chancen" gebildet haben, die auf persönliches und berufliches Wachstum abzielt. Die Wettbewerbe und beruflichen Olympiaden, die in diesem Rahmen stattfinden, sind offen für Schüler, Jugendliche, Menschen unterschiedlichen Alters, für Teilnehmer nicht nur aus Russland, sondern auch aus anderen Ländern. Das Projekt zur Förderung und Bildung des Personals ist in seiner Größenordnung beispiellos in der Welt. Allein in den Jahren 2018 und 2019 nahmen mehr als 1,6 Millionen Menschen teil. Wir werden dieses System auf jeden Fall weiterentwickeln, es effizienter und transparenter machen, denn je mutigere und talentiertere Menschen in Wirtschaft und Wissenschaft, Regierung und Soziale Dienste kommen, desto erfolgreicher werden wir in der Lage sein, die Entwicklungsprobleme zu lösen, desto höher wird die globale Wettbewerbsfähigkeit unseres Landes sein.

Der dritte erwähnte Faktor ist die Wettbewerbsfähigkeit des Landes. Dabei geht es um ein günstiges Geschäftsumfeld. Wir arbeiten konsequent daran und werden diese Arbeit fortsetzen. Heute haben wir bei einer Reihe von Dienstleistungen für Unternehmen, in der Qualität der nötigen Verwaltungsverfahren, zu Ländern mit starken und langjährigen unternehmerischen Traditionen aufgeschlossen und einige sogar schon überholt.

Es gibt eine gesunde und wachsende Konkurrenz zwischen den Regionen Russlands um Unternehmer, um Investitionen und Projekte. Die Effizienz des Managements der Verwaltungen hat sich deutlich verbessert. Das eingeführte „Nationale Rating" des Investitionsklimas der Regionen Russlands ist zu einem großen Antrieb für solche Veränderungen geworden. Und gemäß der Tradition, die sich bereits auf dem Wirtschaftsforum in St. Petersburg etabliert hat, möchte ich die Gewinner der Rangliste 2019 nennen und ihnen gratulieren: Moskau, Tatarstan, Tjumen, Kaluga und St. Petersburg.
Was die Dynamik der Verbesserung des Investitionsklimas angeht, waren die führenden Regionen Jakutien, Primorski Kraij, Samara, Krim, Nordossetien, Perm, Nischni Nowgorod, Udmurtia, Iwanowskaja und Nowgorod. Bei dieser Gelegenheit bitte ich die Leiter der Regionen und die Vertreter des Präsidenten in den Bezirken, ihre Arbeit zu verstärken, um privates Kapital, nationale Projekte und andere Entwicklungsprojekte anzulocken. Dazu können Sie auch auf die Möglichkeiten des Russischen Fonds für Direktinvestitionen und andere moderne, effiziente Mechanismen zugreifen.
Wie bereits gesagt, gibt es positive Veränderungen im Geschäftsklima bei der Verwaltung, aber es gibt immer noch genügend akute Probleme, die die Unternehmen betreffen. Vor allem handelt es sich um den archaischen und übertriebenen Kontrollwahn der Aufsichtsbehörden, der unzumutbar ist und manchmal bis zum illegalen Eindringen der Strafverfolgungsbehörden in das Geschäftsumfeld, in die Arbeit von Unternehmen geht. (Anm. d. Übers.: Diese Probleme gibt es. In Russland sind manche Aufsichtsbehörden übereifrig, man konnte in den anderthalb Jahren vor dieser Rede bei fast jedem innenpolitischen Auftritt Putins hören, wie er dagegen angekämpft und die Aufsichtsbehörden immer mehr an die Leine genommen hat, damit sie zwar ihrer Aufsichtspflicht nachkommen, aber ohne die Unternehmen dabei unnötig bei der Arbeit zu behindern. Letztlich ist diese Frage

wohl eine Gratwanderung zwischen staatlicher Aufsicht und unternehmerischer Freiheit, die es in allen Ländern der Welt gibt. Russland versucht derzeit massiv, den Unternehmen das Leben zu erleichtern, aber die existierenden Probleme auf diesem Gebiet waren und sind in den russischen Medien sehr präsent.)

In diesem Jahr haben wir die größte, tiefgreifendste und radikalste Reform im Bereich der Kontrolle und Überwachung seit dem Ende der Sowjetunion eingeleitet. Ich möchte Sie daran erinnern, dass ab dem 1. Januar 2021 der gesamte, weitgehend veraltete Rechtsrahmen seine Gültigkeit verliert. Als Ersatz soll ein klares System von Anforderungen definiert werden, jegliche Überschneidung von Kompetenzen staatlicher Behörden soll ausgeschlossen werden, die Gründe für außerplanmäßige Kontrollen werden begrenzt und es wird ein risikoorientierter Ansatz ist festgelegt.

Bereits in diesem Jahr soll ein Informationsdienst ins Leben gerufen werden, der es ermöglicht, Informationen über Inspektionen durch Aufsichtsbehörden einerseits und Beschwerden von Unternehmern andererseits objektiv abzugleichen und schnell auf alle Unregelmäßigkeiten zu reagieren.

Nun zu den Beziehungen zwischen der Wirtschaft und den Strafverfolgungsbehörden. Die Logik unseres Handelns ist folgende: Eine weitere Liberalisierung der Gesetzgebung, die Stärkung von Garantien und Eigentumsrechten, der Ausschluss von auch nur formalen Möglichkeiten durch Missbrauch des Rechts Druck auf Unternehmen auszuüben, eine konsequente Säuberung der Strafverfolgungsbehörden und des Justizsystems. Die wichtigste Voraussetzung für die Effizienz solcher Arbeiten ist die Erhöhung der Transparenz des Geschäftsumfeldes. Das ist auch sehr wichtig, liebe Kolleginnen und Kollegen. Bereits in diesem Jahr wird es eine digitale Plattform geben, eine Art digitalen Ombudsmann, über die Unternehmer alle ihrer Meinung nach illegalen Handlungen der Strafverfolgungsbehörden melden können.

Und eine solche Offenheit kann meiner Meinung nach ein Garant für das Vertrauen zwischen Gesellschaft, Wirtschaft und Staat werden. Generell gilt es, das Verwaltungs- und Regierungssystem so schnell wie möglich auf digitale Technologien umzustellen. So soll die Effizienz aller Regierungsbehörden, die Geschwindigkeit und die Qualität der Entscheidungsfindung drastisch verbessert werden. Ich fordere die Regierung auf, gemeinsam mit den regionalen Regierungschefs einen konkreten Aktionsplan in dieser Hinsicht vorzulegen. Wir haben schon oft darüber gesprochen.

Liebe Kolleginnen und Kollegen, mehr als einmal in seiner Geschichte führte Russland großangelegte Projekte der räumlichen Entwicklung durch, die zu Symbolen tiefgreifender und dynamischer Veränderungen des Landes, seiner Bewegung nach vorn, wurden. Solche komplexen Projekte werden heute im Süden Russlands, im Fernen Osten und in der Arktis umgesetzt. Heute gilt es, über den Aufstieg großer Gebiete in Zentral- und Ostsibirien nachzudenken, ihn gut vorzubereiten und zu planen, uns auf einen Entwicklungsplan zu einigen. In dieser Makroregion befinden sich die reichsten Ressourcenvorkommen, etwa ein Viertel der Waldreserven, mehr als die Hälfte der Kohlereserven, bedeutende Kupfer- und Nickelvorkommen, riesige Energiereserven, von denen viele bereits erschlossen wurden.

Hinzu kommen noch einzigartige Möglichkeiten für die Entwicklung der Landwirtschaft. Im Bereich des Minusin-Tals etwa gibt es mehr als 300 Sonnentage im Jahr. Das gibt uns die Möglichkeit, hier einen neuen, leistungsstarken agrarindustriellen Komplex zu bilden. Nach Ansicht von russischen und ausländischen Experten können diese Ressourcen der Makroregion Investitionen in Höhe von mehreren Billionen Rubel, bis zu 3 Billionen Rubel (Anm. d. Übers.: damals ca.48 Mrd. Euro), bringen. Natürlich nur, wenn der Staat in den Ausbau von Infrastruktur, Sozialbereich und Wohnungsbau investiert. Die Entwicklung von Gebieten in Mittel- und Ostsibirien, nicht als Roh-

stoffbasis, sondern als wissenschaftliches und industrielles Zentrum, sollte diese Region zu einer Verbindung zwischen dem europäischen Teil Russlands und dem Fernen Osten machen, zwischen den Märkten von China, Asien-Pazifik und Europa, einschließlich Osteuropa. Das sollte frische, gut ausgebildete Arbeitskräfte anlocken.
Ich fordere die Regierung zusammen mit der Expertengemeinschaft und der Russischen Akademie der Wissenschaften auf, die notwendigen Projekte vorzubereiten und im Herbst Bericht zu erstatten.
Meine Damen und Herren, liebe Freunde! Heute haben wir in Russland begonnen, wirklich strategische und langfristige Programme umzusetzen, von denen viele ohne Übertreibung globale Auswirkungen haben werden. Die Geschwindigkeit und das Ausmaß der Veränderungen, die sich in der Welt vollziehen, sind in der Geschichte beispiellos und in der kommenden Ära ist es wichtig, dass wir einander zuhören und unsere Kräfte bündeln, um gemeinsame Probleme zu lösen.
Liebe Freunde! Russland ist bereit für Herausforderungen und Veränderungen. Wir laden alle zu einer breiten, gleichberechtigten Zusammenarbeit ein.
Vielen Dank für Ihre Aufmerksamkeit. Danke.

Migration

Um zu verstehen, warum man in Russland einen vollkommen anderen Blick auf das Thema Migration hat, muss man Russland kennen, denn die Antwort liegt in der Geschichte.

Die europäischen Länder sind immer sehr homogen gewesen. Die Grenzen in Europa sind fast immer auch die Grenzen der Ethnien. Die Grenzen Deutschlands verlaufen ziemlich exakt dort, wo sie Deutsche von Dänen, Holländern, Franzosen oder Polen trennen. Es gibt natürlich Übergänge, wie in Schleswig-Holstein, wo es im Grenzgebiet mit Dänemark jeweils Minderheiten gibt, aber grundsätzlich sind Grenzen zwischen den europäischen Staaten in der Geschichte meistens entlang der ethnischen Grenzen verlaufen. Natürlich bestätigen Ausnahmen die Regel und ist es in Südosteuropa und dem Balkan, wo die Ethnien sehr vermischt leben, anders, aber das ändert nichts an der grundsätzlichen Aussage, dass die meisten Ethnien in Europa einen eigenen Staat haben, dessen Grenzen entlang der ethnischen Grenzen verlaufen.

Hinzu kommt, dass die Völker in Europa sich nicht allzu stark unterscheiden. Sie sind alle von dem mehr oder weniger gleichen Kulturkreis geprägt, haben alle ursprünglich die gleiche Religion, also das katholische oder protestantische Christentum, haben alle mehr oder weniger die gleiche Geschichte, die vom feudalistischen Mittelalter, der Aufklärung, der christlichen Religion und so weiter geprägt wurde.

Auch wenn es politisch inkorrekt ist, das zu sagen, aber diese europäische Geschichte ist der Grund für den latenten Rassismus, der immer Teil der europäischen Geschichte war und auch heute noch Teil der europäischen Kultur ist. Traditionell hatten die Menschen in Europa über Jahrhunderte keinen Kontakt zu Völkern, die sich **wirklich** von den europäischen unterschieden haben. Das hat dazu geführt, dass man allem Fremden gegenüber misstrauisch war oder es gar von oben herab betrachtet hat. Fremde hat man schnell als Barbaren, als rückständig eingestuft.

Das ist auch heute noch so, auch wenn die meisten Menschen in Europa das weit von sich weisen würden, schließlich empfinden sich die heutigen Europäer als ausgesprochen tolerant gegenüber anderen Völkern und Kulturen.

Dass das nicht so ist, zeigt, mit welcher Inbrunst sich die Europäer heute dafür begeistern lassen, anderen – vorgeblich rückständigen – Völkern die europäische Staatsform der „westlichen Demokratie" bringen zu wollen, anderen Völkern die „westlichen Werte" aufzwingen zu wollen. Wenn ein Land und seine Bevölkerung aufgrund der eigenen Kultur zum Beispiel LGBT kritisch gegenübersteht, wird sie von eben den Europäern, die sich selbst als die tolerantesten Menschen ansehen, als rückständig betrachtet und diese – nach ihrer Selbsteinschätzung – toleranten Europäer sind einer LGBT-kritischen Meinung gegenüber vollkommen intolerant.

Das ist in der Geschichte begründet, denn diese Intoleranz gegenüber anderen Kulturen und Traditionen ist tief in der europäischen Geschichte verwurzelt und prägt die Menschen bis heute. Ob die Römer den Barbaren die Zivilisation bringen wollten, ob Karl der Große die Sachsen mit dem Schwert bekehrt hat, ob die Christenheit zu Kreuzzügen aufgebrochen ist, ob die Kolonisatoren den „Wilden" zuerst den „wahren Glauben" und dann die Zivilisation bringen wollten – all diese geschichtlichen Ereignisse haben eines gemeinsam: Sie hatten ihre Wurzel darin, dass sich die Europäer anderen Völkern gegenüber als überlegen empfunden haben – und sich bis heute als (moralisch) überlegen empfinden.

Das ist typisch europäisch und man findet das in nicht-europäisch sozialisierten Teilen der Welt nicht, oder zumindest nicht in dieser aggressiv ausgeprägten Form.

Nehmen wir die Chinesen. China war in seiner Geschichte nie ein expansives Reich, im Gegenteil. China hat die Mauer gebaut, um sich von den anderen abzuschotten. Die Chinesen haben sich auch als kulturell überlegen empfunden, aber sie haben nie den Ehrgeiz gehabt, anderen Völkern („Barbaren") ihre Zivilisation aufzuzwingen, sie wollten von denen stattdessen einfach nur in Ruhe gelassen werden.

Als Kolumbus sich auf den Weg gemacht hat, die Neue Welt zu entdecken, hat auch China eine Flotte losgeschickt, um die Welt zu entdecken. Während es das Ziel der Europäer war, die Neue Welt zu unterwerfen und ihr die (vorgeblich) überlegene europäische Zivilisation zu bringen, hatten die Chinesen andere Ziele.

Die Chinesen wollten wissen, ob es „da draußen" eine Macht gibt, die China bedrohen könnte. Sie segelten bis Afrika, verteilten auf dem Weg überall Geschenke und kamen dann mit der Erkenntnis nach Hause zurück, dass da niemand ist, der ihnen gefährlich werden könnte. Daraufhin wurde die mächtige chinesische Flotte feierlich verbrannt, anstatt auch nur Handel mit den entdeckten Völkern zu treiben. Und erst recht kam man in China gar nicht auf die Idee, sie dominieren zu wollen.

Diese geschichtliche Prägung, diese kulturelle Herkunft, beeinflusst das Denken der Menschen bis heute. Für Europäer ist der Gedanke von „leben und leben lassen" sehr fremd, auch wenn sie sich das selbst nicht einmal eingestehen wollen. Sie meinen, der Welt etwas Gutes bringen zu müssen, anstatt zu akzeptieren, dass andere Völker eben anders sind, andere Werte haben und auch anders leben wollen.

Das ist, auch wenn es schmerzhaft ist, sich das einzugestehen, Rassismus. Dieser Rassismus ist ein fester Bestandteil der europäischen Kultur- und zwar bis heute. Und ausgerechnet diejenigen, die den Rassismus am heftigsten verurteilen, sind die radikalsten Rassisten, denn sie sind es, die ihre (vorgeblich moralisch überlegenen) „Werte" anderen (vorgeblich rückständigen) Menschen und Völkern aufzwingen wollen.

Damit kommen wir zu Russland, das auch eine andere Prägung hat als Europa. Schon Russlands Wurzeln liegen in einer Vermischung verschiedener Völker, denn im Mittelalter gingen die Einwohner Russlands aus einer Vermischung von Slawen mit Skandinaviern hervor, die entlang der Ströme Handel bis nach Konstantinopel trieben und sich entlang der Ströme niederließen, wo dabei die Siedlungen entstanden, die zu den ersten russischen Städten und Fürstentümern wurden.

Später expandierte Russland weitgehend friedlich nach Osten, Kriege führte es fast ausschließlich mit seinen europäischen und osmanischen Nachbarn. Die Erschließung des Ostens bis nach Alaska, das ursprünglich Teil Russlands war und dann von den Zaren an die jungen USA verkauft wurde, war ein weitgehend friedlicher Prozess, bei dem die russischen Siedler die Ureinwohner in Ruhe ließen und mit ihnen lediglich Handel trieben. Das waren keine kriegerischen Eroberungen, es gab keine Unterdrückung der Ureinwohner, kein einziges Volk, das in den Jahrhunderten unter russische Herrschaft gekommen ist, wurde ausgerottet oder so sehr assimiliert, dass es seine Identität verloren hätte.

Das ist der Unterschied zur europäischen Expansion: Wo die Europäer aufgetaucht sind, haben sie die Ureinwohner fast komplett ausgerottet (siehe die Indianer Amerikas), versklavt (siehe Afrika und den Sklavenhandel) oder „nur“ ausgebeutet (siehe Indien).

Auch die sowjetische Diktatur ist dieser russischen Tradition, die kleinen Völker und ihre Traditionen zu respektieren, treu geblieben. Zwar wurde den Nomadenvölkern der weiten Steppen eine Schulpflicht auferlegt, aber sie konnten, wenn sie wollten, ihren Lebensstil beibehalten. Und so gibt es die Nomadenvölker, die mit ihren Rentierherden durch die Weiten Russlands ziehen, bis heute.

Auch die Sprachen der Völker sind erhalten geblieben, denn als die Sowjetunion allen Einwohnern die sowjetische Propaganda bringen wollte, wurden dazu Zeitungen in den vielen Sprachen der Völker des Landes gedruckt, anstatt ihnen Russisch als Sprache aufzuzwingen.

Und so ist es bis heute. In Russland gibt es, je nach Zählweise, etwa 200 ethnische Gruppen, die fast 300 Sprachen sprechen. Der größte russische Staatssender sendet sein Radio- und Fernsehprogramm im eigenen Land in 54 Sprachen, was einmalig auf der Welt ist. Es gibt in Russland etwa 50 regionale Amtssprachen und der russische Staat nimmt eine Menge Geld in die Hand, um die Kulturen und Traditionen der kleinen Völker Russlands zu erhalten und zu fördern. Ihre Sprachen werden auch in ihren Schulen gelehrt.

In Russland sind auch alle Weltreligionen vertreten. Zwar stellen die orthodoxen Christen die große Mehrheit, aber es gibt auch bis zu 20 Prozent Moslems, es auch gibt Buddhisten, Juden, Anhänger des Schamanentums und so weiter. All diese Religionen leben in ihrer angestammten Heimat. Die Moslems zum Beispiel leben vor allem im Kaukasus und im zentralrussischen Tatarstan.

Und das ist der zentrale Unterschied zu den Problemen mit der Migration, die Europa hat: Die Moslems, die nach Europa kommen, sind entwurzelt, sie kommen in ein fremdes Land mit fremden Bräuchen und Kulturen, sie fühlen sich nicht zu Hause, sie fühlen sich nicht als Teil der für sie fremden Gesellschaft und sie verstehen zu Beginn nicht einmal die Sprache. Aus diesem Grund gibt es die Probleme mit der Integration der Zuwanderer oft noch nach Generationen und daher haben westdeutsche Städte zum Beispiel türkisch dominierte Stadtteile – es haben sich de facto Ghettos gebildet.

Das gibt es in Russland nicht, daher funktioniert das Zusammenleben der verschiedenen Religionen und Kulturen in Russland, weil sie alle in ihrer angestammten Heimat leben. Man respektiert einander. Der Grundgedanke in Russland ist dabei „leben und leben lassen“, niemand zwingt dem anderen seine Lebensweise, seinen Glauben, seine Ideale auf. Man akzeptiert den anderen auch dann, wenn man in zentralen Punkten unterschiedlicher Meinung ist. Der missionarische Eifer, der im Westen vorherrscht, wenn es um die eigenen „Werte" (oder früher die Religion) geht, fehlt in Russland.

Daher ist es in Russland auch als Extremismus, in Deutschland würde man „Volksverhetzung" sagen, verboten, andere Religionen schlecht zu machen. Die religiösen und kulturellen Gefühle der anderen werden in Russland geachtet und respektiert und der Staat achtet darauf, dass keine Radikalen anfangen, entlang dieser religiösen oder kulturellen Grenzen Hass zu säen.

In Russland ist es vollkommen normal, dass der Präsident zum moslemischen Fastenbrechen eine Fernsehansprache hält und den Moslems zu ihrem Festtag Glückwünsche schickt, so, wie er es auch zum christlichen Weihnachtsfest oder zu Sylvester tut.

In Russland funktioniert „multi-kulti" ganz selbstverständlich, was man auch an der offiziellen Bezeichnung des russischen Staates sehen kann. Was in Deutschland als „Russische Föderation" übersetzt wird, ist eigentlich eine falsche Übersetzung. Es müsste korrekterweise „Russländische Föderation" heißen, was bedeutet, dass alle Völker ihre Identität haben, aber sich zu Russland zugehörig fühlen. Und so ist es keineswegs ungewöhnlich, dass gerade auch in den fernen russischen Regionen die Menschen sich zum Beispiel als Dagestaner fühlen, aber echte Patrioten Russlands sind.

Übrigens muss man deutlich zwischen Patrioten und Nationalisten unterscheiden. Ein Patriot ist jemand, der sein Land, seine Heimat, liebt, der aber auch Respekt für Patrioten anderer Länder hat und ihre Liebe zu ihrer Heimat anerkennt und respektiert.

Ein Nationalist hingegen stellt seine Nation, sein Volk, über andere Völker, ihm fehlt der Respekt für andere.

Da diese Begriffe in Deutschland gerne durcheinandergebracht werden, will ich das einem Beispiel verdeutlichen. Ein Hamburger, der seine Stadt liebt, ist ein Patriot Hamburgs, aber er hat Respekt vor dem Münchner, der seine Stadt genauso liebt. Patriotismus bedeutet Liebe zur eigenen Heimat und gleichzeitig Respekt vor anderen, die eine andere Heimat und haben und diese auch lieben.

In Russland wird der Patriotismus gezielt gefördert, nicht zuletzt auch, weil der Patriotismus zu Russland ein wichtiges verbindendes Element zwischen den vielen verschiedenen Völkern Russlands ist.

Nationalismus hingegen wird in Russland bekämpft. In Russland gibt es, wie in jedem Land, Nationalisten, aber sie sind eine kleine Minderheit und werden vom Staat sehr kritisch beobachtet, weil sich unter dem Nationalismus eben auch Rassisten versammeln, die zum Beispiel gegen andere in Russland lebende Völker hetzen, was in Russland als Extremismus streng bestraft wird.

All das muss man zum Verständnis wissen, wenn man verstehen will, wie die russische Regierung (und auch die Menschen in Russland) über das Thema Migration denken. Die Hintergründe sind vollkommen anders als in Deutschland und Europa.

Auch in Russland gibt es Einwanderer, was in Deutschland kaum bekannt ist. Russland hat zahlenmäßig weit mehr Ausländer aufgenommen als Deutschland. Russland ist, auch wenn das in Deutschland anders dargestellt wird, ein wohlhabendes Land mit einer wohlhabenden Bevölkerung, deren Lebensstandard kaum niedriger ist als in Europa. Darauf gehe ich im letzten Kapitel dieses Buches ein, hier will ich es an einem einfachen Beispiel deutlich machen: Für viele Länder (zum Beispiel Ägypten, die Türkei, Thailand, etc.) sind russische Touristen ein wichtiger Wirtschaftsfaktor, weil jedes Jahr viele Millionen Russen in diesen Ländern Urlaub machen. Wären die Menschen in Russland so arm, wie es die westlichen Medien suggerieren, könnten es die Russen sich finanziell nicht leisten, in so großer Zahl die Strände der Urlaubsländer zu bevölkern.

Die meisten Nachbarstaaten Russlands sind Staaten der ehemaligen Sowjetunion, in denen der Lebensstandard weitaus niedriger ist. Daher ist Russland ein gefragtes Einwanderungsland für diese Menschen auf der Suche nach mehr Wohlstand. Wie viele Menschen aus diesen Staaten in Russland leben, weiß wahrscheinlich niemand genau, aber die Zahl dürfte zwischen bei zwanzig Millionen liegen. Alleine aus der Ukraine waren schon vor dem Maidan etwa zwei Millionen Menschen nach Russland gegangen, nach dem Beginn des Krieges im Donbass im Jahre 2014 sind noch einige Millionen hinzugekommen.

Aber Russland konnte und kann diese Migranten gut integrieren, denn erstens sprechen die meisten mehr oder weniger gut Russisch und sie haben ihre Ausbildung nach Regeln genossen, die auf der gemeinsamen sowjetischen Vergangenheit basieren, was die Anerkennung von Ausbildungsabschlüssen in Theorie und Praxis enorm vereinfacht.

Natürlich funktioniert diese massenhafte Migration auch in Russland nicht ohne Probleme, aber der russische Staat achtet darauf, dass sich keine Ghettos bilden, in denen die Migranten Parallelgesellschaften bilden, sondern dass sie sich wirklich integrieren.

In meinem Buch über Putin habe ich dazu eine Rede an die Nation von Putin vor den beiden Kammern des russischen Parlaments[24] zitiert, in der Putin die russische Position zum Thema Migration zusammengefasst hat:

„Wir dürfen nicht vergessen, dass jeder Nationalismus oder Chauvinismus in erster Linie der Ethnie schadet, deren Interessen er an-

---

24 https://www.j-k-fischer-verlag.de/J-K-Fischer-Verlag/Vladimir-Putin-Seht-Ihr-was-Ihr-angerichtet-habt--8103.html

geblich schützen möchte. Darum sind einfache und „endgültige" Entscheidungen, die verschiedene Schattierungen der Nationalisten und Extremisten vorschlagen, für Russland besonders gefährlich. Welche schönen Worte sie dabei auch benutzen, ihre Vorschläge führen zum Verfall der Gesellschaft und zum Zerfall des Staates.

Alle Versuche, zu Streit zwischen Ethnien oder zum religiösen Zwist aufzurufen, müssen wir als Bedrohung für die Einheit des russischen Staates begreifen, als Gefahr für jeden einzelnen von uns. Wir werden in Russland auch keine Parallelgesellschaften zulassen, die außerhalb des Rechtssystems des Landes leben, die unsere gemeinsamen Normen, Regeln und Gesetze ablehnen.

Ich wende mich an die Regierungschefs der Teilrepubliken der Russischen Föderation, an die Gouverneure und die Bürgermeister der großen Städte: Sie müssen mit diesen Menschen arbeiten, täglich mit ihnen arbeiten, diese Arbeit organisieren und effektiv gestalten.

Russland braucht auf jeden Fall Zuwanderung von intelligenten, fleißigen und gut ausgebildeten Menschen, die nicht einfach nur zum Arbeiten kommen und dann wieder gehen wollen. Wir brauchen Menschen, die sich in Russland niederlassen wollen und Russland als ihre Heimat ansehen."

Das ist es, was den Unterschied zu Europa ausmacht: Russland ist offen für Menschen, die sich in Russland niederlassen und Russland als ihre Heimat ansehen wollen. Die Einwanderer müssen sich an das Leben in Russland anpassen.

In Europa ist das anders. Dort gelten die Begriffe der Nation oder der nationalen Kultur nicht mehr viel, es wird stattdessen auf eine „europäische" Identität gesetzt, von der allerdings niemand so genau weiß, was das sein soll. Entsprechend wird von den Einwanderern in europäische Länder nicht ernsthaft gefordert, sich zu der Identität ihres Gastlandes zu bekennen.

Dass führende Politiker in Deutschland mit Blick auf die Masseneinwanderung Sätze wie „Deutschland wird sich verändern, und das ist auch gut so!“ sagen, wäre in Russland undenkbar. Schließlich ist das die klare Aussage, dass die Einwanderer den Deutschen vorgeben, in welche Richtung sie sich zu verändern haben. Oder anders gesagt: Die Gäste geben dem Hausherrn die Regeln in seinem eigenen Haus vor.

Eine solche Politik muss über kurz oder lang zur Destabilisierung des Landes führen, denn nicht nur kommen Millionen entwurzelte Menschen in das Land, zusätzlich sollen auch die Inländer sich verändern, werden also quasi selbst im eigenen Land entwurzelt. Das kann auf lange Sicht nicht gut gehen.

Wer meint, das sei übertrieben, weil in Deutschland ja alles noch einigermaßen funktioniert, dem empfehle ich eine Reise in die Pariser Vororte, wo man schon etwas weiter ist als in Deutschland. Dort regieren inzwischen offen die Clans und Polizei und Notärzte vermeiden es nach Möglichkeit, dort nach dem Rechten zu sehen.

Die massenhafte Einwanderung, die Bundeskanzlerin Merkel 2015 zugelassen, ja sogar befeuert hat, wird das, was von der deutschen Identität noch übrig ist, langfristig zwangsläufig zerstören. Der Grund ist, dass in der Generation der 25 bis 35-jährigen praktisch die gleiche Anzahl an Männern ins Land gekommen ist, wie in dieser Altersgruppe in Deutschland zu dem Zeitpunkt gelebt haben. Das wird das Land zwangsläufig und unwiederbringlich verändern.

Es steht dabei jedem frei, das – so wie die Grünen es tun – gut zu finden. Aber in Russland sieht man das anders und ist auf seine eigenen Traditionen stolz und hält sie hoch. Aus diesem Grunde schaut man in Russland in der Frage der Migrationspolitik mit ungläubigem Staunen auf Deutschland und Europa, die ihre eigenen Traditionen und Nationen gerade vorsätzlich zerstören. Ich verwende das Wort „zerstören“ bewusst, man könnte auch „verändern“ sagen. Aber diese Veränderung bedeutet in der Realität die Zerstörung der alten Traditionen und der („christlich-jüdischen) Werte, aus denen die europäischen Staaten und Kulturen sich entwickelt haben.

Wer einen Gemüsegarten in ein Blumenbeet umgestaltet, der hat eine Veränderung durchgeführt, aber der Gemüsegarten ist zerstört. Das Blumenbeet kann man später wieder zu einem Gemüsegarten umbauen, in Jahrhunderten gewachsene Bräuche, Traditionen und Werte kann man jedoch nicht wieder zurückholen, wenn sie erst einmal verschwunden sind.

Das sieht man den vielen Völkern, die die europäischen Kolonisatoren fast vollständig ausgerottet haben, denn die heutigen Indianer in den amerikanischen Reservaten haben ihre Traditionen für immer verloren. Sie sind zusammen mit den Vorfahren, die sie gelebt haben, gestorben.

Wie gesagt, es steht jedem frei, diese Vorgänge in Europa gut zu finden, in diesem Buch geht es um die russische Sicht auf die großen Themen der (Welt-)Politik und die russische Sicht ist eindeutig: Die Traditionen und Bräuche der Menschen in ihrer Heimat müssen geschützt und erhalten werden, denn sie sind die Grundlage der eigenen Identität. Wer sie gewaltsam verändert oder abschafft, der schafft das ganze Volk ab.

In einem ausführlichen Interview mit der Financial Times[25] von 2019, aus dem ich in diesem Buch schon zitiert habe, wurde Putin auch gefragt, ob Angela Merkel 2015 einen Fehler gemacht hat, als sie den Grenzen für die Flüchtlinge geöffnet hat. Seine Antwort war:

„Einen Kardinalfehler."

Man kann die Unterschiede in der Migrationspolitik Russlands zur EU also in der Formel zusammenfassen, dass es Russland darum geht,

25 http://kremlin.ru/events/president/news/60836

die Kulturen und Traditionen der Völker seines Landes zu erhalten, während in der EU auf den Erhalt der eigenen Kulturen und Traditionen kein Wert gelegt wird. Manche würden sogar sagen, dass sie zu Gunsten einer neuen, bisher abstrakten „europäischen" Kultur bewusst verwässert oder vernichtet werden sollen.

Das ist in meinen Augen keineswegs zu hart formuliert, ich erinnere nur an den Aufschrei in Deutschland, als jemand vor dem Hintergrund der Masseneinwanderung von einer „deutschen Leitkultur" gesprochen hat. Der Gedanke dahinter war, dass sich die Einwanderer an die deutschen Gepflogenheiten anpassen sollten, aber eine gesellschaftliche Diskussion über diese Frage wurde durch den Aufschrei in Politik und Medien im Keim erstickt.

Presse- und Meinungsfreiheit

Über Russland werden im Westen viele Märchen verbreitet und eines davon ist seit Jahrzehnten, dass in Russland eine strenge Zensur herrschen würde. Das war nicht so, im Gegenteil.

Das könnte auch jeder sehr leicht feststellen, wenn er die Berichte der westlichen Medien nur aufmerksam lesen würde. Einerseits behaupteten sie immer, in Russland herrsche Zensur und es gebe keine regierungskritische Presse, andererseits haben sie sich – wenn in Russland Skandale ans Tageslicht gekommen sind – auf Berichte „oppositioneller russischer Medien" berufen, die es doch, wenn in Russland alles zensiert wird, gar nicht geben dürfte. Der aufmerksame Leser musste sich also fragen: Was denn nun?

Tatsächlich war die Presse in Russland, zumindest bis zur Eskalation in der Ukraine, so frei, wie wohl kaum in einem anderen Land der Welt. In Russland gab es den landesweiten Radiosender Echo Moskvy, der den ganzen Tag lang die russische Regierung, den Kreml,

Präsident Putin und seine Entscheidungen scharf kritisiert und offen die Positionen des Westens vertreten hat. Und damit nicht genug, der Radiosender hat sogar finanzielle Unterstützung vom russischen Staat bekommen und sein Chefredakteur wurde immer zu Treffen der Regierung mit Medienvertretern eingeladen.

Gibt es in Deutschland einen landesweiten Radiosender, der den ganzen Tag pro-russische oder pro-chinesische Positionen verbreitet? Natürlich nicht, so ein Sender würde nicht einmal eine Lizenz bekommen, wie das Beispiel von Radio Sputnik gezeigt hat. Radio Sputnik war ein unpolitischer lokaler Radiosender in Berlin, der einfach nur normales Programm, also Musik, gesendet hat, aber dann von einer staatlichen russischen Agentur gekauft wurde. Daraufhin wurde dem Sender die Lizenz entzogen. Und dass RT-DE in Deutschland keine Lizenz für das Kabelfernsehen bekommen hat, ist ein weiterer Beleg dafür, dass die Presse in Russland weitaus freier war als zum Beispiel in Deutschland.

Ein weiteres Thema, das im Westen gerne angeführt wird, um Russland als Staat darzustellen, der Opposition und Medien unterdrückt, ist das Gesetz über ausländische Agenten. Das von den westlichen Medien so heftig kritisierte russische Gesetz über ausländische Agenten ist jedoch keine russische Erfindung. In den USA gibt es bereits seit 1938 das FARA-Gesetz (Foreign Agents Registration Act). Es soll ausländische Einmischungen in die Politik der USA verhindern. Nach dem Gesetz drohen jedem, der in den USA mit ausländischer Finanzierung politisch tätig wird, Geld und/oder Gefängnisstrafen. Und es wird sehr restriktiv angewendet. Die russische Studentin Maria Butina wurde in den USA aufgrund dieses Gesetzes zu 18 Monaten Haft verurteilt. Ihr Vergehen bestand darin, als Waffennärrin Kontakte zur US-Waffenlobby geknüpft zu haben. Dass sie mit einigen Waffenlobbyisten gesprochen hat, reichte schon aus, um sie zu über einem Jahr Gefängnis zu verurteilen.

An diesem US-Gesetz haben die deutschen Medien nichts zu kritisieren und in Deutschland weiß kaum jemand, dass es das FARA-Gesetz überhaupt gibt. Als Russland jedoch 2012 ein ähnliches, aber weniger strenges Gesetz eingeführt hat, war der Aufschrei im Westen groß. Angeblich wollte Russland damit die Zivilgesellschaft einschränken.

Tatsächlich verpflichtet das Gesetz jede Organisation, in der Regel sind das NGOs, die in Russland einer politischen Tätigkeit nachgeht und aus dem Ausland finanziert wird, ihre Finanzen offenzulegen. Außerdem müssen Veröffentlichungen solcher Organisationen als Publikationen von „ausländischen Agenten“ gekennzeichnet sein.

Das sind die gleichen Regelungen, die auch in den USA gelten, Russland hat das Gesetz bei dem Original aus den USA abgeschrieben. Allerdings sind die Strafen bei Verstößen in Russland weniger streng als in den USA, die Geldstrafen sind niedriger und Gefängnisstrafen sind – im Gegensatz zum Original aus den USA – fast nicht vorgesehen.

Man kann die Liste der Beispiele beliebig verlängern und immer stellt sich beim genauen Hinschauen heraus, dass alles, was der Westen Russland in Sachen angeblicher Einschränkung der Pressefreiheit vorwirft, nicht wahr ist. Oder es handelt sich um Einschränkungen, die der Westen eingeführt und auf die Russland dann mit gleicher Münze reagiert hat.

Dafür will ich noch ein Beispiel zeigen, das exemplarisch ist. Im August 2021 hat Russland die BBC-Korrespondentin Sarah Rainsford ausgewiesen und die westlichen Medien haben sich über diese „Einschränkung der Pressefreiheit“ und die „Beschränkungen der Arbeit der freien Presse“ aufgeregt. Leider haben die westlichen Medien dabei vergessen, die Vorgeschichte zu erzählen.

Die Vorgeschichte war, dass London sich bereits zwei Jahre lange geweigert hat, neuen russischen Korrespondenten Journalistenvisa und die nötigen Akkreditierungen auszustellen und auch bestehende Visa und Akkreditierungen für russische Journalisten in Großbritannien nicht verlängert, sodass sie das Land verlassen mussten. Das russische Außenministerium hat dagegen immer wieder protestiert, passiert ist jedoch nichts. Erst nach zwei Jahren, in denen Russland versucht hat, mit Großbritannien eine Einigung zu finden, hat Russland schließlich reagiert und die BBC-Journalistin ausgewiesen. Aber das haben die westlichen Medien bei ihren Berichten über die Ausweisung von Sarah Rainsford aus irgendwelchen Gründen vergessen zu erwähnen.

Ich will hier nicht vorgreifen, denn wir werden uns die Organisation Reporter ohne Grenzen in einem gesonderten Kapitel noch genau anschauen. Hier sei nur gesagt, dass deren Rating der Pressefreiheit, das sie einmal jährlich veröffentlichen eine Farce ist und nichts mit der Realität zu tun hat. Zu den Details kommen wir später.

Um die Pressefreiheit für russische oder andere Medien, die den Narrativen des Westens kritisch gegenüberstehen, ist es hingegen weit schlechter bestellt ist als der normale Medienkonsument sich vorstellen kann. Die wurden schon lange bevor Russland im Februar 2022 militärisch in der Ukraine aktiv geworden ist, massiv zensiert und an der Arbeit gehindert. Darüber könnte man ein eigenes Buch schreiben, ich will hier nur ein paar Beispiele nennen.

Estland hat allen Journalisten, die für die staatliche russische Nachrichtenagentur Sputnik gearbeitet haben, im Dezember 2019 mit Strafverfahren gedroht, wenn sie nicht bis zum 1. Januar 2020 kündigen. Die anderen baltischen Staaten haben zu ähnlichen Maßnahmen gegriffen. In Lettland wurden im Dezember 2020 Journalisten verhaftet und ihre Wohnungen durchsucht und Computer beschlagnahmt, weil sie für russische Medien gearbeitet haben. Im Februar 2021 wurden in Lettland 16 russischsprachige Fernsehsender geschlossen und im März 2021 wurden dort weitere russischsprachige Fernsehsender durchsucht und geschlossen. All das geschah nicht in China oder Russland, sondern in Ländern der EU, wo angeblich Pressefreiheit herrscht.

Die britische Medienaufsicht Ofcom hat 2019 ein Bußgeld in Höhe 200.000 Pfund gegen den russischen Fernsehsender RT verhängt, weil RT angeblich „keine angemessene Unparteilichkeit" aufrechterhalten habe[26]. Das bedeutet im Klartext, dass man RT keine Falschmeldungen vorgeworfen hat. Den Inhalt der Meldungen von RT hat Ofcom nicht bestritten, nur die Art der Übermittlung, ohne das allerdings zu präzisieren.

Neben Großbritannien hat auch Frankreich vielen russischen Journalisten schon 2019 Visa und Akkreditierungen verweigert und in den USA wurde RT einige Jahre zuvor als ausländischer Agent eingestuft. Daraufhin hat Russland sein Gesetz über ausländische Agenten so geändert, dass auch Medien als ausländische Agenten eingestuft werden konnten und als Russland dann angefangen hat, im Gegenzug staatliche US-Medien wie Radio Liberty als ausländische Agenten einzustufen, war der Protest in den westlichen Medien groß.

Wieder war die Rede davon, Russland würde die „freie Presse" gängeln, aber in den westlichen Medienberichten wurde die Vorgeschichte wieder weggelassen. Dass Russland auf das Verhalten der USA reagiert hat, wurde nicht berichtet, schließlich weiß in Deutschland ja kaum jemand, dass es in den USA ein Gesetz über ausländische Agenten gibt.

Russland hat erst nach dem Beginn der russischen Intervention in der Ukraine angefangen, aktiv westliche und aus dem Westen bezahlte Medien zu sperren. Aber auch hier ist die Chronologie entscheidend.

Am 24. Februar begann die russische Intervention in der Ukraine. Am 26. Februar haben die australischen Kabelnetzbetreiber RT aus

26 https://tass.ru/ekonomika/6705466

dem Netz genommen[27], in Australien war RT danach weder im Kabel, noch über Satellit zu empfangen. Am 27. Februar hat EU-Kommissionschefin von der Leyen angekündigt, RT und Sputnik in der EU zu verbieten[28]. Am 28.Februar folgte Kanada und verbannte RT aus dem Kabelnetz[29]. Am gleichen Tag hat Litauen zwei russische Fernsehkanäle verboten, nachdem das Land schon am 25. Februar sechs russische und weißrussische Fernsehsender verboten hatte[30]. Am 1. März hat Lettland zwei russische Fernsehsender verboten, nachdem es schon am 24. Februar drei russische Fernsehsender und am 25. Februar einen weißrussischen und zwei lettische russischsprachige Fernsehsender verboten hatte[31].

Russland hat erst am Abend des 1. März auf die Zensurorgie des Westens reagiert und angefangen, Medien zu verbieten, die – laut Vorwurf – Falschinformationen über den Fortgang der Militäroperation in der Ukraine und Informationen „mit Aufrufen zu extremistischen Aktivitäten und Gewalt“ verbreitet haben[32].

Auch hier haben wir wieder das gleiche Prinzip gesehen, denn zuerst hat der Westen eine massive Zensur eingeführt und erst danach hat Russland mit ähnlichen Maßnahmen reagiert.

Es mag für jeden, der sich nur in westlichen Medien informiert, schwer zu glauben sein, aber die Presse war in Russland all die Jahre weitaus freier als im Westen. Wenn es in Russland Einschränkungen gegeben hat, waren das immer Reaktionen auf Einschränkungen des Westens gegen russische Medien.

---

27 https://de.rt.com/international/132629-australien-setzt-ausstrahlung-von-rt-aus/

28 https://de.rt.com/europa/132726-ursula-von-leyen-eu-will/

29 https://tass.ru/mezhdunarodnaya-panorama/13901383

30 https://tass.ru/mezhdunarodnaya-panorama/13903327

31 https://tass.ru/mezhdunarodnaya-panorama/13907823

32 https://de.rt.com/russland/132983-radiosender-echo-moskwy-und-tv/

Noch deutlicher wird der Unterschied in meinen Augen bei der Meinungsfreiheit, denn auch hier gelten in Russland weitaus weniger Einschränkungen als im Westen. Die geltenden Einschränkungen für die Meinungsfreiheit sind in fast allen Ländern der Welt in den Strafrechtsbestimmungen über Extremismus (in Deutschland auch als „Volksverhetzung" bezeichnet) geregelt. Diese Bestimmungen sind in Deutschland und Russland weitgehend identisch, wobei es Ausnahmen gibt. In Russland gilt es als Extremismus, wenn man religiösen Hass sät, was in Russland wesentlich strenger geregelt ist als in Deutschland, die Gründe dafür haben wir schon gesehen. In Deutschland ist zum Beispiel die Leugnung des Holocaust strafbar, so hat jedes Land aufgrund seiner Geschichte seine eigenen Besonderheiten.

Darüber hinaus sind im Westen in den letzten Jahren aber immer mehr Einschränkungen der Meinungsfreiheit eingeführt worden, die in Gesetzen kaum geregelt sind, sondern auf den schwammigen Regeln der Politcal Correctness basieren. Die sogenannte „Hassrede" ist ein Beispiel für eine solche Einschränkung der Meinungsfreiheit, denn es wird einfach alles, was der Regierung nicht gefällt, als Hassrede eingestuft und wer dessen – noch dazu öffentlich – beschuldigt wird, muss gesellschaftliche und sogar berufliche Konsequenzen fürchten.

So etwas gibt es in Russland nicht. Generell gibt es das Phänomen der Political Correctness in Russland nicht, das ist ein rein westliches Phänomen, das in Russland belächelt wird und das dazu führt, dass viele Menschen im Westen es so empfinden, als dürften sie nicht mehr frei äußern, was sie denken. Da es die Political Correctness in Russland nicht gibt, fehlt auch jede Grundlage, auf dieser Basis „Hassrede" zu verbieten.

Zum Abschluss dieses Kapitels will ich mit einer weiteren Legende aufräumen, die westliche Medien sich nach der russischen Intervention in der Ukraine ausgedacht haben. Die behaupten nämlich, man dürfe in Russland nicht von einem Krieg sprechen.

Das ist nicht wahr und im russischen Fernsehen sprechen viele Experten nicht von einer „Militäroperation“, sondern von einem Krieg in der Ukraine.

In der Tat wurde Anfang März 2022 in Russland ein Gesetz verabschiedet[33], das im Zusammenhang mit der russischen Intervention einige Dinge unter Strafe gestellt hat. Das will ich es hier nur kurz zusammenfassen. Es wurden folgende Tatbestände unter Strafe gestellt.

Mit Strafe hat zu rechnen, wer **wissentlich** Falschinformationen verbreitet. Es geht also um **bewusst** in der Öffentlichkeit verbreitete Lügen. Richtig übel kann es für jemanden werden, der bewusst eine Falschinformation verbreitet, die dann Folgen hat. Wenn zum Beispiel jemand bewusst eine Falschinformation verbreitet, die einen anderen Menschen dazu motiviert, einen Sachschaden zu verursachen, vielleicht ein Fahrzeug der Armee zu demolieren oder einen Molotowcocktail auf eine Behörde zu werfen, dann drohen dem Urheber der Falschmeldung – je nach Schwere der Folgen – bis zu 15 Jahre Gefängnis.

Außerdem steht nach dem Gesetz unter Strafe, die russischen Streitkräfte bei ihrem Einsatz zu behindern, wobei das beim ersten Mal nur eine Ordnungswidrigkeit darstellt und erst im Falle einer Wiederholung innerhalb eines Jahres zu einer Straftat wird. Das dürfte übrigens in Deutschland ähnlich sein, wobei solche Taten in Deutschland nach meinem Verständnis unter Nötigung fallen dürften.

Der dritte seit März in Russland verbotene Tatbestand ist, dass es Russen verboten ist, zu Sanktionen gegen Russland, Russen oder russische Firmen aufzurufen. Aber auch hier gilt, dass das beim ersten Mal eine Ordnungswidrigkeit ist und erst im Falle einer Wiederholung innerhalb eines Jahres zu einer Straftat wird.

33 http://council.gov.ru/events/main_themes/133705/

Die Benutzung des Wortes „Krieg“ wurde in Russland nicht verboten, obwohl westliche Medien das jeden Tag aufs Neue behaupten.

Zusammenfassend kann man sagen, dass über Russland bei keinem Thema so viele Unwahrheiten verbreitet werden, wie bei den Themen Meinungs- und Pressefreiheit.

Und Russland steht in dem aktuellen Konflikt – so unglaublich das für die Ohren eines Menschen im Westen klingen mag – für die Presse-, Meinungs- und Informationsfreiheit. Die russische Regierung unter Putin hat aus den Fehlern der Sowjetunion gelernt, dass nur der freie Zugang zu Informationen und nur die Möglichkeit von kontroversen Diskussionen ohne Scheuklappen und Sprachverbote zu Fortschritt führen, und dass ideologisch begründete Einschränkungen der Meinungs- und Pressefreiheit langfristig schlimme Folgen haben.

Leider wiederholt der Westen diese Fehler der Sowjetunion derzeit, indem er alle Meinungen, die der westlichen Ideologie des Neoliberalismus widersprechen, auszuschalten versucht.

Oligarchen und Philanthropen

Jetzt kommen wir zu einem zentralen Thema in der Konfrontation zwischen dem Westen und den „bösen" Ländern wie Russland, China, Iran, Venezuela, Syrien und so weiter. Diese Länder, so unterschiedlich auch sein mögen, haben nämlich eines gemeinsam.

Die NGOs haben im Westen eine fast unbegrenzte Macht, wie ich bereits in meinen Büchern „Abhängig beschäftigt" und „Inside Corona" aufgezeigt habe. Und die oben genannten Länder, die der Westen als böse bezeichnet, haben alle eines gemeinsam: Sie lassen die westlichen NGOs bei sich nicht arbeiten, sie widersetzen sich der Macht der NGOs. Das ist die „Frontlinie" in dem geopolitischen Konflikt zwischen dem Westen und Ländern wie Russland oder China.

Um das zu verstehen, werden wir uns zunächst anschauen, was NGOs sind und in den folgenden Kapiteln werden wir uns anschauen, wie sie ihre Macht ausüben.

Wir wissen aus den Medien, dass Oligarchen etwas Schlechtes sind. Und wir wissen, dass man Oligarchen eigentlich hauptsächlich in Russland findet, nicht aber im Westen. Früher gab es auch in der Ukraine noch Oligarchen, aber von denen hört man in den Medien auch schon lange nichts mehr. Heute sind die ukrainischen Oligarchen – laut den Medien – „Geschäftsleute" oder „Politiker".

Im Westen gibt es natürlich auch reiche Menschen, aber das sind – den Medien zufolge – keine Oligarchen, das sind „Milliardäre", „Geschäftsleute", „Investoren" oder sogar „Philanthropen", die großzügig und selbstlos Stiftungen gründen, um das Leben der Menschen auf der ganzen Welt zu verbessern.

Daher müssen wir uns die Begriffe und ihre Bedeutungen anschauen, um zu verstehen, wie man die Begriffe richtig benutzt und wie die Medien ihre Leser schon mithilfe der Begriffe beeinflussen.

Das deutsche Wörterbuch hat den Begriff des Oligarchen bis vor kurzem kurz und knapp formuliert[34]:

„jemand, der mit wenigen anderen die politische Herrschaft ausübt"

Interessanterweise hat das deutsche Wörterbuch diese Definition Ende 2021 verändert, nachdem ich mich in einem ausführlichen Artikel darauf berufen habe. Ob da ein Zusammenhang besteht, sei dahingestellt. Ich ziehe diese kurze Definition vor, die dort viele Jahre unverändert zu lesen war, denn nun ist dort ein sehr langer Text zu finden[35], anstatt einer Definition.

In den 1990er Jahren gab es in Russland per Definition Oligarchen. Einige wenige haben sich die Reichtümer des Landes unter den Nagel gerissen und die Politik beherrscht. Das Land war korrupt und Präsident Jelzin hat sich sogar den Oligarchen Beresowski als Chef der Kremlverwaltung in die Regierung geholt. Russland wurde in den 1990er Jahren unter Jelzin de facto von den russischen Oligarchen regiert.

Das änderte sich unter Putin, der kurz nach seinem Amtsantritt die Oligarchen vor laufenden Fernsehkameras aufforderte, die bisherigen Methoden einzustellen, ab sofort Steuern zu bezahlen und sich vor allem nicht mehr in die Politik einzumischen. In meinem Buch über Putin habe ich darüber in der Einleitung ausführlich geschrieben. Putin sagte vor laufenden Kameras zu den verwunderten Oligarchen:

> *„Ich möchte hier sofort an Ihre Ehre appellieren, daran, dass Sie diesen Staat selbst geformt haben. Zum großen Teil mithilfe von politischen und politnahen Strukturen, die Sie selbst kontrollieren."*

34 https://web.archive.org/web/20210612064223/https://www.dwds.de/wb/Oligarch

35 https://www.dwds.de/wb/Oligarch

Da die Oligarchen alle nicht legal an ihre Vermögen gekommen waren, machte Putin ihnen ein einfaches Angebot: Der Staat wird für die Untaten der Vergangenheit niemanden zur Rechenschaft ziehen, der ab sofort nach den neuen Regeln spielt, Steuern zahlt, sich aus der Politik raushält und sich an die Gesetze hält. Wer das nicht möchte, den trifft die Wucht des Gesetzes für die Verbrechen der Vergangenheit.

Putin konnte die korrupt erfolgten Privatisierungen der 90er Jahre nicht einfach komplett rückgängig machen, egal wie ungesetzlich sie gewesen sein mögen, denn Russland brauchte Investitionen aus dem Ausland. Bei einer Rückabwicklung der Privatisierungen hätte es auch ausländische Investoren getroffen, die zum Beispiel von einem Oligarchen auch nur ein Grundstück für eine neue Fabrik gekauft hatten, das der Oligarch sich vorher ungesetzlich einverleibt hat. Ausländische Investoren hätten dann einen weiten Bogen um Russland gemacht.

Daher schlug Putin den Deal vor, dass die Vergangenheit in Ruhe gelassen wird, aber ab sofort neue Regeln gelten sollten. Es gab Oligarchen, die sich dem anschlossen und solche, die glaubten, es könne weiter gehen wie unter Jelzin. Die letzteren erwischte die Macht der Gesetze und kein Staatsanwalt musste lange suchen, um Anklagepunkte zu finden. Mehrere Oligarchen, zum Beispiel Gussinski und Beresowski verließen Russland fluchtartig und verloren ihr zusammen geklautes Vermögen zum größten Teil.

Putin hat den Kampf mit den Oligarchen ausgefochten. Der sturste unter ihnen war Chodorkowski, der wusste, dass Putin keine ausländischen Investoren verprellen wollte. Daher versuchte Chodorkowski Teile seiner Ölfirma Jukos, damals die größte in Russland, an ausländische Investoren zu verkaufen, um sich so unangreifbar zu machen. Daraufhin wurde er verhaftet und der geplante Deal fand nicht statt. Chodorkowski wurde unter anderem wegen Steuerhinterziehung und Betrug zu einer langjährigen Haftstrafe verurteilt.

Die Verurteilung Chodorkowskis wurde vom europäischen Gerichtshof für Menschenrechte als rechtens bestätigt. Der Gerichtshof kritisierte lediglich die Umstände der Festnahme und einen Teil der Haftbedingungen. Außerdem bestätigte der Gerichtshof 2011, dass Chodorkowski kein politischer Gefangener war[36]. In der Sache gab der Europäische Gerichtshof Russland Recht: Chodorkowski ist ein überführter Steuerhinterzieher und Betrüger, auch wenn die westlichen Medien ihn als Opfer angeblicher politischer Verfolgung in Russland darstellen.

Putin hat den Einfluss der Oligarchen (oder wie man im Westen sagt, „den Einfluss der Wirtschaft“) auf die russische Politik beendet. Das kann man gut oder schlecht finden, aber bestreiten kann man es nicht.

Das bedeutet aber, dass es in Russland per Definition heute keine Oligarchen mehr gibt, denn sie sind zwar steinreich, aber sie üben keine politische Herrschaft mehr aus. Daher ist die Bezeichnung „Oligarch“ für russische Milliardäre per Definition nicht mehr korrekt, auch wenn sie im Westen weiterhin benutzt wird.

Im Westen hingegen üben die Milliardäre ganz offen Einfluss auf die Politik aus, sie sind darauf auch sehr stolz. Das konnten wir zum Beispiel während der Pandemie bei Bill Gates und seiner Macht in Fragen von Pandemie und Impfungen beobachten.

Ein weiterer bekannter und politisch sehr mächtiger Oligarch ist George Soros. Auch die neuen Milliardäre der Internetkonzerne üben massiv politischen Einfluss aus, zum einen durch Lobbyismus (also legalisierte Korruption) und zum anderen durch die Zensurmaßnahmen auf ihren Internet-Plattformen, auf denen sie Meinungen, die

36 https://www.abendblatt.de/politik/ausland/article108014194/Chodorkowski-scheitert-in-Strassburg.html

ihnen nicht gefallen, blockieren. Da die sozialen Netzwerke heute so wichtig geworden sind, üben auch die Internet-Milliardäre großen Einfluss auf die öffentliche Meinung aus.

Aber es gibt nicht viele dieser Milliardäre, die so großen Einfluss haben. Es sind vielleicht einige Dutzend, die die Politik des Westens massiv beeinflussen. Per Definition sind diese Menschen daher Oligarchen, auch wenn die westlichen Medien sie nicht als solche bezeichnen. Warum die westlichen Medien das nicht tun, werden wir in dem Kapitel über die Medien sehen.

Es gibt übrigens auch „kleine Oligarchen". Deren Macht erstreckt sich nicht – wie bei Gates, Soros und so weiter – auf den ganzen Westen und sogar große Teile der nicht-westlichen Welt, sondern nur auf einzelne Länder. In Deutschland ist die vielleicht mächtigste Oligarchen-Familie die Familie Mohn, die über ihre Bertelsmann-Stiftung und über die Medien, die der Stiftung gehören, unbestritten einen sehr großen Einfluss auf die Politik ausübt.

Die Oligarchen im Westen haben sich Stiftungen gegründet. Fast jeder kennt die Bertelsmann-Stiftung, die Bill and Melinda Gates Foundation oder die Open Society Foundations von Soros. Das sind nur die bekanntesten, aber es gibt tausende dieser Stiftungen.

Die Medien berichten immer ganz euphorisch, wenn wieder ein Milliardär sein gesamtes Vermögen in eine Stiftung überführt. Bei den Medien erfahren wir dann, dass dieser Milliardär von nun an nur noch Gutes tun will und dazu sein Vermögen an eine Stiftung übertragen hat, die ganz edle Ziele hat. Genannt werden dann oft Bekämpfung der Armut, Verbesserung von medizinischer Versorgung oder der Bildung und natürlich der Kampf für Demokratie und Wohlstand. In den Medien klingt es so, als wolle der edle Stifter sein Geld ausgeben, um der Menschheit zu helfen.

Das ist falsch. Bei Wikipedia[37] kann man dazu einen entscheidenden Satz lesen:

„Bei Stiftungen wird in der Regel das Vermögen auf Dauer erhalten und die Destinatäre können nur in den Genuss der Erträge kommen.“

Im Klartext: Die Stiftung gibt das Vermögen des edlen Stifters nicht aus, ihre Aufgabe ist im Gegenteil, das Vermögen zu erhalten und zu mehren. Für „edle Zwecke“ werden bestenfalls die Erträge eingesetzt, aber der eigentliche Zweck einer Stiftung ist es, das Vermögen dauerhaft zu erhalten. Und in der Praxis mehren die Stiftungen ihr Vermögen sogar, denn fast immer wächst ihr Vermögen, während sie es – laut den Medien – doch angeblich mit vollen Händen zur Rettung der Welt ausgeben.

Der große Vorteil für den „edlen Stifter“ ist es, dass Stiftungen steuerlich begünstigt sind. Das bedeutet, dass der edle Stifter (Bill Gates, George Soros und so weiter) keine Steuern mehr auf ihre Erträge bezahlen muss.

Das ist praktisch: Sie erhalten und mehren ihr Vermögen, ohne es versteuern zu müssen.

Formal gehört ihnen ihr Vermögen zwar nicht mehr, es gehört ja der Stiftung, aber bei Gründung der Stiftung kann man sich so ziemlich alles in die Satzung schreiben und hat daher in der Praxis immer noch vollen Zugriff auf das Vermögen, auch wenn es einem formal nicht mehr gehört.

Stiftungen sind also nichts anderes als ein gigantisches Steuersparmodell für Superreiche.

Mit dem Geld der Stiftung und mit ihren in der Satzung gesetzten Zielen kann der edle Stifter dann politischen Einfluss ausüben, indem er Projekte finanziert und Lobbyarbeit für sie macht. Wie das

37 https://de.wikipedia.org/wiki/Stiftung

funktioniert, schauen wir uns wieder an den Beispielen Gates und Soros an.

Die Stiftung von Bill Gates ist an vielen Firmen beteiligt, die sich mit Impfungen oder Testsystemen für Viren beschäftigen. Die Liste der Investments der Stiftung[38] ist ausgesprochen spannend zu lesen und man lernt dabei unglaublich viele Firmen kennen, die sich an Covid-19 eine goldene Nase verdient haben. Und wie es der Zufall will, hat Bill Gates als größter „Spender" der WHO einen riesigen Einfluss auf die Entscheidungen der WHO. In meinem Buch „Inside Corona" habe ich anhand vieler Beispiele belegt, wie Gates bei Firmen eingestiegen ist, die – so ein Zufall – nur Wochen später riesige Bestellungen von der WHO erhalten haben.

Bill Gates hat also ein paar hundert Millionen an die WHO und andere Organisationen gespendet und als die Pandemie begonnen hat, hat Bill Gates über seine Beteiligungen an Pharmafirmen (unter anderem ist er an BionTech und Pfizer beteiligt) Dutzende Milliarden verdient. So einfach und banal funktioniert das System.

George Soros investiert vor allem in Währungen, er hat Großbritannien 1992 durch Spekulationen gegen das englische Pfund fast in die Pleite getrieben. Das war sein finanzieller Durchbruch. Und unmittelbar danach hat er seine Open Society Foundation gegründet, mit der er sich politischen Einfluss zunächst in Osteuropa und inzwischen weltweit sichert.

2014 hatte Soros fünf Milliarden in ukrainische Staatspapiere investiert. Und als das Land nach dem Maidan, den Soros finanziert hat (darauf bin ich in meinem Buch über die Ukraine-Krise inklusive Quellen ausführlich eingegangen), vor der Pleite stand, hat Soros im Westen – vor allem in der EU – mit aller Macht dafür gekämpft,

38 https://sif.gatesfoundation.org/portfolio/vielen

dass die EU die Ukraine mit Finanzhilfen vor der Pleite rettet. Der „selbstlose Einsatz“ von Soros für die „Demokratie in der Ukraine“ war nichts anderes als sein Kampf zur Rettung seiner investierten Milliarden, die im Falle einer Staatspleite des Landes weg gewesen wären. Und natürlich war es auch ein Kampf um politischen Einfluss in der Ukraine selbst, wo Soros anschließend ebenfalls blendend verdient hat.

Wir sehen, dass es im Westen Oligarchen im Sinne der Definition des Wortes gibt. Im Westen gibt es Leute, die *„mit wenigen anderen die politische Herrschaft ausüben“*. Die Bezeichnung „Oligarch“ ist also passend für diese Leute. Und damit ist, wenn wir den Gedanken zu Ende denken, der Westen keine Demokratie, sondern eine (gut getarnte) Oligarchie, die von einigen wenigen sehr reichen und mächtigen Leute beherrscht wird.

Das ist keinesfalls meine „kranke Verschwörungstheorie“. Das hat 2014 eine große Studie[39] von zwei Professoren sehr berühmter US-Universitäten herausgearbeitet. Sie haben anhand unzähliger Meinungsumfragen geprüft, ob das, was in Washington in Gesetze geschrieben wird, auch das ist, was die Mehrheit der US-Bürger möchte. Ergebnis: null Prozent Übereinstimmung zwischen dem Willen der Wähler und den Gesetzen, die die gewählten Vertreter dann beschlossen haben.

Die USA sind der Studie zufolge keine Demokratie, sondern eine Oligarchie, in der einige wenige sehr reiche und mächtige Menschen entscheiden, was getan wird. Aber für die Menschen wird die Illusion einer Demokratie erschaffen.

39 https://www.cambridge.org/core/journals/perspectives-on-politics/article/testing-theories-of-american-politics-elites-interest-groups-and-average-citizens/62327F513959D0A304D4893B382B992B

Vermutlich haben Sie von dieser Studie noch nie etwas gehört, denn die Medien haben darüber praktisch nicht berichtet. Wenn es um Kritik am System geht, schweigen die Medien.

Das ist kein Wunder, denn sie werden von den Oligarchen, die von dem System profitieren, bezahlt oder gehören ihnen sogar, wie wir später in diesem Buch noch sehen werden.

Russland hat sich gegen dieses System gestellt und Russland wird im Westen immer dann besonders heftig kritisiert, wenn Russland mal wieder eine der westlichen NGOs verboten hat, weil deren Einfluss auf die russische Politik unterbinden möchte.

Das wird in den Reden, die russische Politiker seit dem offenen Ausbruch der Konfrontation im Februar 2022 halten, sehr deutlich. Sie sprechen nicht mehr von den „westlichen Partnern", wie es früher üblich war. Heute sprechen sie offen davon, dass der Westen von „globalistischen Eliten" – also den Oligarchen – regiert wird, die darum kämpfen, ihre weltweite Macht zu erhalten und auszubauen. Ich werde hier beispielhaft aus einer Rede zitieren, die Präsident Putin im August 2022 zur Eröffnung der Moskauer Sicherheitskonferenz gehalten hat[40] und die ich auf meiner Seite komplett übersetzt[41] habe. Die Rede ist recht lang, weshalb ich hier nur eine Passage zitieren werde, die den neuen Tonfall belegt, der in Moskau gegenüber denen, die im Westen die Macht haben, gebraucht wird:

„Die Lage in der Welt verändert sich dynamisch, die Konturen der multipolaren Weltordnung nehmen Gestalt an. Immer mehr Länder und Völker wählen den Weg der freien, souveränen Entwicklung auf der Grundlage ihrer Identität, ihrer Traditionen und Werte.

Die westlichen globalistischen Eliten bekämpfen diese objektiven Pro-

40 http://kremlin.ru/events/president/news/69166

41 https://www.anti-spiegel.ru/2022/putins-abrechnung-mit-den-westlichen-globalistischen-eliten-im-o-ton/

zesse, indem sie Chaos provozieren, alte und neue Konflikte schüren, die Politik der so genannten Eindämmung umsetzen und im Grunde alle alternativen, souveränen Entwicklungswege untergraben. Dabei versuchen sie mit allen Mitteln, die Hegemonie, die Macht, die ihnen aus den Händen gleitet, zu bewahren, indem sie versuchen, Länder und Völker in der de facto neokolonialen Ordnung zu halten. Ihre Hegemonie bedeutet den neoliberalen Totalitarismus, Stagnation für die ganze Welt und für alle Zivilisation, Obskurantismus und Abschaffung der Kultur.

Dazu werden alle Mittel eingesetzt. Die USA und ihre Vasallen mischen sich rücksichtslos in die inneren Angelegenheiten souveräner Staaten ein: Sie organisieren Provokationen, Staatsstreiche und Bürgerkriege. Durch Drohungen, Erpressung und Druck versuchen sie, unabhängige Staaten zu zwingen, sich ihrem Willen unterzuordnen und nach ihnen fremden Regeln zu leben. Und all das geschieht mit dem einen Ziel, die eigene Dominanz aufrechtzuerhalten, ein Modell, das es ermöglicht, die ganze Welt zu parasitieren. So, wie es Jahrhunderte zuvor war, aber so ein Modell kann nur mit Gewalt aufrechterhalten werden.“

Diese und andere Reden von Präsident Putin oder Außenminister Lawrow zeigen deutlich, worum es bei der Konfrontation zwischen Russland und dem US-dominierten Westen geht: Sie wollen nicht, dass die westlichen Oligarchen-Stiftungen in Russland Einfluss oder gar Macht ausüben, während es das Ziel der Oligarchen ist, Russland gefügig zu machen und Zugang zu den russischen Reichtümern zu bekommen, den sie in den 90er Jahren schon mal gehabt haben und den ihnen Putin genommen hat-

In den folgenden Kapiteln werden wir uns anschauen, wie die westlichen Oligarchen-Stiftungen im Westen politische Herrschaft ausüben.

NGOs

Dass die NGOs ein Steuersparmodell sind, mit dem Superreiche sich vor der Zahlung von Steuern drücken, um dann mit ihrem Geld politischen Einfluss auszuüben, haben wir schon gesehen. Nun wollen wir zum besseren Verständnis ein wenig ins Detail gehen.

Nehmen wir an, Sie hätten eine große Firma, die Millionen oder Milliarden an Gewinnen macht. Sie müssten dann auch Millionen (oder gar Milliarden) an Steuern zahlen und das finden Sie doof. Was also tun? Ganz einfach: Sie gründen eine Stiftung (Foundation) und überführen Ihr Vermögen in diese Stiftung. Die Stiftung ist von der Steuer befreit, Sie haben Millionen oder Milliarden an Steuern gespart, die Sie sonst jährlich zahlen müssten. Diese Stiftungen sind die NGOs, von denen wir sprechen und die in den westlichen Medien als etwas ganz Tolles gefeiert werden.

Der Nachteil an der Sache ist, dass Ihnen das Geld nicht mehr gehört, es gehört der Stiftung. Das ist aber kein Problem, denn wichtig ist nicht, wem das Geld gehört, sondern wer darüber verfügen darf. Ein Beispiel: Wenn Sie nun in den Urlaub auf die Malediven wollen, dann ist das nun kein Urlaub mehr, sondern eine Studienreise oder eine Dienstreise zur Förderung der Völkerverständigung und die Stiftung bezahlt die Reise.

Münzen wir das mal auf uns Normalverbraucher um. Stellen Sie sich vor, Sie könnten eine Stiftung gründen, der sie Ihr Gehalt abtreten können. Die Stiftung würde Ihr Gehalt bekommen, müsste aber keine Steuer und Sozialabgaben darauf abführen, es wäre brutto für netto. Und dann wäre der Stiftungszweck die Förderung Ihrer Familie, das heißt Sie könnten Ihr Gehalt, das nicht mehr Ihnen, sondern der Stiftung gehört, trotzdem ausgeben, wofür Sie wollen. Und zwar Ihr Bruttogehalt, nicht nur das, was Sie jetzt netto bekommen.

Wie wäre das?

Nun laufen Sie aber nicht gleich zum Steuerberater, denn diese Möglichkeit haben nur die Reichen und Mächtigen, Sie müssen weiterhin Steuern zahlen. Dumm gelaufen eben.

Im richtigen Leben haben Bill Gates, George Soros, Rockefeller und all die anderen „Wohltäter" genau das getan: Sie drücken sich vor den Steuern und nutzen ihr Geld dann für politischen Einfluss.

Als Soros mit all seinen Stiftungen 2014 dafür gekämpft hat, die Ukraine vor der Pleite zu retten, da ging es ihm neben politischen Zielen vor allem um die Rettung seiner fünf Milliarden Dollar, die er in ukrainische Staatsanleihen investiert hatte. Gut, dass Soros sich seit 1993 mit seiner Open Society Foundation genug politische und mediale Macht gesichert hat, um für „Demokratie" in der Ukraine zu trommeln und dafür, dass die EU das Land mit Milliarden an Steuergeldern vor der Pleite rettet. Die EU hat die Ukraine in den folgenden Jahren mit zweistelligen Milliardenbeträgen unterstützt, um die fünf Milliarden von Soros zu retten und politischen Einfluss auf die Ukraine zu bekommen.

Auch Bill Gates, der angeblich mit vollen Händen sein Geld ausgibt, um die Welt vor allem möglichen zu retten und die Armut zu bekämpfen, macht nichts anderes. Er hat sein Vermögen in eine Stiftung überführt, die Bill und Melinda Gates Foundation, und zahlt nun praktisch keine Steuern mehr. Dafür investiert die Stiftung fleißig in Firmen, die an den Programmen, mit denen er angeblich die Welt retten will, viel Geld verdienen.

Und obwohl Gates, wenn wir den Medien glauben wollen, sein Geld mit vollen Händen zur Rettung der Welt ausgibt, wird er (oder besser seine Stiftung) immer reicher. Er hat seine Stiftung 1999 gegründet, 2001 hatte er ein Vermögen von ca. 55 Milliarden Dollar. Heute ist er mehr als doppelt so reich, er nennt etwa 130 Milliarden Dollar sein Eigen.

Ich weiß nicht, wie es Ihnen geht, aber wenn ich mein Geld ausgebe, ist es weg, ich werde dabei nicht immer reicher. Bill Gates, George Soros und all die anderen „Philanthropen" hingegen schon. So ein Zufall, dass die Reichen und Mächtigen tun können, was sie wollen und dabei auch noch immer reicher und mächtiger werden.

Und warum erzählen uns die Medien uns stattdessen, diese „Philanthropen" wären so selbstlose Weltenretter? Darauf kommen wir in einem späteren Kapitel noch im Detail, hier will ich es nur grob anreißen. Die Medien gehören den Reichen und Mächtigen und die meisten Medienkonzerne sind von ihren Besitzern auch in Stiftungen überführt worden. Wir alle kennen die Medienkonzerne, die Stiftungen wie der Bertelsmann-Stiftung, der Axel-Springer-Stiftung oder der Brost-Stiftung (WAZ-Gruppe) gehören. Die Medien können also gar nicht schlecht über das System berichten, von dem sie selbst profitieren.

Darüber hinaus werden die Medien von diesen „Philanthropen" großzügig unterstützt. Der Spiegel zum Beispiel bekommt von Bill Gates alle paar Jahre ein Millionengeschenkt. Darauf gehen wir im nächsten Kapitel genauer ein.

Hier will ich am Beispiel der EU aufzeigen, wie Bill Gates über seine NGOs die EU beeinflusst. Für den politischen Einfluss, ja die politische Herrschaft, der NGOs gibt es viele Beispiele, ich habe mich hier für dieses Beispiel entschieden.

Erinnern Sie sich noch? Es gab – vor der Pandemie – etwas, das nannte man Datenschutz. Das war damals ganz wichtig, ist seit Beginn der Pandemie aber vollkommen aus der Mode gekommen. Vor der Pandemie hätte sich niemand eine Tracing-App heruntergeladen und (halb-)staatlichen Stellen übermittelt, wo er sich mit wem wie lange trifft. Auch dass Arbeitgeber ihre Angestellten nach Gesundheitsdaten fragen, war damals noch verboten. Heute ist man verpflichtet, seinem Arbeitgeber zum Beispiel den Impfstatus offenzulegen.

Für alle, die Daten sammeln und die Bevölkerung möglichst engmaschig kontrollieren wollen, war die Pandemie das Weihnachtsgeschenk schlechthin, denn sie hat Dinge möglich gemacht, die noch 2019 nicht durchsetzbar gewesen wären. Die Pandemie war ein hervorragender Vorwand, um die Überwachung auszubauen, ohne dass eine Mehrheit protestiert hätte. Im Gegenteil: Die Mehrheit fand das sogar gut, denn sie wurde mit der Angst vor der Pandemie dazu getrieben, selbst um mehr Kontrolle zu betteln.

Wer – so wie ich – schon etwas älter ist, der erinnert sich, dass es früher auch mal etwas gab, das man Bankgeheimnis nannte. Heute ist das unvorstellbar, aber früher durften Banken den Behörden keine Auskünfte darüber geben, wer wie viel Geld auf seinen Konten hatte.

Aber der Kontrollstaat fand das nicht gut und so wurde das Bankgeheimnis nach der Wende Stück für Stück geschwächt und schließlich de facto abgeschafft. In der heilen Welt der 1990er gab es noch keinen Terror und keine Pandemie, die man als Begründung vorschieben konnte. Damals wurde als Vorwand herangezogen, dass man so die Steuerhinterziehung bekämpfen wolle.

Wie wir wissen, hat das nichts gebracht, denn Steuerhinterziehung gibt es bis heute und irgendwie ist die Rechnung, die Aufhebung des Bankgeheimnisses würde die Steuerhinterziehung verringern, nicht aufgegangen. Kein Wunder, denn parallel dazu kam die Globalisierung, die es ermöglichte, Vermögenswerte vollkommen legal und problemlos in ausländische Steueroasen zu verschieben. Damit wurden der Steuerhinterziehung damit erst Tür und Tor geöffnet.

Warum bloß drängt sich mir der Eindruck auf, dass es bei der Aufhebung des Bankgeheimnisses nicht um den Kampf gegen die Steuerhinterziehung ging, sondern um mehr Kontrolle über die breite Masse?

Später wurde die Verwendung von Bargeld immer weiter eigeschränkt. Ich bin noch in einer Zeit aufgewachsen, in der Bargeld ein wirkliches gesetzliches Zahlungsmittel und jedes Geschäft verpflichtet war, Bargeld in unbegrenzter Höhe anzunehmen. Dass – so wie heute – Läden die Annahme von großen Geldscheinen verweigern können, war Anfang der 90er Jahre illegal.

Aber Gott sei Dank kam nach 2001 der Terror über uns und damit war ein neuer Vorwand geboren, den Menschen zu erklären, dass sie Bargeld nicht mehr in großen Mengen benutzen durften. Als Grund wurde nun der Kampf gegen Terror, Geldwäsche und Schwarzgeld herangezogen.

Und auch hier gilt: Gebracht hat es nichts, dass man die erlaubten Summen für Geschäfte in bar immer weiter heruntergesetzt hat. Wie wir wissen, ist der Terror danach erst so richtig aufgeblüht und hat sich von den Bargeldeinschränkungen nicht stören lassen. Aber immerhin wurde der Bürger dadurch noch gläserner.

Nun hat die EU-Kommission eine neue Idee. Anfang Dezember 2021 hat sie eine Ausschreibung gestartet, die den Titel „Machbarkeitsstudie für ein Europäisches Vermögensregister in Hinblick auf die Bekämpfung von Geldwäsche und Steuerhinterziehung“[42] trägt. Wie wir sehen, geht es angeblich wieder um die Bekämpfung von Geldwäsche und Steuerhinterziehung.

Aber jetzt meinen es die Kontrollfreaks in Brüssel ernst. Sie möchten Zugriff auf Informationen über alle Vermögenswerte eines jeden EU-Bürgers haben und lassen daher prüfen, ob man den Behörden grenzübergreifend Zugang zu den Finanzinformationen eines jeden Menschen in der EU geben kann. In der Beschreibung des Projektes heißt es:

„Im Rahmen dieses Projekts sollen verschiedene Möglichkeiten für die Erhebung von Informationen zur Einrichtung eines Vermögensregisters geprüft werden, das anschließend in eine künftige politische Initia-

42 https://ted.europa.eu/udl?uri=TED:NOTICE:634286-2021:TEXT:DE:HTML&src=0

tive einfließen kann. Es soll untersucht werden, wie aus verschiedenen Quellen des Vermögenseigentums (z. B. Landregister, Unternehmensregister, Trust- und Stiftungsregister, zentrale Verwahrstellen von Wertpapieren usw.) verfügbare Informationen gesammelt und miteinander verknüpft werden können, und der Entwurf, der Umfang und die Herausforderungen für ein solches Vermögensregister der Union analysiert werden. Die Möglichkeit, Daten über das Eigentum an anderen Vermögenswerten wie Kryptowährungen, Kunstwerken, Immobilien und Gold in das Register aufzunehmen, ist ebenfalls zu berücksichtigen.“

Die EU will also eine Datenbank anlegen, in der alle Vermögenswerte der Menschen in der EU erfasst werden und das soll bis zu Kunstwerken oder Gold gehen, das Menschen mal gekauft haben. Das bedeutet, die EU will, dass alle ihre Bürger absolut gläsern werden.

Haben Sie schon mal von ID2020 gehört? Das ist ein Projekt von Bill Gates, das auch in meinem Buch „Inside Corona“ eine prominente Rolle einnimmt. Laut Eigenwerbung auf deren Seite, dem sogenannten „Manifesto“[43], geht es ID2020 um ganz edle Ziele. Man möchte den armen Menschen in der Welt eine digitale Identität geben, weil eine Milliarde Menschen keine Papiere und damit auch keinen Zugang zu Sozialsystemen und so weiter haben.

Das klingt gut, bedeutet aber, dass die Menschen ihre Identität an Bill Gates abgeben sollen, denn hinter ID2020 stehen Microsoft und die GAVI, beide von Bill Gates gegründet und kontrolliert. Außerdem steht noch die Rockefeller Foundation hinter ID2020.

Dass es ID2020 keineswegs um das edle Ziel geht, den ärmsten Menschen der Welt eine Identität zu geben, sondern dass es um sehr

43 https://id2020.org/manifesto

viel mehr geht, das erfährt man, wenn man sich die Themen der Kongresse von ID2020 anschaut. 2020 fand der Kongress wegen Covid-19 online statt, die Themen der Diskussionen waren: „Gute digitale ID für alle: Wie kommen wir dahin?", „Digitale Impfbescheinigungen: Design für eine neue Ära der globalen Gesundheit", „Die letzten 30 Prozent erreichen: Digitale ID für finanzielle Eingliederung … und mehr!" und „Den Grundstein legen: Digitale ID für die nächste Generation".

Merken Sie was? ID2020 hat schon im November 2020, als die Impfstoffe noch gar nicht zugelassen waren, als wichtigste Themen unter anderem „Digitale Impfbescheinigungen" und „Digitale ID für finanzielle Eingliederung … und mehr!" behandelt. Es geht ID2020 darum, die Menschen komplett zu kontrollieren, alle ihre Daten zu bekommen, nicht nur Impfbescheinigungen, die es in der EU inzwischen gibt, sondern es geht auch um die „finanzielle Eingliederung" der Menschen.

Was die EU derzeit mit dem geplanten Vermögensregister umsetzen möchte, ist, dass sie die Grundlagen für genau diese Kontrolle schafft. Die Frage ist nicht mehr, ob das geschieht, die Frage ist nur noch, wer über die Daten herrschen wird. Warum Bill Gates dafür eine sehr gute Startposition hat, schauen wir uns nun an.

Haben Sie schon mal von Breakthrough Energy gehört? Breakthrough Energy ist eine Investmentfirma, mit der Bill Gates am sogenannten Klimaschutz Milliarden verdienen will. Und das geht so:

Bereits 2015 hat Gates zusammen mit anderen Milliardären (darunter Jeff Bezos, Mike Bloomberg, Richard Branson, George Soros und Mark Zuckerberg) die Investmentfirma Breakthrough Energy gegründet. Die Firma beteiligt sich an Unternehmen, die später an dem Klimawandel das große Geld verdienen werden, wenn die ehrgeizigen Programme der EU und der USA in die Tat umgesetzt werden. EU-

Kommissionschefin von der Leyen hat für den Green Deal der EU ein Budget von einer Billion Euro eingeplant und US-Präsident Biden hat in seinem Billionen Dollar schweren Infrastrukturprogramm ebenfalls den Fokus auf den Klimawandel gelegt. Bill Gates und seine Freunde stehen bereit, um diese Gelder in die Firmen zu leiten, an denen sie sich direkt oder über Breakthrough Energy beteiligt haben[44].

Das halten Sie für übertrieben? Dann wollen wir mal sehen.

Als US-Präsident Biden nach seinem Amtsantritt sein Infrastrukturprogramm in Höhe von 1,2 Billionen Dollar angekündigt hat, hat Bill Gates verkündet, eine Milliarde dafür zu spenden, schließlich liegt der Kampf gegen den Klimawandel Bill Gates angeblich besonders am Herzen.

Das brachte ihm gute Presse, war aber ein PR-Trick. Bill Gates ist unter anderem über Breakthrough Energy an den Firmen beteiligt, die dann die Aufträge bekommen und mit dem symbolischen Einsatz von einer Milliarde hat er sich den Zugriff auf 1.200 Milliarden, die Biden in das Programm pumpen wollte, gesichert.

Das überzeugt Sie immer noch nicht?

Auch bei der Gründung von Breakthrough Energy hat Bill Gates nichts dem Zufall überlassen, denn er hat Breakthrough Energy just in dem Moment gegründet, als Präsident Obama die „Mission Innovation"[45] ausgerufen hat, in der sich viele Staaten des Westens zusammengetan haben, um Gelder für den Kampf gegen den Klimawandel zu geben. Es wird nicht einmal versucht, zu verschleiern, dass „Mission Innovation" und Breakthrough Energy zusammengehören und dass der Klimawandel nur ein Vorwand ist, um Gates und seinen Kollegen Billionen an Staatsgeldern zuzuschanzen, die für den sogenann-

44 https://www.breakthroughenergy.org/investing-in-innovation/bev-portfolio

45 https://obamawhitehouse.archives.gov/blog/2015/11/29/announcing-mission-innovation

ten Kampf gegen den Klimawandel ausgegeben werden. Der Kampf gegen die Klimawandel ist ein Geschäftsmodell, es geht dabei nicht ums Klima.

Dass Bill Gates die besten Chancen auf die EU-Gelder in Höhe von einer Billion Euro aus Uschi von der Leyens Green Deal der EU hat, ist auch nicht meine Behauptung. Das sagen Uschi von der Leyen und Bill Gates selbst ganz stolz, sie haben nämlich bereits eine Partnerschaft zwischen dem Green Deal der EU und Breakthrough Energy verkündet und ein hübsches, kleines Werbevideo[46] zusammen gemacht.

Zur Erinnerung: Breakthrough Energy ist nicht einmal eine Stiftung, wie sie von den westlichen Oligarchen normalerweise zur Erreichung ihrer Ziele benutzt werden. Breakthrough Energy ist ein Investmentfonds, den die reichsten und mächtigsten Oligarchen des Westens gegründet haben, um an Firmen zu verdienen, die beim Kampf gegen den Klimawandel von den Staaten des Westens Aufträge in Billionenhöhe bekommen.

Bill Gates steht mit Breakthrough Energy bereit, um die Billionen (also tausende Milliarden), die in den Kampf gegen den Klimawandel gepumpt werden sollen, einzusammeln. Auch das ist nicht übertrieben, denn bei der Pandemie hat er das gleiche getan. Praktisch jeder Euro, den die EU für den Kampf gegen Covid-19 ausgibt, landet in Programmen oder bei Organisationen, die Bill Gates kontrolliert.

Die EU-Kommission hat Anfang Mai 2020 eine Geberkonferenz veranstaltet, bei der sie über sieben Milliarden für den Kampf gegen Covid-19 eingesammelt hat. Tatsächlich war es sogar mehr Geld, denn später kamen noch andere Mittel hinzu. Über die Verwendung des Geldes hat die EU berichtet und die Pressemeldung der EU[47] klang

46 https://www.youtube.com/watch?v=8elv8N91Bm4

47 https://ec.europa.eu/commission/presscorner/detail/de/qanda_20_958

harmlos, wenn man nicht weiß, was hinter den Programmen und Organisationen steckt, die die EU mit den Milliarden beglückt hat.

In meinem neuen Buch „Inside Corona“ habe ich mir aber all die Programme, Organisationen und Projekte angeschaut, die die EU-Kommission bis Ende 2021 im Kampf gegen Covid-19 mit über zehn Milliarden Euro finanziert hat und was glauben Sie, wer all diese Programme und Projekte kontrolliert? Richtig: Bill Gates. Er hat sie alle gegründet und/oder kontrolliert sie, weil er deren größter Geldgeber ist. Die EU hätte all das Geld auch direkt Bill Gates überweisen können.

Das hier im Detail aufzuzeigen, führt zu weit, denn in meinem Buch „Inside Corona“ habe ich mehrere Kapitel gebraucht, um das herauszuarbeiten, weil die Verschachtelungen, über die die Gelder fließen und über die der nötige Einfluss ausgeübt wird, sehr komplex sind. Aber in dem Buch habe ich das ausführlich und mit allen Quellen aufgezeigt.

Ich habe unterstellt, dass Bill Gates sich eine gute Startposition gesichert hat, um mit ID2020 in der ersten Startreihe zu stehen, wenn die EU all die Daten, die sie über die Bürger sammeln will, in eine Datenbank überführen wird. Dass das passiert, darauf wette ich, denn es wäre vollkommen unsinnig, mehrere Datenbanken anzulegen. Die Zusammenführung der Datenbank über Impfbescheinigungen (und Gesundheitsdaten) mit der offensichtlich geplanten Datenbank über die Vermögenswerte eines jeden einzelnen EU-Bürgers und all den anderen Daten, die man noch einsammeln kann, ist nur eine Frage der Zeit.

Auch die Arbeit an einem möglichen EZB-Coin geht in die Richtung, denn dafür wird die EZB ebenfalls eine Datenbank mit den Konten aller EU-Bürgern führen müssen. Es wäre geradezu dumm, wenn man diese Datenbank nicht mit der geplanten Datenbank über alle

Vermögenswerte der EU-Bürger verbindet. Ich vermute, es wird dann irgendwann eine „EU-App" geben, in der alle persönlichen Daten aller EU-Bürger zusammengeführt sind: Zahlungsmittel (EZB-Coin), Krankenkassenkarte (inklusive Impfbescheinigung und Gesundheitsakte), Führerschein, Personalausweis und so weiter.

ID2020 steht genau dafür bereit, ist genau dafür gegründet worden: Zur Zusammenführung aller Daten eines Menschen, um ihm eine „digitale Identität" zu geben. Oder anders gesagt: Sie verlieren Ihre Identität und bekommen eine digitale Identität von Bill Gates, der damit mehr über Sie weiß, als der Große Bruder in Orwells 1984 über seine Bürger wusste.

Da es Bill Gates gelungen ist, praktisch alle Gelder, die die EU-Kommission für den Kampf gegen Covid-19 bereitgestellt hat, in die von ihm kontrollierten Programme (CEPI, GAVI, COVID-19-Therapeutics-Accelerator und andere) umzuleiten und da er sich über Breakthrough Energy auch bereits den Zugriff auf die Billion Euro gesichert hat, die Uschi von der Leyen für den Green Deal bereitstellen will, müsste ich mich schon sehr irren, wenn Bill Gates über ID2020 nicht auch den Zuschlag bei der Administrierung der Daten der EU-Bürger bekäme.

Das Prinzip, nach dem die westlichen Oligarchen mit ihren Stiftungen (NGOs) arbeiten, ist immer das gleiche. Ich will es nochmal an einem fiktiven, aber einleuchtenden Beispiel erklären: Eine Stiftung denkt sich ein tolles Programm aus, zum Beispiel „Kampf dem Schnupfen in Nigeria", und spendet dafür großzügig 50 Millionen. Die Medien berichten begeistert darüber und die Staaten des Westens unterstützen das Projekt mit 500 Millionen. Die Stiftung hat dann 550 Millionen und kauft damit Schnupfenspray für Nigeria – und zwar ausgerechnet bei dem Hersteller, an dem der edle Gründer der Stiftung beteiligt ist. Mit einem Einsatz von 50 Millionen sichert sich der „Philanthrop" einen Auftrag von 550 Millionen.

Genau diese Macht der Oligarchen ist es, die Russland bekämpft. Russland hat die Wichtigkeit persönlicher Daten schon lange verstanden und darauf reagiert. Seit über zehn Jahren gibt es in Russland ein Gesetz, dass Internetkonzerne und alle anderen Firmen verpflichtet, die persönlichen Daten von Russen auf einem Server innerhalb von Russland zu speichern und nicht etwa im Ausland. Als LinkedIn sich nach der Einführung des Gesetzes geweigert hat, eine solche Datenbank in Russland anzulegen, wurde LinkedIn in Russland gesperrt.

Russland stellt sich gegen die Macht der westlichen Oligarchen, Beispiele dafür gibt es viele. So hat Russland während der Pandemie seine eigenen Impfstoffe entwickelt und die westlichen Impfstoffe nicht ins Land gelassen. Während die Staaten des Westens geschätzte hundert Milliarden alleine für Impfstoffe ausgegeben haben, an denen einige wenige westliche Oligarchen hervorragend verdient haben, wurden die russischen Impfstoffe von staatlichen Instituten entwickelt und als Länder wie Südkorea, Ungarn oder Argentinien die russischen Impfstoffe bestellt haben, hat der russische Staat sogar Geld daran verdient.

Russland ist, wie gesehen, gegen die Datensammelwut der westlichen Konzerne vorgegangen. Russland lässt keine genveränderten Produkte ins Land, an in denen die westlichen Konzerne die Zukunft sehen und an denen sie Milliarden verdienen wollen. Russland setzt stattdessen auf natürliche Landwirtschaft.

Diese Liste der Beispiele ließe sich beliebig verlängern und wir werden in diesem Buch noch viele Beispiele dafür sehen: Es geht aktuell nicht um die Ukraine und den dortigen Krieg, die Ukraine ist nur ein Instrument. Es geht um den Kampf zwischen den Globalisten, also den Oligarchen des Westens, die im Westen über ihre Lobbyarbeit de facto bereits die Macht übernommen haben, und den Staaten, die sich gegen den Einfluss dieser Oligarchen stellen.

Faktenchecker

Bevor wir im nächsten Kapitel zur Rolle der Medien kommen, müssen wir uns mit dem recht neuen Phänomen der Faktenchecker beschäftigen, die immer öfter zitiert werden, wenn es um die Frage geht, was wahr und was unwahr ist. Oder um das neue Modewort zu benutzen, was Fakenews sind.

Da stellt sich sofort die Frage, wer eigentlich entscheidet, was „Fakten" sind und was nicht. Dazu ein beliebiges Beispiel: Anfang 2020 haben Kritiker der Corona-Maßnahmen vor einer „Impfpflicht durch die Hintertür" gewarnt. Es geht hier jetzt nicht darum, ob das eine gute und notwendige Sache war oder nicht, es geht nur um die Art und Weise, wie Faktenchecker arbeiten.

Der „führende Verschwörungstheoretiker" in Sachen Corona-Kritik war damals laut den Medien Ken Jebsen. Seine Arbeit war dem ZDF am 6. Mai 2020 einen Faktencheck[48] wert, in dem man lesen konnte:

> *„Prominente Verschwörungstheoretiker wie Ken Jebsen fürchten eine ‚Impfpflicht über die Hintertür', wie er in einem über zwei Millionen Mal geklickten YouTube-Video sagt. Wer keinen Immunitätsausweis habe, könne an bestimmten Veranstaltungen nicht mehr teilnehmen, so die Befürchtung."*

Das wurde in dem Faktencheck zurückgewiesen. Heute wissen wir, dass es genauso gekommen ist. Als die Impfstoffe verfügbar waren, wurden die Regeln 1G bis 3G eingeführt und *„wer keinen Immunitätsausweis"* hatte, der konnte *„an bestimmten Veranstaltungen nicht mehr teilnehmen"*. Es ist genauso gekommen, wie die Kritiker es befürchtet hatten.

---

48 https://www.zdf.de/nachrichten/politik/coronavirus-kein-impfzwang-spahn-faktencheck-100.html

Das ZDF hat dem Faktencheck später folgenden Zusatz beigefügt:

„Anmerkung der Redaktion: Dieser Beitrag gibt den Faktenstand vom 06.05.2020 wieder.“

Unabhängig davon, ob das sinnvolle Maßnahmen waren oder nicht, zeigt das, was Faktenchecks wert sind, wenn sich die „Fakten“ schon in wenigen Wochen oder Monaten ändern können: Nichts.

Fakten sind Fakten, die ändern sich nicht jeden Tag. Wer für sich in Anspruch nimmt, Fakten zu überprüfen, dessen Erkenntnisse sollten für die Ewigkeit sein und sich nicht nach wenigen Wochen ändern können. Die Faktenchecker nehmen Aussagen und Erklärungen als Fakten, und auf dieser Basis wird entschieden, was wahr und was unwahr sein soll.

Aussagen und Erklärungen sind jedoch keine Fakten, das sind Meinungen. Und über Meinungen sollte man diskutieren können, das nennt sich übrigens „Meinungsfreiheit“ und steht im Westen angeblich unter einem besonderen Schutz. Wenn aber Faktenchecker kommen und uns erklären wollen, welche Meinung wahr und welche Meinung „Fakenews“ ist, dann ist das per Definition ein Angriff auf die Meinungsfreiheit selbst.

In Anbetracht der Tatsache, dass die Medien und auch viele Menschen sich bei der Suche nach der „Wahrheit“ inzwischen auf Faktenchecker berufen und verlassen, ist das keine Kleinigkeit. Wenn man zum Beispiel in sozialen Netzwerken eine Meinung postet, die von den Faktencheckern als „Fakenews“ oder „Verschwörungsideologie“ bezeichnet wird, kann das Folgen haben. Man wird schnell gebrandmarkt, was in vielen Fällen sogar berufliche und soziale Nachteile bedeuten kann. Die Faktenchecker sind eine Macht geworden und sie beeinflussen den freien Diskurs.

Hinzu kommt, dass die Faktenchecker interessengesteuert sind. Das ist das Problem und das will ich aufzeigen, denn die Faktenchecker sind ein Instrument, um die Meinungsfreiheit auf die „gewollten" Meinungen zu beschränken.

Nehmen wir als Beispiel den deutschen Faktenchecker correctiv. Auf ihrer Internetseite schreibt correctiv über sich selbst[49]:

„*CORRECTIV ist eine gemeinnützige und unabhängige Redaktion. Wir bringen systematisch Missstände ans Licht und stärken eine demokratische und offene Zivilgesellschaft. Wir stehen für investigativen Journalismus.*"

Das klingt gut, aber stimmt es auch?

Das Problem ist, correctiv ist weder unabhängig noch kritisch, sondern engstens mit der deutschen Presse verbunden und vertritt bei allen Themen die gleiche Meinung, wie die deutschen Medien. Mehr noch: correctiv ist von den Medien selbst gegründet worden, damit sie eine angeblich unabhängige Gruppe von „Aktivisten" als Bestätigung für die eigenen Meldungen anführen können

Das klingt abstrus? Es ist aber so. Die Gründung von correctiv wurde von der Brost-Stiftung mit drei Millionen Euro finanziert. Von der Brost-Stiftung haben Sie noch nie gehört? Die Brost-Stiftung wurde von der Milliardärsfamilie Brost gegründet, und womit haben die Ihr Geld gemacht? Ihnen gehört die WAZ-Gruppe, einer der führenden Medienkonzerne Deutschlands, der einen großen Teil der Regionalzeitungen in Deutschland besitzt, an Radio- und Fernsehstationen beteiligt ist und auch deutschlandweite Zeitschriften besitzt.

Damit hat sich ein Medien-Oligarch in Deutschland eine kleine „kritische" Plattform gegründet, die nun die Medien kritisch beobachten soll. Und damit niemand glaubt, dass hinter correctiv nur die WAZ-Gruppe steht, weise ich darauf hin, dass in den Gremien von

49 https://correctiv.org/

correctiv (Kuratorium, Ethikrat und Aufsichtsrat) Vertreter der Medienkonzerne, der Parteien und des Staates sitzen[50].

Finanziert wird correctiv[51] ebenfalls vom deutschen Staat und den deutschen Medienkonzernen. Hinzu kommen noch Stiftungen, die sich auf die Beeinflussung der öffentlichen Meinung spezialisiert haben.

Wie wahrscheinlich ist es aber, dass eine Organisation, die von den Medien gegründet wurde, von Vertretern der Medien und des Staates geleitet wird und von den Medien, dem Staat und den Stiftungen der reichsten und mächtigsten Menschen finanziert wird, den Medien, der Regierung und den Reichen und Mächtigen kritisch auf die Finger schaut?

Correctiv wurde von den Medien gegründet, als das Vertrauen der Menschen in die Medien nachzulassen begann und es hatte vom ersten Tag an nur die Aufgabe, gegen diesen Vertrauensverlust anzukämpfen, indem es als „unabhängige Redaktion" (siehe Eigenwerbung von correctiv) all das bestätigt, das der mediale Mainstream verbreitet. Und correctiv ist nur einer von inzwischen hunderten Faktencheckern, die in Deutschland und dem Westen darüber wachen, was die Wahrheit ist und was nicht.

Correctiv ist übrigens auch Faktenchecker bei Facebook[52]. Das bedeutet in der Praxis folgendes: In der Bevölkerung regt sich Widerstand gegen Berichte der Medien zu einem bestimmten Thema und die Menschen beginnen, das bei Facebook zu posten. Daraufhin wird correctiv eingeschaltet und schreibt einen Faktencheck, auf dessen Basis dann bei Facebook Inhalte gelöscht oder mit Warnhinweisen versehen werden. Anschließend berichten die Medien, dass die „un-

---

50 https://correctiv.org/ueber-uns/gremien/

51 https://correctiv.org/ueber-uns/finanzen/

52 https://www.facebook.com/formedia/mjp/programs/third-party-fact-checking/partner-map

abhängigen Faktenchecker" von Facebook sich mit dem Thema beschäftigt haben, und die Berichte der Medien bestätigen. Wer eine andere Meinung vertritt, der ist ein „Verschwörungsideologe", sagen die unabhängigen Faktenchecker von Facebook.

Das funktioniert wirklich so einfach, denn die Konsumenten der Medien und die User von Facebook wissen ja nicht, dass der angeblich unabhängige Faktenchecker von den Medien gegründet wurde und von ihnen finanziert und geleitet wird. Für den Normalbürger sieht es stattdessen so aus, als kämen ganz viele intelligente Menschen unabhängig voneinander zu dem gleichen Ergebnis – und das wirkt auf die Menschen glaubwürdig.

Damit ist klar, was bei Facebook in Deutschland als „Fakenews" eingestuft wird: Alles das, was dem Mainstream widerspricht. Sowohl aus seiner Leitung als auch aus seinen Förderern und Gründern kann man klar erkennen, dass die Aufgabe von correctiv nur ist, als vermeintlich „unabhängige" Quelle die Behauptungen des Mainstreams zu stützen. Und correctiv ist auch die „Meinungspolizei" im deutschsprachigen Facebook.

Facebook Deutschland hat drei Faktenchecker. Neben correctiv gehört auch die dpa dazu, und damit ein weiterer großer Vertreter der Mainstream-Medien, denn wer es nicht weiß, die 180 Gesellschafter der dpa sind ausschließlich Medienunternehmen oder öffentlich-rechtliche Anstalten wie ARD und ZDF. Also im Grunde die gleichen, wie bei correctiv.

Damit kontrollieren nun zwei von den Medien gegründete, finanzierte, überwachte und abhängige Organisationen in Deutschland, was bei Facebook wahr ist und was nicht.

Noch mehr Macht über die Deutungshoheit bei Facebook hat die französische Nachrichtenagentur AFP. Sie ist der dritte Faktenchecker bei Facebook Deutschland und gleich in mehreren Ländern von Facebook bevollmächtigt, zu entscheiden, was wahr und was unwahr ist. Und zwar in Brasilien, Kamerun, Kanada, Kolumbien, Frankreich, Indien, Indonesien, Kenia, Mexiko, Nigeria, Pakistan, Philippinen, Senegal, Südafrika und in allen arabischen Staaten des Nahen Ostens und Nordafrikas.

Die AFP ist aber auch keine neutrale Organisation, sondern wird zu mindestens 40 % vom französischen Staat finanziert und kann damit als Sprachrohr der französischen politischen Meinung bezeichnet werden.

Wir sehen bei den Faktencheckern also eine sehr beunruhigende Vermischung aus Interessen der (westlichen) Staaten und der großen Medienkonzerne. Wie passt das eigentlich dazu, dass die Medien als „vierte Macht im Staat" den Reichen und Mächtigen und der Regierung kritisch auf die Finger schauen wollen, wenn sie alle gemeinsam überall an einem Tisch sitzen?

Schauen wir uns dabei die Macht der Reichen und Mächtigen einmal genauer an. Ich habe das sehr ausführlich am Beispiel von Bill Gates getan. Was ich hier über Bill Gates schreiben werde, gilt aber auch für andere Superreiche, denn auch deren Stiftungen tun das gleiche wie Gates. Ich nutze ihn nur als exemplarisches Beispiel.

Alle selbsternannten Faktenchecker dieser Welt bekommen viel Geld von einer kleinen Zahl von Milliardärs-Stiftungen, die sich bei der Bezahlung der verschiedenen Faktenchecker jedes Jahr abwechseln, damit es nicht so auffällt, dass die Geldgeber immer der gleiche kleine Kreis westlicher Oligarchen ist.

In meinem Buch „Inside Corona" habe ich an einem Beispiel aufgezeigt, wie das läuft. Daher zitiere ich hier aus dem Buch:

„Da ist es hilfreich, dass man sich im Westen sein eigenes „Wahrheitsministerium" gründen kann, was heute „Faktenchecker" genannt wird und gegen „Fake News" vorgeht. Wenn ein Faktenchecker (und die haben heute alle Medien) die Fakten „checkt", dann sollen die Le-

ser das Gefühl bekommen, dies sei die Wahrheit, die reine Wahrheit und vor allem die einzige Wahrheit.
Dazu hat sich der Wellcome Trust zusammen mit Gleichgesinnten 2015 First Draft News gegründet die neben dem Wellcome Trust vom Facebook Journalism Project, der Ford Foundation, der Google News Initiative, den Open Society Foundations von George Soros, Twitter und anderen finanziert werden und uns erzählen, was die Wahrheit ist und was Falschinformationen sind. Und natürlich erfahren wir bei First News Draft auch alle „Wahrheiten“ über Covid-19-Impfungen.
Oder zumindest erfahren wir dort das, wovon der Wellcome Trust und seine Milliardärsfreunde wollen, dass wir es für die Wahrheit halten. Solche Organisationen gibt es viele, sie sind jede für sich unwichtig, aber in der Masse schaffen sie beim Leser das Gefühl, dass ganz viele unabhängige Organisationen und Experten zu dem gleichen Schluss kommen, also muss das ja die Wahrheit sein.
So hat der Spiegel zum Beispiel schon im April 2020, als die Pandemie gerade erst begonnen hatte und es noch gar keine Impfstoffe gab, unter der Überschrift „Verschwörungstheoretiker hetzen gegen Bill Gates“ davor gewarnt, dass „Verschwörungstheoretiker den Glauben an Covid-Impfungen untergraben“ könnten. Im Spiegel war zu lesen:
„Claire Wardle, Leiterin der Faktencheck-Organisation First Draft, fürchtet, dass die Hetze gegen Gates zum Beispiel dazu beitragen könne, dass das Vertrauen in Impfungen sinke.“
Wer nicht weiß, was First Draft News ist, der hält die Organisation für seriös, denn sie ist ja laut Spiegel eine „Faktencheck-Organisation“, dabei ist das nur ein bezahltes PR-Organ des Wellcome Trust und seiner Freunde. Derartige kleine Organisationen wie First Draft News gibt es viele und sie kosten nicht viel, nur Büromiete und Gehälter für eine Handvoll Mitarbeiter. Das sind Peanuts im Vergleich zu den sonst eingesetzten Summen, aber die Wirkung auf die Öffentlichkeit ist sehr groß, weil man sich in einem Presse-Artikel problemlos

auf eine ganze Reihe von Organisationen mit wohlklingenden Namen berufen kann, die die gewollte Meinung bestätigen.
Dass diese Organisationen von denen gegründet und bezahlt werden, die wollen, dass diese Meinung verbreitet wird, müssen die Leser der „Qualitätsmedien" ja nicht wissen."

Um noch seriöser zu wirken, gibt es sogar eine weltweite Dachorganisation der Faktenchecker. In den USA hat sich eine Zeitung in Florida schon 1975 einen eigenen Faktenchecker gegründet, das sogenannte Poynter Institute. Heute ist das eine mächtige Organisation im Kreise der selbsternannten Wahrheitswächter und 2015 hat Poynter das Internationale Fact-Checking Network gegründet, das für sich in Anspruch nimmt, internationalen Faktencheckern den Ritterschlag zu geben. Aktuell meldet es auf seiner Seite, dass es mehr als 100 „verifizierte" Mitglieder hat[53].

Poynter wird von diversen NGOs und Stiftungen finanziert, die mithilfe der selbsternannten Faktenchecker dafür sorgen, dass die von ihnen unterstützten Projekte ins rechte Licht gerückt werden. Besonders interessant ist die Liste der Partner von Poynter[54], die den Faktencheckern bei Medienkompetenz helfen sollen. Darunter sind: Facebook, Google, Microsoft und auch deren Töchter, wie zum Beispiel WhatsApp. Auch Luminate, die auch correctiv finanzieren, wird dort genannt. Und natürlich darf das National Endowment for Democracy, eine von der US-Regierung finanzierte NGO, nicht fehlen.

Auch die Bill and Melinda Gates Foundation hat das Poynter Institute schon mit einem Zuschuss in Höhe von fast 400.000 Dollar bedacht[55]. Allerdings scheint Gates seinen Einfluss auf das Poynter

53 https://www.poynter.org/ifcn/
54 https://www.poynter.org/major-funders/#1632843888743-52666069-9ec9
55 https://www.gatesfoundation.org/about/committed-grants?q=poynter

Institute nicht mehr über seine Foundation ausüben zu wollen, sondern über Microsoft, wie die aktuelle Liste der Förderer des Poynter Institutes zeigt.

Das renommierte Portal The Grayzone hat im November 2021 einen Artikel veröffentlicht[56], in dem es im Detail gezeigt hat, welche Medien und Medienorganisationen die Gates Foundation mit wie viel Geld finanziert. Die Liste der Medien, und vor allem der Summen, mit denen Gates sie bezahlt, ist jedoch nicht vollständig, obwohl dort schon eine Gesamtsumme von 320 Millionen Dollar zusammenkommt, mit der Gates seine Narrative in die Welt tragen will. Bei meinen Recherchen zu meinem Buch „Inside Corona" habe ich weitere Zahlungen der Gates Foundation an Medien gefunden, die in der Liste von The Grayzone nicht auftauchen, so fehlen dort zum Beispiel knapp 50 Millionen Dollar, die Gates alleine der BBC bezahlt hat. Außerdem bezahlt auch Microsoft bestimmte Medienorganisationen, wie zum Beispiel Faktenchecker, und wie viel Microsoft dafür über die Jahre bezahlt hat, ist nicht bekannt.

Wie schon gesagt, erwecken die Medien gerne den Eindruck, dass viele voneinander unabhängige Organisationen (also NGOs, Stiftungen, etc.) und auch noch unabhängige Faktenchecker alle zu dem gleichen Ergebnis kommen. Der Leser der „Qualitätsmedien" hat daher den Eindruck, dass das, was sie behaupten, ja die Wahrheit sein muss, wenn so viele Experten das sagen.

Wenn die Leser der „Qualitätsmedien" wüssten, dass all die weltweiten Faktenchecker von immer der gleichen, recht kleinen Gruppe von Milliardären über ihre NGOs und Stiftungen finanziert werden, dann wären sie diesen „Fakten" gegenüber gleich viel skeptischer. Und dabei spielt das Poynter Institute eine wichtige Rolle, denn als Dach-

56 https://thegrayzone.com/2021/11/21/bill-gates-million-media-outlets-global-agenda/

organisation kann es die Arbeit der internationalen Faktenchecker koordinieren.

Um zu zeigen, wie das in der Praxis funktioniert, schauen wir uns nun ein Beispiel an.

Am 12. Januar 2022 haben 80 internationale Faktenchecker in einem offenen Brief gefordert[57], YouTube solle „wirksame Maßnahmen" ergreifen, um effektiver gegen Desinformationen zu der Covid-19-Pandemie und vielen weiteren Themen vorzugehen. Im Klartext wurde YouTube aufgefordert, seine Zensurmaßnahmen gegen vom Mainstream abweichende Meinungen weiter zu verschärfen. Auf die Forderungen im Detail einzugehen, ist nicht nötig, interessanter ist die Frage, wer hinter dem offenen Brief steckt, denn jeder Faktenchecker hat Gründer und Geldgeber, die wiederum Interessen haben.

Wer sich mit Faktencheckern und ihrer Finanzierung beschäftigt, der stellt fest, dass sehr viele von ihnen von den Internetkonzernen bezahlt und unterstützt werden. Correctiv zum Beispiel hat in den letzten Jahren Zahlungen von Facebook und Twitter bekommen. Die Internetkonzerne lenken die Faktenchecker direkt und sie lenken sie auch noch über ihre Dachorganisation, zu der sich Poynter erklärt hat.

Daher ist es interessant, sich anzuschauen, wer den offenen Brief, in dem 80 Faktenchecker aus aller Welt mehr Zensur von YouTube gefordert haben, unterzeichnet hat. Ich habe seinerzeit die Liste der Unterzeichner mit der Liste der über 100 Mitglieder des Fact-Checking-Network von Poynter abgeglichen und wenig überraschend waren fast alle Unterzeichner des Briefes an YouTube bei Poynter organisiert.

Wir haben also eine Situation, in der Internetkonzerne wie Google eine Dachorganisation und auch viele ihrer Mitglieder bezahlen

57 https://correctiv.org/in-eigener-sache/2022/01/12/offener-brief-an-youtube-ceo-von-weltweiten-faktencheck-organisationen/

und diese Mitglieder schreiben dann einen offenen Brief, in dem sie von der Google-Tochter YouTube fordern, sie möge für mehr Zensur sorgen. Google hätte den Brief auch gleich an sich selbst schreiben können.

Aber so funktioniert das Spiel: Es werden viele kleine und vorgeblich unabhängige Organisationen bezahlt, was beim Durchschnittsmenschen den Eindruck erweckt, sie kämen alle vollkommen unabhängig voneinander zu dem gleichen Ergebnis. Google konnte seine Hände in Unschuld waschen, denn es wurde ja von den Wahrheitswächtern gedrängt, gegen das vorzugehen, was die (von Google bezahlten) Faktenchecker als Falschinformationen ansehen.

Und dass Google und YouTube die Zensur seitdem weiter verstärkt haben, ist kein Geheimnis.

Und natürlich war auch Bill Gates einer derer, die sich mehr Zensur gewünscht haben, denn Bill Gates war der wichtigste Profiteur der Pandemie, weil er an den Firmen beteiligt ist[58], die an der Pandemie das meiste Geld verdient haben. Das reicht von Herstellern von Geräten zur Impfstoffproduktion über Impfstoffhersteller bis hin zu den Herstellern der Covid-Tests. Sogar an Firmen, die künstliche Antikörper zur Behandlung von Covid-Erkrankungen herstellen, hat sich Gates rechtzeitig beteiligt.

Daher bezahlt Bill Gates (im Fall der Faktenchecker hauptsächlich über Microsoft) weltweit Faktenchecker, damit die alle Zweifel an den von ihm gewollten Narrativen zerstreuen. In diesem Fall ging es um Covid-19 und vor allem um die Kritik am mRNA-Impfstoff von BionTech/Pfizer, denn Gates ist an BionTech und Pfizer beteiligt verdient an den Impfungen Milliarden.

58 https://sif.gatesfoundation.org/portfolio/

Die Forderung nach mehr Zensur, vor allem bei der Kritik an Corona-Maßnahmen und mRNA-Impfstoffen, war und ist daher eine Herzensangelegenheit von Bill Gates.

Die selbsternannten Faktenchecker sind reine Propaganda-Instrumente, deren Aufgabe es ist, die politisch gewollten Narrative durchzusetzen und sie werden von denen gegründet und bezahlt, die daran ein Interesse haben. Beispiele dafür habe ich während meiner Arbeit so viele gefunden, dass es den Rahmen sprengen würde, sie hier alle aufzulisten. In ihrer Gesamtheit erzeugen sie für den durchschnittlichen Medienkonsumenten den Eindruck, dass ganz viele unabhängige, nur der Wahrheit verpflichtete, Journalisten und Experten alle zu dem gleichen Schluss kommen – und dann muss das ja wahr sein!

Diese Illusion funktioniert, wie wir täglich daran sehen, dass immer mehr Menschen in sozialen Netzwerken als Beleg für eine These inzwischen Artikel von Faktencheckern verschicken, anstatt selbst zu recherchieren und Originalquellen zu suchen. Bei Diskussionen zählen keine Argumente mehr, stattdessen haben die Erkenntnisse der Faktenchecker Argumente abgelöst.

In meiner Arbeit habe ich mich sehr viel mit der Macht der NGOs und Stiftungen beschäftigt und in meinem Buch „Abhängig beschäftigt“ bin ich auf das Thema im Detail eingegangen. Nachdem ich mich so viel damit beschäftigt habe, kenne ich auch die Finanziers dieser selbsternannten Wahrheitswächter – und es handelt sich dabei um eine recht kleine Gruppe von vielleicht 20 Stiftungen (und natürlich den Internetkonzernen), von denen man bei jedem Faktenchecker eine oder mehrere unter den finanziellen Förderern findet.

Man kann sich das bei jedem Faktenchecker der Welt ansehen und wer sich deren Finanziers anschaut, der stellt fest, dass sich dabei eine Gruppe von etwa 20 Stiftungen (und natürlich die Internetkonzerne) herauskristallisiert, die über ihre finanziellen Zuwendungen dafür sorgen, dass die Wahrheitswächter das zur Wahrheit erklären, was die wenigen Superreichen, die hinter den Stiftungen stehen, wollen.

Dabei wechselt man sich jedes Jahr ein wenig ab. 2020 waren unter den finanziellen Unterstützern von correctiv zum Beispiel folgende „übliche Verdächtige“: Soros, Luminate, Google, Twitter, Mercator und Adessium (Adessium ist eine besonders interessante Stiftung). 2019 wurde correctiv unter anderem von folgenden der „üblichen Verdächtigen“ unterstützt: Mercator, Adessium und Soros. Für 2018 nennt correctiv unter anderem: Omidyar (das ist Luminate), Soros, Mercator, Adessium und Google. Und so wechselt man sich jedes Jahr ab und dieses Spiel kann man bei allen internationalen Faktencheckern beobachten, die im Mainstream zitiert werden, und es sind immer die gleichen etwa 20 Finanziers.

Diese Finanziers haben sich einen sehr großen Einfluss auf die öffentliche Meinung geschaffen, die Faktenchecker sind dabei nur eines von vielen Instrumenten, die in ihrer Arbeit ineinandergreifen und so dafür sorgen, dass die gewollten Narrative verbreitet und abweichende Narrative unterdrückt werden, wobei vor allem die sozialen Netzwerke sehr aktiv sind.

Die Internetkonzerne finanzieren die Faktenchecker, die entscheiden, was bei den sozialen Netzwerken, die den Internetkonzernen gehören, als Wahrheit gilt oder als Fakenews verboten wird. Die Faktenchecker sind also nur ein zwischengeschobenes Instrument, das – siehe correctiv und die deutschen Medienkonzerne – als vorgeblich unabhängiges Instrument die von den Finanziers gewollten Narrative bestätigen soll.

Die gewollten Narrative kann man übrigens zusammenfassen, es sind die Thesen und „Wahrheiten“, in denen sich alle im Westen einig sind: Die NATO ist super, die EU ist eine tolle Organisation, die USA sind der Hort von Freiheit und Demokratie (solange Trump nicht an der Macht ist), Russland ist böse, China ist böse – und überhaupt sind der Westen, sein Wirtschaftssystem der Globalisierung und seine „Werte" das Beste, was es gibt und wer etwas anderes behauptet, ist ein (wahlweise linker oder rechter) Extremist.

Die NGOs spielen bei der Durchsetzung dieser Narrative, also dabei, die öffentliche Meinung in diese Richtung zu beeinflussen, eine Schlüsselrolle. Jeder von uns hat in den Medien schon Artikel gelesen, in denen erzählt wird, dass Russland, China und andere Staaten ganz böse sind, weil sie die Arbeit der westlichen NGOs einschränken. Das wäre Unterdrückung der Zivilgesellschaft, heißt es dann immer.

Genau da ist die Bruchlinie, um die es im Kampf des Westens gegen Russland geht: Russland hat die westlichen NGOs aus dem Land gejagt und verhindert, dass sie die öffentliche Meinung in Russland beeinflussen. Russland ist der Meinung, dass es Sache der russischen Zivilgesellschaft ist, ihren eigenen Weg zu gehen und dass sie sich ihren Weg und ihre politischen Ansichten nicht von den westlichen NGOs vorschreiben lassen will.

In Russland gibt es keine Faktenchecker, in Russland lacht man über diese Erscheinung, weil man, wenn man außerhalb der westlichen Medienblase sitzt, leicht erkennen kann, wie dieses System funktioniert.

Russland ist gegen diese von Oligarchen gesteuerte Beeinflussung der öffentlichen Meinung und lässt das bei sich nicht zu.

Medien

Die wahrscheinlich interessanteste Frage bei diesem Thema ist die Rolle der Medien. Immerhin glauben viele Menschen im Westen immer noch, die westlichen Medien wären frei, kritisch, objektiv und so weiter. Die Rede ist dabei oft von der „vierten Gewalt im Staate“, was bedeutet, dass die Medien der Regierung und auch anderen Mächtigen, also den Konzernen, kritisch auf die Finger schauen und jeden Skandal aufdecken. Es wäre schön, wenn es so wäre. So ist es aber nicht, wie ich bereits im vorherigen Kapitel behauptet habe. Warum das so ist, schauen wir uns nun genauer an.

Um das Thema Medien zu verstehen, müssen wir uns erst einmal mit dem Begriff der Pressefreiheit auseinandersetzen. Pressefreiheit gibt es grundsätzlich im Westen und in Russland, denn Pressefreiheit bedeutet erst einmal nur, dass Medien gegründet werden dürfen und dass sie frei berichten dürfen, solange sie sich an die Gesetze halten und keine verfassungswidrigen oder extremistischen Inhalte verbreiten, wobei jedes Land gesetzlich festlegt, was als extremistisch eingestuft ist.

Das galt zumindest bevor Russland in der Ukraine interveniert hat, danach hat der Westen angefangen, russische Medien zu verbieten und Russland hat im Gegenzug westliche Medien bei sich gesperrt. Einschränkungen der Pressefreiheit gab es in einigen Ländern des Westens auch schon vor der russischen Intervention, vor allem in den baltischen Staaten wurden schon Jahre zuvor russische Medien verboten, wobei es dabei oft weniger um politische Gründe ging, sondern darum, die russische Sprache im Baltikum zu unterdrücken. Es gab in den baltischen Staaten sogar Fälle, in denen freie Journalisten von der Staatsanwaltschaft mit der Eröffnung von Strafverfahren bedroht wurden, wenn sie weiterhin Artikel für russisch-sprachige Portale schreiben.

Aber bleiben wir bei der generellen Linie und halten fest, dass es bis vor kurzem sowohl im Westen (mit wenigen Ausnahmen) als auch in Russland grundsätzlich Pressefreiheit gegeben hat und Medien gegründet wurden und sie frei arbeiten konnten, solange sie keine verfassungswidrigen oder volksverhetzenden Thesen verbreitet haben.

Aber wie frei können Journalisten dabei in der Praxis berichten? Das Problem ist nämlich, dass alle Medien einen Eigentümer haben, der die Richtung der redaktionellen Berichterstattung festlegt. In Deutschland zum Beispiel ist den meisten Menschen bekannt, dass sich Journalisten, die bei Medien des Springer-Verlages (Bild, Welt, etc.) arbeiten, schriftlich verpflichten müssen, die Westanbindung Deutschlands, also die Treue zu USA und NATO und auch Israel zu unterstützen.

Das ist Pressefreiheit, denn die Medien des Springer-Konzerns dürfen frei berichten, aber die Journalisten, die bei Springer arbeiten, dürfen es nicht. Ihnen wird die inhaltliche Linie, innerhalb sie sich in Artikeln und Beiträgen äußern dürfen, vorgegeben.

Nicht alle Medien haben so strikte Regeln, aber in jeder Redaktion gibt es eine klare politische Linie und wenn ein Journalist sich daran nicht hält und Thesen oder Meinungen vertreten möchte, die der redaktionellen Linie widersprechen, ist er sehr schnell seinen Job los. Beispiele dafür gibt es in Deutschland zuhauf.

Im Klartext bedeutet das, dass Pressefreiheit nicht bedeutet, dass Journalisten frei berichten können, denn was sie berichten und welche Meinungen sie vertreten dürfen, entscheidet die Redaktion. Das ist der Schlüssel zum Verständnis dieses Themas. Man muss beim Thema Pressefreiheit also unterscheiden, denn Pressefreiheit bedeutet in der Praxis nur, dass Redaktionen frei sind, nicht aber deren Journalisten.

Die Frage ist also, wer die Linien der Redaktionen bestimmt und welche das sind. Im Westen kann man klar sehen, dass sich die Medien bei allen entscheidenden Themen weitgehend einig sind. Diskussionen oder gar Streit gibt es nicht. Wenn die Regierung beschließt, die Banken zu retten, gibt es daran keine Kritik. Wenn die Bundeswehr in einen Kriegseinsatz geschickt wird, gibt es daran keine Kritik. Ob es für Deutschland besser ist, sich NATO und USA unterzuordnen, oder ob Deutschland ein blockfreies Land sein sollte, wird in den Medien nicht einmal diskutiert. Dass die EU de facto undemokratisch ist, weil das EU-Parlament weniger Befugnisse hat, als sie der deutsche Reichstag unter Kaiser Wilhelm hatte (das ist keine Übertreibung), wird in den Medien nicht einmal diskutiert.

Diese Liste ließe sich fortsetzen, ich wollte mit diesen Beispielen nur aufzeigen, dass es genug Themen gibt, bei denen eigentlich ein öffentlicher Diskurs angebracht wäre, aber der findet in den Medien nicht statt. Sie sind alle einer Meinung, obwohl es in der Bevölkerung zu vielen Themen abweichende Meinungen gibt. Man könnte das mit der bösen Formulierung der „Gleichschaltung" der Medien bei bestimmten Themen charakterisieren.

Die redaktionelle Linie der Medien wird zuerst von dem Eigentümer bestimmt. Da die Medien im Westen alle zu Medienkonzernen gehören, ist es wenig verwunderlich, dass die Medien in der Regel die Interessen der „Wirtschaft" vertreten, also der Reichen.

Es gibt schließlich keine große Zeitung oder Fernsehsender, die zum Beispiel den Verbraucherzentralen oder sozialen Organisationen wie den Tafeln gehören. Es braucht nicht viel Fantasie, um sich vorzustellen, wie ein Fernsehsender der Verbraucherzentralen berichten würde, wenn die Regierung mal wieder Gesetze beschließt, die den Lebensmittelkonzernen mehr Rechte einräumen oder die Verwendung von mehr Chemikalien in der Produktion von Gütern des täglichen Bedarfs erlauben. Und wie Medien, die den Tafeln gehören, berichten würden, wenn wieder Steuererleichterungen für Konzerne beschlossen werden, anstatt den Ärmsten mehr Geld zur Verfügung zu stellen, ist auch nicht schwer vorstellbar.

Der Unterschied liegt darin, dass die Konzernmedien zwar über diese Dinge berichten, aber es in ihren Berichten immer so dargestellt wird, als sei es vernünftig (oder gar für die Wirtschaft lebenswichtig und daher alternativlos), die Steuern für Konzerne zu senken, keine Erbschafts- oder Vermögenssteuer einzuführen oder den Spitzensteuersatz zu senken. Dass die Konzernmedien es so darstellen, kann man ihnen nicht übelnehmen, denn ihre Eigentümer profitieren von diesen Entscheidungen – es wäre aus ihrer Sicht dumm, anders darüber zu berichten.

Berichte in Medien, die den Tafeln oder den Verbraucherzentralen gehören, würden sicherlich ganz anders klingen und deren Berichte hätten einen anderen O-Ton.

Hinzu kommt, dass die Medien hauptsächlich von Werbeeinnahmen leben. Die Verkäufe von Zeitungen machen nur einen kleinen Teil ihrer Einnahmen aus, beim Fernsehen ist es noch deutlicher. Die Medien sind, wenn sie wirtschaftlich überleben wollen, auf Werbung angewiesen. Und wer schaltet die Werbung? Wieder in erster Linie die großen Konzerne.

Was würde wohl passieren, wenn eine große deutsche Zeitung auf die Idee kommen würde, täglich kritisch über die Pharmaindustrie in Deutschland zu berichten? Gründe genug dafür gäbe es, immerhin sind Medikamente in Deutschland so teuer wie in kaum einem anderen Land der Welt. Was würde wohl passieren, wenn eine große Zeitung jeden Tag thematisieren und erklären würde, wie sich die Pharmaindustrie in Deutschland an diesen hohen Preisen dumm und dämlich verdient, während sie die gleichen Medikamente in anderen Ländern für viel weniger Geld anbietet?

Das Ergebnis wäre, dass die Pharmaindustrie eine solche Zeitung boykottieren würde, sie würde dort keine einzige Anzeige mehr schalten. Aus diesem Grunde können die Medien es sich gar nicht leisten, die Konzerne allzu sehr zu kritisieren, denn sie sind von den Werbeanzeigen abhängig, die die Konzerne bei ihnen schalten.

Aber ein weiterer Punkt ist besonders wichtig, wenn man verstehen will, warum die Medien bei den meisten Themen die gleiche Meinung vertreten.

Über die Macht der NGOs habe ich hier bereits viel geschrieben. Wir müssen uns in Erinnerung rufen, dass alle diese NGOs Stiftungen sind. Das bedeutet, dass irgendein sehr reicher Mensch sein Vermögen an eine Stiftung übertragen hat, was de facto eine Befreiung von Steuern bedeutet und dem Stifter der Möglichkeit gibt, über die Stiftung Einfluss auf politische Entscheidungen oder gesellschaftliche Themen zu nehmen.

Die Stiftungen sind ein Steuersparmodell, das politischen Einfluss ausüben und dabei gleichzeitig sein Vermögen steuerfrei mehren kann. Die Stifter werden von den Medien aber als „Philanthropen" bezeichnet, die nur die edelsten Absichten haben. Man fragt sich also: Warum sind die Medien demgegenüber nicht kritischer?

Die Antwort liegt auf der Hand: Praktisch alle Medien sind ebenfalls Teil von Stiftungen, schließlich kennen wir alle die Bertelsmann-Stiftung oder die Axel Springer Stiftung. Praktisch alle großen Medien im Westen gehören Stiftungen. Daher darf man nicht erwarten, dass die Medien dieses System kritisieren, von dem sie selbst (oder besser gesagt, ihre Eigentümer) profitieren. Man muss im Gegenteil erwarten, dass die Medien das System der Stiftungen in ein positives Licht stellen und die Stifter in den höchsten Tönen für ihre menschenfreundlichen Projekte loben.

Und genau das erleben wir ja auch.

Außerdem bekommen die Medien von Stiftungen Geldgeschenke. Ich werde das wieder am Beispiel von Bill Gates aufzeigen, aber so gehen auch die meisten anderen großen Stiftungen vor. Ich habe bereits berichtet, dass die Gates Foundation den Medien im Laufe der Jahre über 400 Millionen Dollar „gespendet“ hat. Das sind natürlich keine Spenden, sondern es sind „Grants“ (Förderprogramme) und die sind an Bedingungen geknüpft. Oft kann man auf der Seite der Gates Foundation sogar erfahren, was Gates mit einer Förderung erreichen möchte. Die Fördergelder sind also an Bedingungen geknüpft und diese Bedingungen enthalten Vorgaben, welche Themen die geförderte Zeitung bitte schön in einem positiven Licht darzustellen hat.

Wie lässt sich das eigentlich mit freiem und kritischem Journalismus vereinbaren, wenn Medien Gelder unter Vorgabe annehmen, bestimmte Themen positiv darzustellen? Ich werde nun einige Beispiele dafür zeigen, wie Bill Gates führende europäische Medien finanziert.

Die Medien behaupten, wenn sie kritisiert werden, weil sie sich von einem Oligarchen wie Gates bezahlen lassen, dass solche Zahlungen keinerlei Einfluss auf die Berichterstattung haben. Ich werde jetzt aufzeigen, dass das gelogen ist, denn Bill Gates hat bei jedem Medium, das er bezahlt, eine feste Agenda. Und die kann man auch öffentlich einsehen, wenn man sich die Beschreibung der „Förderung“ von Gates anschaut.

Sollten diese Medien, wie der Spiegel in Deutschland, der auch von Gates bezahlt wird, wie wir gleich sehen werden, trotzdem der Meinung sein, ich habe mir das alles nur ausgedacht, habe ich einen sehr einfachen Vorschlag: Sie können ihre Verträge, die diesen „Förderungen“ zu Grunde liegen, doch veröffentlichen, wenn da nichts Verwerfliches geschrieben steht. Die finanziellen Details sind jedenfalls nicht geheim, denn die Summen der Förderungen veröffentlicht die Bill and Melinda Gates Foundation ohnehin auf ihrer Seite.

Alle Medien, die Bill Gates mit Geld bedenkt, wissen sehr genau, was Gates von ihnen erwartet. Und sie setzen das auch gehorsam um, was man schon daran erkennt, dass Gates ihnen danach immer wieder Geld zukommen lässt.

Bill Gates finanziert die einflussreichsten Medien eines Landes und in Frankreich ist das Le Monde. Le Monde hat von Gates seit 2014 insgesamt etwas über vier Millionen Dollar, aufgeteilt in fünf Zahlungen, erhalten[59]. Diese Zahlungen sind immer an ein Programm gebunden, was bedeutet, dass Gates, sollte die Zeitung nicht gehorsam berichten, was Gates möchte, keine Folgezahlung leisten wird. Aber Le Monde hat immer sofort die Folgezahlung erhalten und wird von Gates seit acht Jahren ununterbrochen bezahlt.

Die Programme, für die Gates Le Monde bezahlt hat, haben alle etwas mit Afrika zu tun und sie sind unter seine Programme zur „globalen Gesundheit" gefallen. Es geht Bill Gates darum, bei bestimmten Themen die französisch sprechende Bevölkerung Afrikas zu erreichen.

Das wird verständlich, wenn man weiß, wie und womit Bill Gates in Afrika das große Geld macht. Es geht vordergründig um Ernährungssicherheit, aber dahinter stecken Programme, mit denen Gates die afrikanischen Bauern von Hybridsaatgut von Monsanto (heute Bayer) abhängig machen möchte, an dem er viel Geld verdient. Aber darauf im Detail einzugehen, führt hier zu weit. Gates nutzt Le Monde, um seine Agenda und seine Projekte, an denen viel Geld verdient, im französisch sprechenden Teil von Afrika voranzubringen.

Wenn man das weiß, dann überrascht es nicht, dass die Gates Foundation in den Beschreibungen ihrer Zahlungen an Le Monde davon spricht, dass den französisch sprechenden Afrikanern die Themen „globale Gesundheit und Entwicklung" näher gebracht werden sollen, mit denen Gates in Afrika unter anderem seine „Ernährungsprogramme" mit Monsanto umsetzt.

Dass das Thema „globale Gesundheit" nicht fehlen darf, ist auch nicht überraschend, denn spätestens seit der Pandemie ist es Allge-

---

59 https://www.gatesfoundation.org/about/committed-grants?q=le%20monde

meinwissen, dass Bill Gates über seine Unternehmensbeteiligungen Milliarden im Gesundheitswesen verdient. Und Afrika ist für Gates in diesem Zusammenhang besonders deshalb interessant, weil er dort nicht nur Geld verdient, sondern unter dem Deckmantel der Malaria-Bekämpfung Genversuche in der freien Natur durchführt. Dazu brauchte er sowohl das Wohlwollen der Bevölkerung als auch grünes Licht der Aufsichtsbehörden. Das im Detail zu erklären, würde hier zu weit führen, daher verweise ich zu dem Thema auf mein Buch „Inside Corona", in dem ich das Thema der Gene-Drive-Experimente an Malariamücken in freier Wildbahn ausführlich erklärt habe.

Die BBC hat von der Bill and Melinda Gates Foundation drei Zahlungen mit einer Gesamtsumme von fast 3,7 Millionen Dollar erhalten. So zumindest kann man es in dem schon erwähnten Artikel von The Grayzone nachlesen. Allerdings ist den Autoren des Artikels dabei ein Fehler unterlaufen, denn sie haben die großen BBC-Förderungen von Gates übersehen.

Tatsächlich hat die Gates Foundation der BBC seit 2005 zusätzlich noch 15 Mal Geld überwiesen, insgesamt reden wir von über 50 Millionen Dollar. Das ist das Problem, wenn man die Förderprogramme der Gates Foundation untersucht: Man muss exakte Suchbegriffe eingeben und wenn man eine Zeitung oder einen Sender nicht kennt, dann findet man die zugehörige Förderung auch nicht. Daher geistern verschiedene Summen durch die Welt, in welcher Höhe die Gates-Foundation Medien schmiert. Die in dem Artikel von The Grayzone genannte Gesamtsumme von knapp 320 Millionen Dollar ist aufgrund des Fehlers bei der BBC um mindestens 50 Millionen zu niedrig angesetzt. Bill Gates hat die Medien mit mindestens 370 Millionen Dollar geschmiert.

Der Fehler ist den Kollegen, die den Artikel geschrieben haben, unterlaufen, weil sie in der Datenbasis nach „British Broadcasting Corporation" gesucht haben und dabei findet man tatsächlich die genannten 3,7 Millionen Dollar[60]. Sucht man aber nach „BBC", dann findet man auch die restlichen über 50 Millionen Dollar[61].

Die Förderungen von Gates für die BBC sind recht weit gefächert, natürlich geht es in einigen Programmen wieder um Afrika und die schon genannten Themen. Aber auch Indien ist für Gates wichtig. Bei der BBC setzt Gates außerdem stark auf Familienplanungsthemen, bei denen es im Kern nicht nur um Geburtenkontrolle geht, sondern auch darum, dass Gates viel Geld mit Nahrungsergänzungsmitteln für Kinder verdient.

Bei Indien kommt noch hinzu, dass man dort überhaupt nicht gut auf Gates zu sprechen ist, denn er war an Versuchen einer Impfung gegen Gebärmutterkrebs beteiligt, die Indien durchgeführt wurden und bei denen es mit Sicherheitsvorschriften nicht allzu genau genommen wurde. Es gab mehrere Todesfälle, auch darüber habe ich in „Inside Corona" ausführlich berichtet.

Damals hat die indische Regierung den Skandal aufgearbeitet und Gates und die anderen beteiligten Organisationen hochkant aus dem Land geworfen. Im Westen hat der Skandal – dank der von Gates bezahlten Medien – kaum Wellen geschlagen, in Indien ist er aber immer noch in frischer Erinnerung, weil sich die Inder als Versuchskaninchen bei einem Menschenversuch missbraucht fühlen.

Wenn man sich daran erinnert, dass Gates Milliarden an den Covid-Impfstoffen verdient, ist ein recht neues Förderprogramm von Gates für die BBC interessant. Im November 2021 hat Gates der BBC fast eine Million Dollar für ein auf zwölf Monate ausgelegtes Programm mit folgendem Verwendungszweck überwiesen[62]:

---

60 https://www.gatesfoundation.org/about/committed-grants?q=British %20 Broadcasting %20Corporation

61 https://www.gatesfoundation.org/about/committed-grants?q=bbc

62 https://www.gatesfoundation.org/about/committed-grants/2021/11/inv036270

„Entwicklung und breit angelegte Verbreitung einer vielschichtigen Informationskampagne, die sich an 30 % der Nigerianer (ab 15 Jahren) richtet und darauf abzielt, Fehlinformationen und Desinformationen entgegenzuwirken und die Akzeptanz des Covid-19-Impfstoffs erheblich zu steigern"

Aber vergessen Sie das lieber ganz schnell wieder, denn die Medien, die von Gates Geld erhalten, behaupten steif und fest, dass das Geld von Bill Gates an keine Bedingungen geknüpft ist und deren Berichterstattung in keiner Weise beeinflusst. Die westlichen Medien, und natürlich vor allem die BBC, berichten nämlich ganz frei und kritisch und lassen sich von niemandem vorschreiben, irgendwelche Informationskampagnen zu fahren.

Wer behauptet, westliche Medien würden bezahlte Informationskampagnen fahren, der ist ein böser Verschwörungstheoretiker, auch wenn die Bill and Melinda Gates Foundation das selbst ganz offen sagt.

Die führende spanische Zeitung El Pais hat von der Bill and Melinda Gates Foundation knapp 4 Millionen Dollar in zwei Zahlungen erhalten. Beide Zahlungen hatten den gleichen Verwendungszweck[63]:

„Information und Einbeziehung des spanischsprachigen Publikums zu vorrangigen Themen im Zusammenhang mit den nachhaltigen Entwicklungszielen"

Die nachhaltigen Entwicklungsziele der UNO (SDG) sind ein Thema, über man dringend ein eigenes, sehr kritisches Buch schreiben sollte. Die Ziele klingen toll, und so, wie sie formuliert sind, kann niemand etwas dagegen haben. Das Problem liegt im Kleingedruckten, oder genauer gesagt, in den Programmen und Unterprogrammen. Die 17 nachhaltigen Entwicklungsziele der UNO (SDG) sind in teilweise

63 https://www.gatesfoundation.org/about/committed-grants?q=el%20pa%C3%ADs

zehn und mehr Unterziele unterteilt, zu deren Umsetzung es wiederum jeweils mehrere Programme gibt. Und wenn man diese Programme liest, dann wird einem zeitweise ziemlich übel.

Darüber könnte man ein eigenes, sehr dickes Buch schreiben. Ich habe den SDG in „Inside Corona" ein eigenes Kapitel gewidmet, in dem ich das Thema aber natürlich nur streifen konnte. Ich habe in dem Kapitel einige Beispiele für die Programme hinter den SDG aufgezeigt und werde hier einen kleinen Teil aus dem Kapitel zitieren, um deutlich zu machen, dass die SDG keineswegs ein Segen für die Menschheit sind.

„Das 16. SDG lautet:

„Friedliche und inklusive Gesellschaften für eine nachhaltige Entwicklung fördern, allen Menschen Zugang zur Justiz ermöglichen und leistungsfähige, rechenschaftspflichtige und inklusive Institutionen auf allen Ebenen aufbauen"

Auch dagegen kann eigentlich niemand etwas haben. Das Problem liegt wieder im Detail. Erinnern Sie sich an ID2020, also an die digitale Identität aller Menschen, die Bill Gates umsetzen möchte und als Modellprojekt bereits in Bangladesch umsetzt, indem er dort allen Neugeborenen eine digitale Identität inklusive digitaler Geburtsurkunde gibt?

Genau darum geht es auch beim 16. SDG zum Teil, denn Unterpunkt 16.9 lautet:

„Bis 2030 Schaffung einer legalen Identität für alle, einschließlich Geburtsregistrierung"

Und dessen Unterpunkt 16.9.1 nennt den Indikator, um die Erreichung des Zieles zu messen:

„Anteil der Kinder unter 5 Jahren, deren Geburten bei einer Zivilbehörde registriert wurden, nach Alter"

ID2020 läuft schon und das Ziel ist es, alle Menschen der Welt digital zu erfassen. Das bedeutet die totale und ultimative Kontrolle der gesamten Menschheit, wird aber in schöne Worte verpackt. Und das Ganze ist keine wirre Fantasie oder eine Diskussion, das sind von der UNO beschlossene Ziele, an denen gearbeitet wird und für deren Umsetzung Milliarden ausgegeben werden."

Da ich dieses Buch auf Deutsch schreibe, will ich besonders detailliert darauf eingehen, wie Bill Gates in Deutschland vorgeht, um die öffentliche Meinung in die von ihm gewünschte Richtung zu beeinflussen. In Deutschland hat Gates sich den Spiegel als Kandidaten, der die Sicht von Gates in die Öffentlichkeit tragen soll, ausgesucht. Bemerkenswert ist, dass der Spiegel von Gates mehr Schmiergeld bekommt als die anderen großen europäischen Zeitungen. Während Le Monde und El Pais jeweils etwa vier Millionen Dollar bekommen haben, hat der Spiegel seit 2018 schon fast 5,5 Millionen Dollar bekommen.

Ein weiterer Unterschied ist, dass in den Beschreibungen der Zuschüsse der Bill and Melinda Gates Foundation für einige europäische Medien sehr genau zu lesen ist, wofür Gates sie bezahlt. Das geht so weit, dass Gates – wie gesehen – bei der BBC sogar gezielt bestimmte Medienkampagnen bestellt hat. Damit ist klar und offensichtlich, dass Gates den Medien die Millionen nicht aus reiner Nächstenliebe gibt, oder weil er „unabhängige" Medien fördern möchte, sondern er bezahlt sie dafür, dass sie ein bestimmtes Thema (oder Themenkomplexe) in seinem Sinne darstellen.

Beim Spiegel ist die Beschreibung der Zuschüsse auf der Seite der Gates Foundation sehr allgemein gehalten. Sie lautet in beiden Fällen[64]:

„*Über soziale Unterschiede in der Welt zu berichten und ein Verständnis dafür zu vermitteln, wie sie überwunden werden können*"

64 https://www.gatesfoundation.org/about/committed-grants/2021/10/inv032089

Es wäre interessant, den Vertrag zu sehen, der diesen Zahlungen zu Grunde liegt, denn dort dürfte genauer geregelt sein, wofür Gates den Spiegel bezahlt. Der Spiegel behauptet natürlich, die Zahlungen von Gates hätten keinerlei Einfluss auf die Berichterstattung, aber wenn das so wäre, könnte der Spiegel ja den Vertrag veröffentlichen. Stattdessen geht der Spiegel sehr intransparent mit diesen Zahlungen um und hat jahrelang versucht, sie seinen Lesern zu verschweigen.

Am 9. November 2021 habe ich auf meiner Seite Anti-Spiegel berichtet, dass die Bill and Melinda Gates Foundation dem Spiegel im Oktober 2021 mal wieder ein Millionengeschenk überwiesen hat, es ging um 2,9 Millionen Dollar[65]. Der Spiegel hat es jedoch nicht für nötig gehalten, seine Leser darüber zu informieren, obwohl hier ein massiver Interessenkonflikt vorliegt. Schließlich ist es die Aufgabe der angeblich kritischen und unabhängigen Medien, den Reichen und Mächtigen auf die Finger zu schauen. Wie aber soll ein Medium kritisch über einen der reichsten und mächtigsten Männer der Welt berichten, wenn es von ihm regelmäßig Millionen geschenkt bekommt?

Das war keineswegs das erste Millionengeschenk, dass der Spiegel von Bill Gates angenommen hat. 2018 hat Bill Gates dem Spiegel das erste Mal eine große Summe überwiesen, es waren 2,3 Millionen Euro. Dafür hat der Spiegel sogar extra eine eigene Rubrik gegründet, die er „Globale Gesellschaft“ genannt hat. Die Bill and Melinda Gates Foundation hat die Zahlung bereits im Dezember 2018 gemeldet[66], der Spiegel hat erst am 10. April 2019 in einer gut versteckten Erklärung darüber berichtet[67]. Außerdem hat der Spiegel am 14. Mai 2020, also über ein Jahr später, eine Seite mit Fragen und Antworten zu der

---

65 https://www.anti-spiegel.ru/2021/der-spiegel-erhaelt-weitere-29-millionen-dollar-von-bill-gates/

66 https://www.gatesfoundation.org/about/committed-grants/2018/12/opp1203082

67 https://gruppe.spiegel.de/news/pressemitteilungen/detail/spiegel-online-startet-neues-projekt-globale-gesellschaft

Zusammenarbeit mit Bill Gates veröffentlicht[68], auf der er seinen Lesern erklärt, dass eine solche Zusammenarbeit natürlich vollkommen unproblematisch sei.

Ob der Spiegel diesen Artikel am 14. Mai 2020 veröffentlicht hat, weil ich auf meinem Anti-Spiegel am 2. Mai 2020 das erste Mal über diese Millionengeschenke berichtet habe[69], was damals einen ziemlichen Wirbel ausgelöst hat, ist reine Spekulation, aber irgendwie naheliegend. Es freut mich jedenfalls, wenn meine medienkritische Arbeit hier und da mal etwas bewegt.

Offensichtlich hat der Spiegel nach meinem Artikel vom 9. November 2021 über die zweite, vom Spiegel bis dahin verheimlichte Zahlung, von Bill Gates einige böse Mails bekommen. Der Spiegel hat die Seite mit den Fragen und Antworten zu dem Thema, die er am 14. Mai 2020 online gestellt hat, still und heimlich verändert. Der Spiegel hat es aber nie für nötig gehalten, seine Leser in einem gesonderten und prominent auf der Startseite veröffentlichten Artikel über den warmen Geldregen zu informieren.

Daher ist es schön, dass es das Internetarchiv „WaybackMachine" gibt, denn dort kann man genau nachvollziehen, wann Internetseiten verändert wurden und man kann sogar Seiten finden, die bereits wieder vom Netz genommen wurden. Als ich am 9. November 2021 über das erneute Geschenk von Bill Gates an den Spiegel berichtet habe, konnte man auf der Fragen-und-Antworten-Seite des Spiegel lesen[70]:

---

68 https://www.spiegel.de/backstage/fragen-und-antworten-zur-foerderung-durch-die-bill-and-melinda-gates-stiftung-a-dac661f6-210a-4616-b2d2-88917210fed4

69 https://www.anti-spiegel.ru/2020/bill-gates-spendet-dem-spiegel-23-mio-euro-wie-unabhaengig-kann-der-spiegel-sein/

70 https://web.archive.org/web/20211109094807/https://www.spiegel.de/backstage/fragen-und-antworten-zur-foerderung-durch-die-bill-and-melinda-gates-stiftung-a-dac661f6-210a-4616-b2d2-88917210fed4

„Unter dem Titel Globale Gesellschaft berichten Reporterinnen und Reporter aus Asien, Afrika, Lateinamerika und Europa über Themen, die Gesellschaften weltweit spalten: Migration, Klimawandel, soziale Ungleichheiten. Der SPIEGEL verstärkt damit seit 2019 online seine Berichterstattung über diese Themen. Das Projekt ist langfristig angelegt und wird über drei Jahre von der Bill & Melinda Gates Foundation (BMGF) unterstützt."

Am 11. November 2021, zwei Tage nach dem Erscheinen meines Artikels, hat der Spiegel das still und heimlich ein wenig verändert. Der letzte Satz lautet seit dem 11. November 2021[71]:

„Das Projekt ist langfristig angelegt, wurde zunächst über drei Jahre von der Bill & Melinda Gates Foundation (BMGF) unterstützt und bis 2025 verlängert."

Gates hat sich mit seinem Geld also eine ganze Rubrik beim Spiegel gekauft, in der – wie in der Beschreibung der Zahlung angegeben – über „soziale Unterschiede in der Welt" berichtet wird. Diese Rubrik nennt sich „Globale Gesellschaft." Der Spiegel setzt also genau um, wofür Gates bezahlt.

Nun könnte man einwenden, dass es ja lobenswert ist, über soziale Unterschiede zu berichten und sie überwinden zu wollen. Allerdings sieht man, wenn man sich anschaut, was Gates alles fördert, dass er schöne Worte für die Öffentlichkeit findet, um dann nicht so schöne Sachen zu tun. Und vor allem führen die „edlen Spenden" von Gates immer dazu, dass am Ende ein Vielfaches der von ihm gespendeten Summen wieder in seine Taschen zurückfließen, dazu kommen wir gleich noch.

71 https://web.archive.org/web/20211111171454/https://www.spiegel.de/backstage/fragen-und-antworten-zur-foerderung-durch-die-bill-and-melinda-gates-stiftung-a-dac661f6-210a-4616-b2d2-88917210fed4

Zurück zur Rubrik „Globale Gesellschaft." Der Spiegel schreibt über das Ziel der Rubrik[72]:

> *„Für unser Projekt Globale Gesellschaft berichten ReporterInnen aus Asien, Afrika, Lateinamerika und Europa über Menschen, soziale Brennpunkte und gesellschaftliche Entwicklungen. In Reportagen, Analysen, Fotos, Videos und Podcasts erzählen wir von Ungerechtigkeiten vor dem Hintergrund der Globalisierung – aber auch von vielversprechenden Ansätzen. Das Projekt wird von der Bill & Melinda Gates Foundation unterstützt, die redaktionellen Inhalte entstehen ohne Einfluss der Stiftung (zum FAQ)."*

Die FAQ, also die Antworten auf vielgestellte Fragen zu dem Schmiergeld, dass der Spiegel von Gates annimmt, sind lustig, denn der Spiegel wollte seinen Lesern – wie oben schon erwähnt – die Zahlungen am liebsten verschweigen und hat diese FAQ-Seite erst am 14. Mai 2020, also über ein Jahr nach dem offiziellen Start des von Gates finanzierten Projektes, online gestellt. Transparenz, die der Spiegel in seinen Artikeln so gerne von anderen fordert, geht anders.

In der Rubrik „Globale Gesellschaft" propagiert der Spiegel derweil fleißig die von Bill Gates gewollten Themen und Narrative.

Bemerkenswert war in diesem Zusammenhang die Spiegel-Titelstory „Die Gesetzlosen" von Mai 2022, in der der Spiegel kritisch über die Raffgier einiger westlicher Oligarchen berichtet hat. Diese Titelstory war ein klassischer Beleg dafür, wie wirksam die Gelder von Bill Gates sind: Bill Gates wurde dabei, im Gegensatz zu Elon Musk oder Jeff Bezos, vom Spiegel nämlich nicht erwähnt oder gar kritisiert. Aber natürlich ist das nur ein Zufall und hat rein gar nichts mit den Schmiergeldern zu tun, die der Spiegel von Gates annimmt.

---

72 https://www.spiegel.de/thema/globale_gesellschaft/

Wieder weise ich zum Ende eines Kapitels darauf hin, dass diese Macht der Oligarchen etwas ist, was Russland bei sich nicht haben möchte. In Russland erinnert man sich noch gut an die Zeit, als die Oligarchen das Land regiert haben, während der ewig betrunkene Präsident Jelzin im Westen als Garant der „Demokratie" hofiert wurde. Für die Menschen in Russland waren die 90er Jahre unter Jelzin die schlimmste Zeit, die Russland im 20. Jahrhundert durchgemacht hat, abgesehen natürlich von den Weltkriegen. Im Land herrschte die totale Gesetzlosigkeit auf allen Ebenen und der Staat war praktisch kollabiert, es gab kein auch nur ansatzweise funktionierendes Gesundheitssystem oder andere staatliche Leistungen.

In Russland ist man der Meinung, dass der Staat die Macht haben sollte und nicht, dass Oligarchen sie über von ihnen abhängige Medien und über ihre Lobbyisten, die den Regierungen als Berater die gewollten Entscheidungen einflüstern, ausüben. Diese Meinung teilt in Russland die Mehrheit der Bevölkerung, denn die Ukraine ist für die Russen ein lebendiges Beispiel dafür, was passiert, wenn vom Westen gesteuerte Oligarchen das Ruder übernehmen.

Nach dem Maidan hat sich die Ukraine vollständig der Macht des Westens unterworfen und das Ergebnis war eine totale Verarmung des Landes. Die Wirtschaftsleistung des Landes (und auch die Gehälter) ist nach dem Maidan 2014 um die Hälfte eingebrochen, die Korruption ist aufgeblüht und unter der Ägide des IWF, der die bankrotte Ukraine mir Krediten künstlich am Leben erhalten hat, wurde die Abhängigkeit des Landes vom Westen zementiert. Es fand ein beispielloser Ausverkauf des Staates statt – im Westen als „Reformen" oder „Privatisierungen" gefeiert – und die Preise für Wohnnebenkosten wie Heizung und Strom, die zuvor subventioniert waren, wurden freigegeben, was dazu geführt hat, dass die Rente bei den meisten ukrainischen Rentnern nur für die Bezahlung der Wohnnebenkosten ausreicht und sie von Lebensmitteln abhängig sind, die ihnen Freunde und Verwandte schenken.

Das wurde im Westen nie berichtet, denn es hätte das gewollte Bild der „demokratischen Ukraine" gestört, mit der es nach dem Maidan angeblich aufwärts ging. Die Frage warum die westlichen Medien der Meinung waren, man müsse den Menschen im Westen die Wahrheit verheimlichen, stellt sich nicht, denn die Medien gehören jenen, die davon finanziell und/oder politisch profitiert haben, oder sie sind von diesen Profiteuren abhängig.

Russland steht – das mag für alle, die Russland nicht kennen und nur das über Russland wissen, was die westlichen Medien berichten – für Meinungsfreiheit und für einen freien Diskurs, nicht für die heimliche und verdeckte Manipulation der öffentlichen Meinung durch einige Oligarchen, wie sie im Westen stattfindet.

In Russland wird eine Linie gefahren und in den Medien auch propagiert: Jeder Staat sollte souverän sein, jede Regierung die Interessen ihrer Bevölkerung umsetzen und auf der internationalen Bühne sollen die Staaten ihre Interessen im Geiste von gegenseitigem Respekt besprechen und Kompromisse finden, die alle Interessen berücksichtigen. Dazu ist aus russischer Sicht ein gesunder Patriotismus nötig, der auch propagiert wird, damit die Menschen nicht im Interesse anderer „um den Finger gewickelt werden" können, denn wer in erster Linie an das Wohl und die Interessen seines Landes und der Menschen in dem Land denkt, der wird weniger empfänglich für gut klingende Parolen der Oligarchen, die hinter den schönen Parolen ihre eigenen Interessen verfolgen.

Russland sagt, die Milliardäre dürfen so viel Geld verdienen, wie sie wollen, aber sie haben sich aus der Politik herauszuhalten. Und sie sollen Verantwortung für das eigene Land übernehmen, wofür sie auch schon mal im Interesse des Gemeinwohls zur Kasse gebeten werden, wenn es um die Förderung des einen oder anderen Projektes geht, von dessen Umsetzung die Menschen profitieren.

Das ist ein Ansatz, der im Westen undenkbar ist. Oder können Sie ein Beispiel dafür nennen, dass ein westlicher Konzern für soziale Ziele zur Kasse gebeten wurde?

NGOs, Stiftungen und die Politik

Dieses Kapitel können wir kurz halten, denn dafür, dass und wie die Stiftungen die Politik beeinflussen, haben wir schon viele Beispiele gesehen. In Deutschland ist die vielleicht mächtigste Stiftung die Bertelsmann Stiftung. Die Stiftung wird, wie praktisch alle Stiftungen, hierarchisch geführt und ist damit das Gegenteil von demokratisch.

Westliche Medien sprechen bei den Stiftungen immer davon, dass sie die „Zivilgesellschaft" vertreten, nur ist das kompletter Unsinn, denn die Zivilgesellschaft hat auf die Stiftungen keinerlei Einfluss. Es ist genau anders herum: Die Stiftungen wollen die Zivilgesellschaft, also die öffentliche Meinung, in eine von ihnen gewollte Richtung lenken.

Die Bertelsmann Stiftung ist unter anderem deshalb so mächtig, weil ihr der Medienkonzern Bertelsmann gehört. Die Stiftung kann also Medien wie RTL, VOX und andere Instrumente einsetzen, um die von Bertelsmann gewollten Narrative in der Öffentlichkeit zu propagieren.

Bertelsmann gibt auch sehr viele Studien in Auftrag, die die Narrative von Bertelsmann bestätigen und über die die Medien dann wohlwollend berichten. In der Öffentlichkeit wird der Eindruck erweckt, diese Studien seien fundiert, dabei sind sie oft das Papier nicht wert, auf dem sie gedruckt werden, wie man sehr schnell erkennt, wenn man sie liest. Daran sieht man, wie praktisch es ist, wenn einem große Medien gehören, die verschweigen das nämlich wohlwollend.

Arvato ist ein wichtiges Dienstleistungsunternehmen in der Bertelsmann Gruppe und als die Bertelsmann Stiftung in den 2000er

Jahren eine Verschlankung der öffentlichen Verwaltungen propagiert hat, stand Arvato bereit, die in der Folge anfallenden Aufträge abzuwickeln oder gleich Teile der Verwaltung als Dienstleistung zu übernehmen. Wie das vorbereitet wird, hat verdi 2009 berichtet[73]:

> *„Der Soziologieprofessor Rudolph Bauer aus Bremen beschreibt, wie die Arbeitsteilung bei Bertelsmann funktioniert. Seit Jahren macht die Stiftung Vorschläge, wie die Kommunalverwaltungen schneller und effizienter werden könnten. Schlanker Staat, der Bürger als Kunde und E-Government sind ihre Schlagworte. Sie beauftragt renommierte Wissenschaftler, organisiert Kongresse und hält Kontakte zu Politikern aller Parteien. Um ihre Expertisen öffentlich zu machen, braucht sie keine Werbeagentur. Schließlich gehören zum Bertelsmann-Konzern nicht nur zahlreiche Fernsehsender wie RTL und Vox, sondern auch Dutzende von Zeitschriften aus dem Hause Gruner und Jahr. Auch am „Spiegel“ und der „Financial Times Deutschland“ ist Bertelsmann beteiligt. Die Medienmacht ist auch für Politiker attraktiv: Sie bietet die wunderbare Möglichkeit, sich der Wählerschaft als Vordenker zu präsentieren.“*

Das wäre ja alles auch sehr schön, wenn es denn wenigstens funktionieren würde. Aber dem war nicht so:

> *„Seit knapp zwei Jahren läuft das Modellprojekt „Würzburg integriert!“ Die damalige CSU-Oberbürgermeisterin versprach den Einwohnern, dass sie künftig im Rathaus schneller bedient würden und nicht mehr für jede Angelegenheit ein anderes Büro ansteuern müssten. Zugleich werde der Kommunalhaushalt entlastet, weil 75 Mitarbeiterstellen wegfallen könnten. (…)*

---

73 https://web.archive.org/web/20090221052056/https://publik.verdi.de/2009/ausgabe_01_02/gesellschaft/.gesellschaft/seite_9/A0

Inzwischen ist die allgemeine Euphorie verflogen. Das Bürgerbüro öffnete mit mehrmonatiger Verspätung – und von Verbesserungen und Kosteneinsparungen haben die Würzburger noch nichts gespürt. Offenbar gibt es große Probleme mit den verschiedenen Computerprogrammen, und auch der bayerische Datenschutz habe Bedenken angemeldet, berichtet der neue Stadtverordnete Holger Grünwedel (Linkspartei). Wie viel Geld Arvato in Würzburg verdient und was das Unternehmen dafür leisten muss, wissen nicht einmal die gewählten Volksvertreter. Der Vertrag ist geheim – wie es bei Public-Private-Partnership-Projekten (PPP) üblich ist. Sollte es zu Streitigkeiten kommen, landen solche Fälle nicht vor normalen Gerichten, sondern bei einem Schiedsrichter, um die Geschäftsgeheimnisse des Unternehmens zu schützen.“

Erinnern wir uns daran, dass Bertelsmann sich offiziell für eine Stärkung der Demokratie einsetzt. Nur, was ist demokratisch daran, wenn Verträge erstens geheim – und damit jeder demokratischen Kontrolle entzogen – sind und sie zweitens nicht im Gültigkeitsbereich der demokratisch beschlossenen Gesetzgebung liegen?

Ich habe dieses Beispiel gewählt, weil man bei den Stiftungen praktisch bei jedem Projekt, das sie fördern auf solche undemokratischen Bedingungen und darauf stößt, dass sie ihre wohlklingenden Projekte nur deshalb propagieren, weil sie ihnen im Ergebnis entweder Gewinne oder politische Macht einbringen. Außerdem erreichen die wenigsten dieser von den Stiftungen propagierten und dann mit Steuergeldern finanzierten Projekte der Stiftungen das offiziell verkündete Ziel. Aber das andere, nicht verkündete Ziel, erreichen sie immer: Sie mehren ihr Vermögen und ihre politische Macht.

Allerdings ist in der Kritik von verdi an Bertelsmann ein wichtiger Begriff gefallen, den wir uns merken müssen: Public-Private-Partnership (PPP) oder Öffentlich-private Partnerschaften.

Bei diesen PPP geht es immer nur um eines: Ein Oligarch hat eine tolle Idee, der er einen schönen Namen gibt und dann geben die Staaten Steuergelder zur Förderung des edlen Projektes. Diese Gelder leiten die NGOs dann in die gewollte Richtung, sprich in die eigene Tasche. Beispiele dafür gibt es massenhaft.

Und da die Medien auch Stiftungen gehören, finden die Medien das Prinzip der PPP super. Aus diesem Grund erzählen uns die Medien seit Jahrzehnten, dass der Privatsektor alles besser kann als der Staat, dass Privatisierungen super sind. Seit Jahrzehnten wurden Stadtwerke, Wasserversorger, Wohnungsbaugesellschafen und auch die Bundesbahn daher privatisiert. Heute wissen wir, was immer das Ergebnis war: Die Preise sind gestiegen und die Qualität ist zurückgegangen, zum Beispiel beim Trinkwasser. Der Grund ist offensichtlich: Im Gegensatz zum Staat, der nicht in erster Linie an Gewinn interessiert ist, haben die privaten Investoren nur auf den Gewinn geschaut – und dabei wird zwangsläufig bei Instandhaltung und Qualitätssicherung nur das Notwendigste getan, denn es gibt ja nicht einmal Konkurrenten, zu denen ein Bewohner einer Stadt wechseln könnte, wenn er mit der Qualität und dem Preis des Leitungswassers nicht zufrieden ist.

Bei der Bundesbahn ist es besonders offensichtlich, denn als die Bahn noch in staatlicher Hand war, gab es noch das Sprichwort „Er ist pünktlich wie die Bahn“, das jeder so gelobte heute als Beleidigung auffassen würde. Warum die Bahn so unpünktlich geworden ist? Das hat viele Gründe, nur ein Beispiel: Um pünktlich zu sein, müssen Züge flexibel sein, sie müssen also zum Beispiel mal die Spur wechseln können, wenn es auf einer Strecke zu Problemen kommt. Dazu braucht es Weichen. Weichen müssen aber regelmäßig geschmiert werden, damit sie funktionieren. Das wiederum benötigt bundesweit viel Personal, was Geld kostet. An dieser Stelle wurde gespart und das Ergebnis war vorhersehbar: diese Weichen funktionieren nicht mehr und die Züge wurden unflexibler, wenn es auf einer Strecke eine Störung gibt, müssen sie warten und können sie nicht – wie früher – auf dem Gegengleis umfahren.

Trotzdem fordert in den großen Medien niemand, die Privatisierung der Bahn rückgängig zu machen, um wieder eine qualitativ gute und flächendeckende Anbindung der Bahn zu erreichen. Warum die Medien das nicht fordern, ist logisch: Sie, oder besser gesagt, ihre Eigentümer, profitieren vom System der PPP, daher dürfen deren Ergebnisse möglichst nicht kritisiert werden. Also berichten die Medien zwar manchmal darüber, wie unpünktlich die Bahn ist, aber die Gründe dafür werden nicht thematisiert.

Damit sind wir wieder beim Unterschied zu Russland angekommen, wo die PPP und zum Beispiel Privatisierungen von staatlichen Betrieben nicht gefördert werden. Genau dafür wird Russland in den westlichen Medien kritisiert, denn die Medien haben dafür gesorgt, dass schon der Begriff „Staatsbetrieb" negativ besetzt ist. Da trifft es sich gut, dass so wenige Menschen aus Deutschland und dem Westen generell jemals in Russland waren, denn die könnten sonst Fragen stellen, wie: Warum kommt in Russland ein Zug, der gerade 8.000 Kilometer zurückgelegt hat, immer auf die Minute pünktlich? Oder warum kostet eine U-Bahnfahrt durch ganz Moskau inklusive mehrmaligem Umsteigen weniger als einen Euro? Oder warum sind Strom und Heizung in Russland so billig?

All das liegt daran, dass es sich dabei um staatliche Betriebe handelt, deren Aufgabe es nicht ist, Gewinne zu machen, sondern ihre Dienstleistungen in hoher Qualität und zu einem bezahlbaren Preis anzubieten.

In Russland erinnert man sich noch gut an die wilden Privatisierungen der 90er Jahre, die auf Anraten westlicher Experten im Eiltempo durchgeführt wurden. Die PPP könnte man in Russland nur wenigen Menschen als etwas verkaufen, was den Menschen Segen bringt.

NGOs und Stiftungen in der Geopolitik

In diesem Buch habe ich viele Beispiele dafür gezeigt, dass die westlichen NGOs (also von westlichen Oligarchen gegründeten Stiftungen und Foundations) politische Player sind. Mehr noch, sie sind diejenigen, die die politische Richtung vorgeben und umsetzen.

Dabei gibt es zum einen Stiftungen, die direkt von einem Milliardär mit dem Ziel, seinen Reichtum und seine Macht zu mehren, gegründet werden. Bekannte Beispiele sind die Bill and Melinda Gates Foundation, die Rockefeller Foundation, die Open Society Foundation von George Soros oder in Deutschland die Bertelsmann Stiftung. Es gibt aber auch Stiftungen, die als „Thinktanks" bezeichnet werden. Die werden genutzt, um politische Konzepte auszuarbeiten und dann für deren Umsetzung zu sorgen. Dabei ist es zum Verständnis entscheidend, sich die Geld- und Auftraggeber dieser Thinktanks anzuschauen, denn nur dann kann man verstehen, warum sie zu den Ergebnissen kommen, zu denen sie kommen.

Die Geld- und Auftraggeber dieser Thinktanks sind zum einen die Stiftungen der Oligarchen, es sind aber auch Lobbyverbände, verschiedener Branchen der Wirtschaft zum Beispiel die Rüstungsindustrie. Die Thinktanks gehen dabei so vor, dass sie einflussreiche Menschen, oft ehemalige führende Politiker, einkaufen, die die ausgearbeiteten Ideen dann in den politischen Kreisen propagieren und so für deren Umsetzung sorgen. In meinem Buch „Inside Corona" habe ich an den Beispielen der sehr einflussreichen Thinktanks Center for Global Development (CGD) und Strategic and International Studies (CSIS) aufgezeigt, wie das im Detail funktioniert. Hier will ich andere Beispiele nennen, die aufzeigen, wie das im Bereich der Geopolitik funktioniert.

Die RAND Corporation ist ein Think Tank in den USA, der nach Ende des Zweiten Weltkriegs von der Douglas Aircraft Company gegründet wurde, um die Streitkräfte der USA zu beraten. Von den Einnahmen 2021 in Höhe von 346 Millionen Dollar stammen ca. 55 Prozent aus dem Budget des Verteidigungsministeriums bzw. den Streitkräften der USA vom Heimatschutzministerium[74]. Weitere staatliche Stellen tragen ca. 20 Prozent zu den Einnahmen bei. RAND wurde und wird also zum größten Teil von der US-Regierung finanziert. Entscheidenden Einfluss auf die Arbeit von RAND hat dabei jedoch die US-Rüstungslobby.

Der Fokus von RAND liegt auf geopolitischen Themen und dabei nicht etwa auf der Frage, wie man die Welt friedlicher machen könnte, sondern auf Projekten, an denen die US-Rüstungsindustrie viel Geld verdienen kann – also auf Kriegen. Schon 2016 hat RAND zum Beispiel eine Studie veröffentlicht, die den Titel „Krieg mit China – Das Undenkbare denken“[75] herausgebracht. Der Einfluss von RAND auf die US-Außenpolitik ist enorm, wie sich auch daran zeigt, dass die US-Regierungen – egal, ob die Präsidenten Trump oder Biden hießen – die Beziehungen zu China danach systematisch verschlechtert haben.

Noch deutlicher wird der Einfluss von RAND, wenn man sich die Geschichte anschaut.

Schon 1972 hat RAND eine Strategie erarbeitet, wie der Kalte Krieg zu gewinnen wäre. Man schlug vor, dass die USA sich von der Strategie verabschieden sollten, auf allen Gebieten gegen die Sowjetunion führend sein zu wollen und stattdessen versuchen sollten, die Initiative zu übernehmen und die Konkurrenz auf Felder zu lenken, wo die USA stärker waren und so den Kalten Krieg zu gewinnen.

---

74 https://www.rand.org/about/how-we-are-funded.html#industry

75 https://www.rand.org/content/dam/rand/pubs/research_reports/RR1100/RR1140/RAND_RR1140.pdf

US-Präsident Reagan ist in den 80er Jahren genau so vorgegangen. Er hat die Sowjetunion auf zwei Feldern unter Druck gesetzt, nämlich einerseits ein teures Wettrüsten angefangen und gleichzeitig zusammen mit Saudi-Arabien den Ölpreis gesenkt, sodass die Sowjetunion bei sinkenden Einnahmen immer höhere Kosten hatte. Im Ergebnis ist die Sowjetunion pleite gegangen, zerbrochen und der Kalte Krieg war für die USA gewonnen.

Man muss also verstehen, dass diese Pläne immer sehr langfristig sind. RAND hat den Plan 1972 ausgearbeitet, Reagan hat ihn ab 1980 umgesetzt und 1989 brach der Ostblock zusammen. Die einfachen Menschen konnten die Dinge damals gar nicht verstehen, man freute sich über niedrige Ölpreise und kam gar nicht auf die Idee, dass die USA dies mit Saudi-Arabien in Geheimgesprächen beschlossen und durchgesetzt hatten, um die Sowjetunion zu vernichten.

Heute, 30 Jahre später, weiß man das alles und Reagans Strategie ist Historikern bekannt. Und wenn heute ähnliche, verschiedene Dinge passieren, die auf den ersten Blick nichts miteinander zu tun haben, dann wird man in Deutschland als „Verschwörungstheoretiker" bezeichnet, wenn man Zusammenhänge herstellt. Dabei sind die heutigen Pläne bekannt, wie wir gleich sehen werden, es wird in Deutschland nur nicht darüber berichtet. Wenn RAND etwas veröffentlicht, lohnt es sich, genau zu lesen. Sie haben bereits mehr als einmal die Geschichte maßgeblich beeinflusst.

2019 hat die RAND Corporation ein Strategiepapier mit dem Titel „Russland überdehnen und aus der Balance bringen" („Overextending and Unbalancing Russia")[76] veröffentlicht.

Ich will hier nicht auf alles eingehen, denn in dem 12-seitigen Papier werden sehr kurz zusammengefasst 47 Maßnahmen vorgestellt,

---

76 https://www.rand.org/content/dam/rand/pubs/research_briefs/RB10000/RB10014/RAND_RB10014.pdf

mit denen man Russland schwächen könnte. Die Chancen und Risiken jeder Maßnahme werden dabei nach drei Gesichtspunkten in „gering", „moderat" oder „hoch" bewertet. Die Gesichtspunkte sind: „Wahrscheinlichkeit, Russland erfolgreich zu überdehnen", „Vorteile" und „Kosten und Risiken".

In der Einleitung erzählt RAND stolz von seiner Strategie von 1972 und ihren Erfolgen und schließt mit den Worten:

> *„Dieser neue Report wendet das Konzept auf das heutige Russland an. Ein Team von RAND-Experten hat wirtschaftliche, geopolitische, ideologische, militärische und mediale Optionen entwickelt und sie nach Erfolgswahrscheinlichkeit, Vorteilen, Risiken und Kosten bewertet."*

Wer danach behauptet, es wäre eine Verschwörungstheorie, dass die USA Russland schwächen wollen, der ist entweder unwissend oder ein US-Propagandist. Um das noch einmal zu unterstreichen, zitiere aus dem Fazit des Strategiepapiers. Dort kann man lesen:

> *„Russland sucht keine militärische Parität mit den USA und könnte auf einige militärische Aktionen der USA (zum Beispiel erhöhte Marinepräsenz) einfach nicht reagieren. Andere militärische Aktionen der USA (zum Beispiel Streitkräfte näher an die russische Grenze bringen) könnte für die USA teurer werden, als für Russland."*

Im Klartext: Die Studie sagte ganz offen, dass es die russische Bedrohung, die die USA, die NATO und die EU – also der „kollektive Westen" – offiziell beschwören, gar nicht gibt. Russland sucht nicht einmal „Parität", will also nicht einmal genauso stark sein wie die USA. Und stärker schon gar nicht. Wer damit zufrieden ist, militärisch schwächer zu sein als der Gegner, der hat ganz sicher keinerlei aggressive Absichten.

Außerdem sagte der Bericht ebenfalls ganz offen, dass die derzeit von Medien und Politik geforderte höher US-Militärpräsenz näher an der russischen Grenze, also im Baltikum, in Polen oder Georgien, nichts weiter ist, als ein Schritt, um Russland zu teuren Antworten zu zwingen.

Und was haben die bösen Russen getan? Nicht nur, dass sie keinerlei aggressive Absichten hatten, sie haben sich noch nicht einmal zu irgendwelchen Reaktionen provozieren lassen! Wie soll man denn mit solchen Feinden umgehen?

Das sind, wie gesagt, weder meine Verschwörungstheorien, noch ist es russische Propaganda. Das sind Originalzitate aus einem US-Strategiepapier.

Anstatt sich aber darüber zu freuen, dass Russland keinerlei aggressive Absichten hat und für Entspannung und eine Annäherung an Russland zu plädieren, hat RAND ein ebenfalls 2019 sehr umfangreiches Maßnahmenpaket vorgeschlagen, mit dem Russland endlich dazu gebracht werden sollte, aggressiv auf die Provokationen aus den USA zu reagieren.

Diese zweite Studie trug den Titel „Russland überdehnen – aus vorteilhafter Position konkurrieren“ (Extending Russia – competing from advantageous ground)[77]. Darin wurde auf insgesamt 354 Seiten detailliert aufgelistet, wie die USA Russland in den Bereichen Wirtschaft, Geopolitik, Propaganda und Militär überdehnen oder das zumindest versuchen können. Es war eine Anleitung zu einem Krieg der USA gegen Russland auf allen denkbaren Feldern, außer einem wirklichen „heißen“ Krieg.

Über diese Studie habe ich Ende 2020 eine 20-teilige Serie geschrieben und die von der RAND-Corporation vorgeschlagenen Maßnah-

77 https://www.rand.org/content/dam/rand/pubs/research_reports/RR3000/RR3063/RAND_RR3063.pdf

men im Detail beschrieben. 2021 habe ich in einem weiteren Artikel[78] analysiert, was von dem, was RAND 2019 an Maßnahmen gegen Russland empfohlen hat, alles umgesetzt wurde. Um es kurz zu machen, es wurde fast alles umgesetzt, was RAND empfohlen hat, woran man wieder erkennen kann, wie groß die Macht dieses Thinktanks ist: Die Ziele und Maßnahmen der US-Außenpolitik werden nicht von der US-Regierung geschrieben, sie werden von privaten Thinktanks geschrieben, die unter dem Einfluss der Industrie stehen, in diesem Falle von der Rüstungsindustrie, die sich von der Umsetzung der von ihr empfohlenen Politik gute Geschäfte erhofft. Und egal, wie man zu den Ereignissen in der Ukraine steht, eines ist unbestritten: Die US-Rüstungsindustrie macht derzeit die besten Geschäfte ihrer Geschichte, denn die NATO-Staaten schicken Waffen im Wert von Dutzenden Milliarden in die Ukraine und um diese Waffen zu ersetzen, platzieren sie Aufträge bei der US-Rüstungsindustrie, es sei nur an die 100 Milliarden erinnert, die für die Bundeswehr aufgewendet werden sollen.

Zum Verständnis muss ich es hier noch einmal deutlich sagen: Die Ziele der US-Politik, die auch die EU-Staaten und die NATO treu umsetzen, werden von privaten Stiftungen festgelegt, die wiederum von Milliardären gegründet und von ihnen und der Wirtschaft finanziert werden. Es sind also nicht die Ziele der einfachen Menschen in den USA, die weniger Kriminalität, eine bessere Infrastruktur, bezahlbare Bildung und ein bezahlbares und Gesundheitssystem und vieles andere haben möchten, es sind die Ziele einiger weniger Milliardäre, die ihren Reichtum und ihre Macht mehren wollen. Aus diesem Grund benutze ich für sie den per Definition korrekten Ausdruck „Oligarchen", denn sie üben mit ihrem Geld die Macht über die Politik aus.

---

78 https://www.anti-spiegel.ru/2021/studie-der-rand-corporation-hat-2019-geschrieben-was-2021-realitaet-geworden-ist/

Um diese Macht auszuüben und umzusetzen, haben sie sich Organisationen gegründet, die RAND Corporation ist nur eine von sehr, sehr vielen. Hier will ich noch auf einige andere eingehen.

Das National Endowment for Democracy ist ein klassisches Beispiel für „NGOs", die keine sind. Wir müssen uns daran erinnern, dass „NGO" „**Nicht**-Regierungsorganisation" bedeutet. Aber wie kann man von einer Nicht-Regierungsorganisation sprechen, wenn die Organisation von einer Regierung gegründet wurde und von ihr finanziert und kontrolliert wird?

Das National Endowment for Democracy (NED) ist eine US-amerikanische Stiftung mit dem erklärten Ziel der weltweiten Förderung der Demokratie. Sie wurde 1983 vom US-Kongress in Washington gegründet und erhält von diesem für ihre Arbeit eine jährliche Finanzierung aus dem US-Bundeshaushalt.

Nur in wenigen Fällen haben die Aktivitäten des NED zu demokratischen Veränderungen geführt, das NED war offensichtlich schon zufrieden, wenn mit seiner Hilfe pro-amerikanische Regierungen an die Macht kamen, sodass danach das Ziel der „Förderung der Demokratie" nicht weiterverfolgt werden musste. Ohne allzu sehr in die Tiefe gehen zu wollen, seien einige Kritikpunkte zitiert. 2003 kommentierte das Mitglied der Republikanischen Partei Ron Paul die Aktivitäten des NED wie folgt[79]:

„Das … NED ist nichts anderes als ein teures Programm, das mit dem Geld der Steuerzahler freundlich gesinnte Politiker und politische Parteien im Ausland fördert. … Was die NED in fremden Staaten unternimmt, wäre in den USA illegal. Dass NED bringt „weiches Geld" in Wahlen im Ausland, um die eine oder andere Partei zu fördern. Stellen Sie sich vor, was ein paar hunderttausend Dollar

79 http://ronpaulquotes.com/chapters/2003-105.html#2003_Ron_Paul_105:1

Unterstützung für einen Politiker oder eine Partei in einem relativ armen Land ausmachen. Es ist orwellianisch zu behaupten, US-Manipulationen von Wahlen in fremden Staaten würde die Demokratie befördern. Wie würden die Amerikaner reagieren, wenn die Chinesen mit Millionen von Dollar bestimmte pro-Chinesische Politiker unterstützen würden? Wäre das eine 'demokratische Entwicklung'?"

Das sagte Ron Paul vor 28 Jahren, heute kennen wir die Antwort auf seine Frage: Die USA machen seit Jahren einen Riesenwirbel um angebliche Einmischungen aus dem Ausland in ihre Wahlen, wenn die Wahlergebnisse nicht so sind, wie es die Eliten gerne hätten.

Auf den Punkt brachte die Arbeitsweise des NED sein Mitbegründer und ehemaliger Vorsitzender Allen Weinstein, der zur Tätigkeit des NED in einem Interview mit der Washington Post am 21. September 1991 sagte[80], das NED tue das, „was vor 25 Jahren die CIA verdeckt getan hat."

Das NED war seit seiner Gründung an allen Regime changes der USA beteiligt und finanziert alles und jeden, der die Gegner der USA – egal mit welchen Mitteln und Zielen – bekämpft.

Dass Staaten, die die USA zu ihren Gegnern erklärt haben, das NED bei sich verbieten und ihm die Aktivitäten bei sich untersagen, kann niemanden ernsthaft überraschen. Westliche Staaten würden die Tätigkeit einer Organisation, deren erklärtes Ziel es ist, in einem westlichen Staat einen Putsch zu organisieren, auch verbieten. Westliche Medien bezeichnen es jedoch als „Unterdrückung der Zivilgesellschaft", wenn Stiftungen wie dem NED in Russland oder China die Arbeit untersagt wird. Nur was eine von der US-Regierung zur Erreichung US-amerikanischer Ziele gegründete und finanzierte Or-

80 https://www.washingtonpost.com/archive/opinions/1991/09/22/innocence-abroad-the-new-world-of-spyless-coups/92bb989a-de6e-4bb8-99b9-462c76b59a16/

ganisation mit der russischen oder chinesischen Zivilgesellschaft zu tun? Sollten die Zivilgesellschaften dieser (und aller anderen) Länder nicht selbst und ohne Einfluss aus dem Ausland ihre Ziele diskutieren und umsetzen?

Oder anders gefragt: Wäre es ein Ausdruck des Willens der deutschen Zivilgesellschaft, wenn russische oder chinesische NGOs die öffentliche Meinung in Deutschland mit viel Geld in die von ihren Regierungen gewollte Richtung beeinflussen und systemkritische Netzwerke mit dem Ziel aufbauen würden, die deutsche Regierung (zur Not auch gewaltsam) zu stürzen? Wohl kaum.

Eine weitere Organisation, die von den Medien stets lobend erwähnt wird, wenn es um den Kampf gegen „böse" Staaten geht, ist Bellingcat. Bellingcat ist sogar ein „Recherchepartner" des Spiegel. Ich will hier aufzeigen, wie Bellingcat finanziert wird, weil das exemplarisch dafür steht, wie diese Finanzierung funktioniert. Und dass eine Organisation das liefert, was die Finanziers „bestellen", dürfte jedem klar sein.

Bellingcat weiß immer alles, was andere nicht herausbekommen können. Bellingcat wusste sofort, wer MH17 über der Ukraine abgeschossen hat und wer die Skripals vergiftet hat, Bellingcat hatte Informationen über den Tiergartenmord und wusste immer alles über (echte oder angebliche) Giftgasangriffe in Syrien. Und Bellingcat wusste auch sofort, wer Navalny vergiftet hat. Bellingcat weiß einfach alles.

Während Bellingcat früher, als es um MH17 oder Giftgas in Syrien ging, seine Informationen offiziell noch aus angeblich öffentlich zugänglichen Quellen bezogen und einfach nur Fotos aus sozialen Netzwerken ausgewertet haben will, kann diese Legende spätestens seit den Skripals nicht mehr aufrechterhalten werden. Bellingcat präsentiert seit einigen Jahren Daten über Visaerteilungen, Fotos von Überwachungskameras an europäischen Flughäfen, Daten aus Passdatenbanken oder über Flugbuchungen.

Diese Daten sind nicht öffentlich zugänglich und Bellingcat kann sie nur von (wahrscheinlich britischen und amerikanischen) staatlichen Stellen bekommen haben. Und dann gibt es nur zwei Möglichkeiten: Entweder jemand hat sie Bellingcat illegal weitergegeben, dann müsste aber der Staatsanwalt deswegen gegen die undichte Stelle und Bellingcat selbst ermitteln, oder die Regierungen (sprich die Geheimdienste) haben sie an Bellingcat weitergegeben. Da es keine Ermittlungen wegen der illegalen Weitergabe der Daten gegeben hat, bleibt nur die zweite Variante und damit handelt es sich nicht um Ergebnisse von Recherchen, sondern es sind Informationen, von denen Geheimdienste wollen, dass sie öffentlich werden. Und diese Informationen können frei erfundene Desinformation sein, denn ihre Echtheit lässt sich nicht überprüfen.

Der Gründer von Bellingcat, Elliot Higgins, wird von US-Think Tanks finanziert und liefert immer genau das, was die USA hören wollen. Dabei wird er offensichtlich von westlichen Geheimdiensten mit Informationen versorgt und niemand – auch Bellingcat selbst nicht – kann kontrollieren, ob diese Informationen der Wahrheit entsprechen oder bewusst von Geheimdiensten gestreute Desinformationen sind.

Eigentlich müssten kritische Medien bei so einer Quelle äußerst misstrauisch sein, aber die westlichen Medien verbreiten die „Enthüllungen“ von Bellingcat bereitwillig und unkritisch.

Und nicht nur das: Der Spiegel rühmt sich immer wieder, selbst Teil von Bellingcats Rechercheteam zu sein, zuletzt hatten der Spiegel, Bellingcat und CNN behauptet, sie wüssten ganz genau, wer Navalny vergiftet hat. Dabei haben sie sich wieder auf Informationen gestützt, die sie ohne Hilfe westlicher Geheimdienste nicht bekommen konnten, nämlich zum Beispiel Flugbuchungen und GPS-Bewegungsdaten von Telefonprovidern. Diese Informationen aus so vielen Quellen (verschiedene Fluggesellschaften und Telekom-Unternehmen) sind nicht ohne Hilfe von Geheimdiensten zu erhalten.

Man kann ja noch erzählen, man habe eine undichte Stelle bei einer Fluggesellschaft, die einem Informationen zusteckt, aber nicht bei allen und auch noch allen Telekom-Unternehmen. Wer so etwas behauptet, der verkauft seine Leser für dumm, aber das tun die „Qualitätsmedien" ja gerne.

Ich behaupte aufgrund dieser und vieler andere Hinweise (inklusive der Tatsache, dass der Bellingcat-Gründer Elliot Higgins lange Zeit beim Atlantic Council als Partner und Experte geführt wurde), dass Bellingcat nichts weiter ist, als ein Propaganda-Instrument der westlichen Regierungen (namentlich der USA und Großbritanniens).

Aber lässt sich das auch belegen?

Da bekanntermaßen derjenige, der bezahlt, auch die Musik bestellt, schauen wir uns einmal an, wer Bellingcat und Higgins finanziert. Bellingcat selbst nennt seine wichtigsten Finanziers und Partner auf seiner Homepage[81] und die schauen wir uns nun an.

Das National Endowment for Democracy, auf das wir bereits zur Genüge eingegangen sind, darf in der Liste der Finanziers von Bellingcat nicht fehlen. Interessant ist, wer Bellingcat außerdem noch finanziert.

Von der Adessium Stiftung hat kaum jemand etwas gehört, wir werden uns Adessium noch anschauen, wenn es um die Reporter ohne Grenzen (RoG) geht. Adessium ist eine NGO, die zum größten Teil von einem Staat, in diesem Fall der niederländischen Regierung, finanziert wird[82]. Die geopolitische Rolle der Niederlande ist hoch spannend, denn was kaum jemand weiß ist, wie sehr die Niederlan-

81 https://www.bellingcat.com/about/

82 https://www.adessium.org/documents/annual-report-2017.pdf

de sich bei Regime changes und Kriegen engagieren. Ihre Rolle beim Maidan, den sie sehr aktiv finanziert haben, habe ich in meinem Buch über die Ukraine-Krise beleuchtet. Auch bei MH17 spielen die Niederlande eine zentrale Rolle und sie haben jahrelang aktiv islamistische Terroristen in Syrien unterstützt. Darüber wurde in Deutschland nicht berichtet, in den Niederlanden hingegen schon und es gab auch einige Dispute deswegen im niederländischen Parlament.

Diese Dinge sind unpopulär und haben in den Niederlanden immer wieder für Skandale gesorgt, da ist es sehr hilfreich, wenn man als Regierung eine NGO hat, die für positive Presse sorgt und von den Skandalen ablenkt. Genau das tut Adessium, denn es finanziert mit dem Geld, das es von der niederländischen Regierung bekommt, vorgeblich unabhängige Journalisten wie das Internationale Netzwerk investigativer Journalisten oder in Deutschland correcitv. Das Internationale Netzwerk investigativer Journalisten wiederum ist ein Projekt der Center for Public Integrity (CPI) in den USA. Und wer finanziert das CPI? Richtig, unter anderem George Soros.

Das CPI wurde in Deutschland bekannt, weil es die Panama-Papers geleakt hat, die für eine mediale Attacke gegen Putin genutzt wurden, obwohl sein Name in den Papers gar nicht vorkam. Aber Putins angebliche Verbindungen zu den Panama-Papers haben die Schlagzeilen beherrscht, während die 72 ehemaligen und aktuellen westlichen Staatsoberhäupter und viele bekannten Politiker und Geschäftsleute, die tatsächlich in den Papers genannt wurden, medial kaum eine Rolle gespielt haben. Zum Beispiel der damalige Präsident der Ukraine Petro Poroschenko, der Vater des britischen Premierministers David Cameron, der Premierminister von Island, der Präsident von Argentinien, die Schwester des spanischen Königs, der Sohn des Premierministers von Malaysia, die Fußballer Messi und Platini. Und so weiter und so fort. Diese Leute haben die Medien aber nicht allzu sehr interessiert, denn die Panama-Papers sollten im Informationskrieg gegen

Russland eingesetzt werden und nicht etwa krumme Geschäfte führender westlicher Politiker ans Licht zerren.

An diesem Netzwerk und an den Beispielen sieht man, wie Adessium arbeitet und wen die Stiftung unterstützt. Es geht um mediale Unterstützung für die Politik des Westens und daher finanziert Adessium auch Bellingcat, das dabei eine immer wichtigere Rolle spielt. Aber das Geld von Adessium kommt am Ende zu einem großen Teil vom niederländischen Staat.

Eine wirklich interessante Geschichte führt uns auch in die Niederlande. Die Niederländische Post-Lotterie veranstaltet auf Postleitzahlen basierende Lottospiele und finanziert 105 humanitären Organisationen. So weit so unverfänglich.

Aber aus irgendeinem Grund hat die Post-Lotterie 2019 auch Bellingcat mit 500.000 Euro unterstützt[83], wie Elliott Higgins selbst 2019 stolz auf Twitter gemeldet hat[84].

Ich sagte ja schon, dass die geopolitsche Rolle der Niederlande ausgesprochen interessant ist und dass das Land unglaublich viele Stiftungen und Organisationen hat, mit denen es hinter den Kulissen wiederum Organisationen finanziert, von denen man es kaum erwartet hätte.

Bellingcat hat eine Tochterstiftung in den Niederlanden gegründet, die von der Firma Zandstorm CV Geld erhält. Über diese Firma konnte ich nichts herausbekommen, außer einem Auszug aus dem niederländischen Handelsregister[85], der aber auch keine Informationen enthält. Aber der Auditreport der niederländischen Bellingcat-Stiftung von 2019[86] weist Zahlungen der Post-Lotterie, von Adessium und Zandstorm aus.

---

83 https://pressgazette.co.uk/bellingcat-to-establish-new-office-in-the-hague-after-e500000-funding-win-through-dutch-postcode-lottery/

84 https://twitter.com/EliotHiggins/status/1102694572734509059w

85 https://opencorporates.com/companies/nl/70283621

86 https://www.bellingcat.com/app/uploads/2020/08/Bellingcat-Foundation-Annual-Accounts-2019.pdf

Übrigens nur am Rande: Seine niederländische Tochter hat Bellingcat Dank der Spende der Post-Lotterie in Höhe von 500.000 Euro gegründet. Die Lotterie hat diese Tochter erst möglich gemacht. Da liegt die Vermutung nahe, dass die niederländische Regierung Bellingcat verstärkt nutzen möchte und daher ein Büro „um die Ecke" nötig geworden ist.

Außerdem wird in dem Auditreport noch eine Zahlung von „Porticus Auxilium" ausgewiesen, was überraschend ist. Dabei handelt es sich um Stiftungen der C&A-Gründerfamilie Brenninkmeijer. Die setzen sich nach ihrer Eigenwerbung für Menschenwürde und soziale Gerechtigkeit ein. Auf der deutschen Seite kann man lesen[87]:

> *„Die von der Stiftung Auxilium unterstützten Projekte decken die Themen Bildung, Soziales, Glaube und Gesundheit ab.*
> *Die Prinzipien der Katholischen Soziallehre sind ein Kompass für diese Unterstützungstätigkeiten und traditionell eine Inspirationsquelle für die Unternehmer der Familie Brenninkmeijer."*

Aber Porticus Auxilium scheint die Unterstützung von Bellingcat peinlich zu sein, denn Bellingcat hat mit den genannten Zielen nun wirklich nichts zu tun. Jedenfalls findet man weder auf der deutschen, noch auf der niederländischen Seite etwas zu Bellingcat, wenn man „Bellingcat" in die Suchfunktion eingibt.

Die Stiftung Sigrid Rausing Trust wurde von einer Enkelin des Tetra-Pak Erfinders gegründet. Sie fördert nach eigenen Angaben alle möglichen Projekte im Bereich Menschenrechte und fördert auch Bellingcat[88], wobei sich wieder die Frage stellt, was Bellingcat mit Menschenrechten zu tun hat.

---

87 https://www.stiftungauxilium.ch/de/home/#unterstuetzungstaetigkeiten

88 https://www.sigrid-rausing-trust.org/Grantees/Current-Grantees?grantees_AbcField=Grantee.title&grantees_AbcFilter=B

Unabhängige Informationen über den Sigrid Rausing Trust sind kaum zu finden. Daher zeige ich hier einige Beispiele für die Aktivitäten des Trusts laut seinem eigenen Jahresbericht.

Die meisten Projekte sehen unverfänglich aus, aber sobald es um Länder geht, in denen ich mich auskenne, ist das nicht mehr so. In Weißrussland unterstützt der Trust seit 2007 über das im Baltikum ansässige „Barys Zvozskau Belarusian Human Rights House" die Opposition und in der Ukraine wurde der Trust 2014 aktiv und unterstützt „StopFake" – eine Organisation, die sich gegen „russische Desinformation nach der Annexion der Krim" einsetzt.

Da in der Ukraine inzwischen nicht einmal mehr versucht wird, die Zensur unauffällig durchzuführen – Anfang 2021 wurden dort die letzten regierungskritischen TV-Sender verboten –, zeigt sich deutlich, wofür der Trust in Wahrheit steht. Er ist nur ein weiteres Instrument des Westens im geopolitischen Informationskrieg, um Demokratie und Menschenrechte geht es sicherlich nicht, sonst hätte der Trust protestieren müssen, als die Ukraine Anfang 2021 oppositionelle Medien und sogar die Opposition selbst verboten hat. Dem Trust geht es um die Förderung einer antirussischen Politik im Interesse der USA.

Die Stiftung Stichting Saxum Volutum mit Sitz in Amsterdam ist ein Rätsel. Sie unterstützt Bellingcat finanziell, aber im Netz konnte ich nichts über sie finden. Die wenigen Suchergebnisse, die die Suchmaschinen auswerfen, zeigen keine Internetseite, keine Jahresberichte, einfach gar nichts an. Allerdings sieht man an den Suchergebnissen immer wieder Verbindungen unter anderem zum NED, aber wenn man die Ergebnisse anklickt, handelt es sich zum Teil um bereits wieder gelöschte Seiten.

Das waren nur die Unterstützer, die Bellingcat selbst auf seiner Homepage genannt hat. Wie das Beispiel der niederländischen Tochterstiftung von Bellingcat gezeigt hat, gibt es aber noch mehr Unterstützer. Und sie alle sind mit westlichen Regierungen, mit Soros oder anderen Stiftungen verbunden, die die US-Politik in der Welt fördern wollen.

Wie unabhängig kann Bellingcat also sein, wenn die Organisation tief in die transatlantischen Netzwerke eingebunden ist und von ihnen auch komplett bezahlt wird?

Das waren keineswegs alle Unterstützer von Bellingcat, auf der Seite werden diverse Projekte genannt, die Bellingcat unterstützen. Und in einem Tweet von 2017[89] hat Elliot Higgins selbst noch andere Financiers genannt:

„*Bellingcat has received money from the following:*
OSF
Meedan
NED
Google
Adessium
Crowdfunding"

Das ist interessant: Das NED ist ein stabiler Finanzier von Bellingcat und das NED ist gleichzusetzen mit der US-Regierung und es ist ein verlängerter Arm der CIA. Und plötzlich versteht man, wie Bellingcat an die Aufnahmen von Überwachungskameras an der britischen Grenzkontrolle gekommen ist, um uns die angeblich russischen Agenten bei der Einreise zu zeigen, bevor sie angeblich die Skripals ermorden wollten. Oder woher Bellingcat im Fall Navalny Flugbuchungen und GPS-Bewegungsdaten von den angeblichen Mördern von Navalny hat. Oder woher Bellingcat alles über Visaantrag und Passdaten des Tiergartenmörders weiß.

Ob die Angaben der Wahrheit entsprechen, weiß kein Mensch, aber woher Bellingcat sie hat, ist offensichtlich. Aber der Spiegel er-

---

89 https://twitter.com/EliotHiggins/status/828554441485869056

zählt seinen Lesern die Geschichte von „gemeinsamen Recherchen“ mit Bellingcat und dessen Partnern. Was sagt das eigentlich über den Spiegel selbst aus?

Und natürlich durfte Google auf der Liste von Higgins nicht fehlen, das sich, wie auch die anderen Internetkonzerne, inzwischen als Propaganda-Instrument der US-Politik präsentiert und alles zensiert, was den USA (oder besser den dortigen Eliten) nicht genehm ist.

Aber wer ist OSF, die Higgins in seinem Tweet erwähnt? Haben Sie es erraten? Das ist die Open Society Foundation von George Soros. Wo westliche Geheimdienste am Werk sind, Desinformationen verbreiten und versuchen, gegen fremde Regierungen zu putschen, da ist Soros immer in der ersten Reihe dabei.

Das Beispiel Bellingcat zeigt eindrücklich – aber nur stellvertretend für viele andere westliche Organisationen – wie die Finanzierung funktioniert und dass wir, neben westlichen Regierungen, immer wieder die gleiche, recht kleine Zahl von Milliardärsstiftungen sehen, die sie finanzieren. Aber es gibt noch mehr Organisationen im Westen, die die westliche Politik treu unterstützen.

Ein Beispiel dafür sind die Rating Agenturen. Die führenden Rating Agenturen sind alle aus den USA. Im Juli 1975 setzte die US-Börsenaufsicht fest, dass die Rating-Agenturen die einzigen sein sollten, die die gesetzliche Verpflichtung der Unternehmen erfüllen dürfen, sich bewerten zu lassen, ehe sie für den amerikanischen Kapitalmarkt zugelassen werden. Dies musste von mindestens zwei zugelassenen Rating-Agenturen geschehen. Zugelassen wurden dafür ausdrücklich nur Standard & Poor's, Moody's und Fitch Ratings. Ab 1982 begannen die Agenturen mit Länderratings.

Die Macht dieser Rating Agenturen kann man gar nicht hoch genug einschätzen. Wenn die USA ein Land zum Feind erklären, senken die Rating Agenturen umgehend dessen Ratings, was für das Land bedeutet, dass es schwerer und vor allem teurer wird, auf den Kapitalmärkten Geld zu bekommen. Sobald ein Thema politisch wird, gehen die Rating Agenturen nicht mehr nach wirtschaftlichen, sondern nach politischen Vorgaben vor, was sich leicht belegen lässt.

Die USA sind objektiv gesehen ein fast bankrotter Staat. Ihre Verschuldung liegt bei etwa 150 Prozent ihrer Wirtschaftsleistung und das Haushaltsdefizit ist gigantisch, die Verschuldung der USA wächst also sehr schnell. Trotzdem geben die Rating Agenturen den USA weiterhin Bestnoten, was auch für die meisten anderen Staaten des Westens gilt, die ebenfalls hochverschuldet sind.

Russland hingegen hat nicht nur fast keine Staatsschulden, sondern sogar einen Haushaltsüberschuss und es hat Reserven in Höhe von hunderten Milliarden gebildet. Trotzdem haben die Rating Agenturen Russland stets schlechte Bewertungen gegeben. Gleiches gilt für China, dessen Schulden niedriger sind als seine Reserven, die es übrigens hauptsächlich in amerikanischen Schuldscheinen hält. Objektiv gesehen stehen die Staatsfinanzen dieser beiden Länder weitaus besser da, als die Staatsfinanzen der USA und anderer Länder des Westens. Trotzdem geben die Rating Agenturen diesen Ländern schlechtere Bewertungen. Dass es sich bei diesen Ratings und den Agenturen, die sie erstellen, um politische Instrumente der USA handelt, ist also vollkommen offensichtlich.

Das will ich an einem aktuellen Beispiel aufzeigen.

Als Russland in der Ukraine interveniert hat, hat der Westen russische Vermögen im Wert von vielen Milliarden Dollar und Euro eingefroren. Dazu gehören, je nach Meldung, bis 300 Milliarden Dollar an Devisenreserven der russischen Zentralbank. Außerdem hat der Westen Russland mit seinen Sanktionen von den „internationalen Finanzmärkten“ (also den westlichen Finanzmärkten) abgeschnitten. Hinzu kommen die Sanktionen gegen russische Banken und die Abklemmung vieler russischer Banken vom internationalen Zahlungssystem SWIFT, was Zahlungen zwischen Russland und dem Ausland teilweise unmöglich macht.

Im Klartext hat der Westen Russland etwa 300 Milliarden Dollar buchstäblich geklaut und auch noch verhindert, dass Russland Zahlungen an ausländische Gläubiger leisten kann.

Ende Juni 2022 war eine Rückzahlung von etwa 100 Millionen Dollar fällig, die Russland aufgrund der westlichen Sanktionen nicht auf dem normalen Wege leisten konnte. Russland hat die Zahlung trotzdem an Euroclear geleistet, die das Geld an Russlands Gläubiger hätte weiterleiten müssen, das aber mit Verweis auf die Sanktionen nicht getan hat.

Jeder Fachmann wusste also, dass Russland sehr wohl zahlungsfähig war und ist, und dass es der Westen war, der es Russland unmöglich gemacht hat, seine reguläre Zahlung an die Gläubiger zu leisten. Trotzdem hat die Ratingagentur Moody's Russland daraufhin als zahlungsunfähig eingestuft[90]. So viel zur Objektivität der Einschätzungen der amerikanischen Ratingagenturen.

Der Westen, also die USA, verfügen über ungezählte Instrumente, die von der Öffentlichkeit als neutrale NGOs oder Organisationen angesehen werden, die nach vorgeblich neutralen und objektiven Kriterien Bewertungen auf allen politischen und wirtschaftlichen Gebieten abgeben. Sie decken angeblich Verbrechen auf, sie stufen angeblich die Wirtschaftskraft und den Wohlstand von Ländern ein, sie bewerten angeblich neutral, wie frei die Presse ist oder wie hoch die Korruption in den Ländern der Welt ist (dazu kommen wir noch) und so weiter und so fort.

Aber wenn man sich diese Organisationen genauer anschaut, stellt man jedes Mal fest, dass sie alle von den USA und anderen westlichen

90 https://www.forbes.com/sites/siladityaray/2022/06/27/russia-defaults-on-its-foreign-debt-as-grace-period-for-payment-expires-moodys-says/?sh=e8c09386b0be

Regierungen und den Oligarchen des Westens finanziert werden. Daher ist es überhaupt nicht überraschend, dass sie alle zu den gleichen Ergebnissen kommen und feststellen, dass im Westen alles mehr oder minder in Ordnung ist, während es auf all diesen Feldern in den „bösen“ Staaten sehr schlecht aussieht.

Dass es dann auch noch internationale Organisationen wie die Weltbank oder den IWF gibt, die vorgeblich nur dem Wohl der Wirtschaft und dem Wohlstand der Länder der Welt verpflichtet sind, kommt noch hinzu. Nur ist auch das eine Illusion, denn wenn man sich die Stimmrechte in diesen Organisationen anschaut, dann stellt man fest, dass die USA zusammen mit den Staaten des Westes in diesen Organisationen die Mehrheit haben und dass dort daher keine Entscheidung gegen den Willen der USA getroffen werden kann.

Dafür führen die Entscheidungen dieser Organisationen immer dazu, dass ein Land, das ihre finanzielle Hilfe annimmt, zu Reformen verpflichtet wird, die im Kern immer die gleichen Forderungen enthalten: Abbau von Sozialleistungen und vor allem Privatisierungen, von denen westliche Konzerne, also wieder die Oligarchen, profitieren. Da diese Privatisierungen unter Zeitdruck stattfinden müssen, führt das dazu, dass Betriebe (Energieversorger, Häfen, Flughäfen etc.) zu Schleuderpreisen übernommen werden können. In Europa ist Griechenland das lebende Beispiel dafür, denn als es in der Finanzkrise unter die Zwangsverwaltung der Troika gestellt wurde, musste der griechische Staat im Eiltempo praktisch alle Betriebe privatisieren, die in Staatsbesitz waren. Auch die Ukraine ist ein Beispiel dafür, denn nach dem Maidan wurden Gesetze erlassen, die in den Aufsichtsräten der Staatskonzerne westliche „Fachleute“ installierten und es wurde buchstäblich alles privatisiert, bis hin zur sehr fruchtbaren Schwarzerde des Landes, für die sich westliche Lebensmittelkonzerne seit 30 Jahren interessiert haben.

Dass zum Beispiel Griechenland nur deshalb angeblich pleite war, weil die Rating Agenturen es heruntergestuft hatten, ist sicher nur ein Zufall. 2011, als Griechenland angeblich pleite war und „gerettet" werden musste, lag seine Staatsverschuldung bei etwa 145 Prozent der Wirtschaftsleistung. Heute, wo Griechenland angeblich „gerettet" ist, liegt sie jedoch bei über 200 Prozent der Wirtschafsleistung.

Das ist ein klassisches Beispiel dafür, wie die verschiedenen Instrumente Hand in Hand gearbeitet haben, um ihr Ziel zu erreichen. Zuerst haben die Rating Agenturen den Daumen über Griechenland gesenkt, dann haben die Medien das groß thematisiert, danach wurde das Land ausgeplündert.

Daher kann es nicht verwundern, dass immer weniger Staaten der Welt „Hilfe" von Organisationen wie dem IWF haben möchten. Und es kann nicht verwundern, dass sich immer mehr Länder der Welt von diesem System abwenden. So haben die BRICS-Staaten (Brasilien, Russland, Indien, China und Südafrika) angefangen, eigene Organisationen wie Weltbank und IWF zu gründen, deren Ziel nicht die Ausbeutung anderer Länder, sondern eine wirkliche Förderung von Wirtschaft und fairem Handel sind. Das wird im Westen nicht gerne gesehen, denn es gefährdet die Dominanz (also den Weltmachtanspruch) der USA.

Dieser Konflikt „schlummerte" einige Jahre lang, aber nach Beginn der russischen Intervention haben mehrere Länder Interesse angemeldet, der BRICS beizutreten. Der Kampf gegen die weltweit verhasste Vorherrschaft der USA ist in eine neue Runde gegangen und Russland bietet den Ländern der Welt eine Alternative zum westlichen System an, die von vielen Ländern als weitaus attraktiver angesehen wird.

Die „westliche Demokratie“

Ich habe in diesem Buch viel Kritik an dem wirtschaftlichen und politischen System des Westens geäußert. Daher ist es Zeit, eine generelle Frage zu stellen, nämlich die Frage, was die „westliche Demokratie“ eigentlich ist. Medien und Politik preisen die „westliche Demokratie” immer als das Maß aller Dinge und die Welt wäre demnach erst dann ein friedlicher Ort, wenn überall die „westliche Demokratie” eingeführt wird. Da stellt sich die Frage: Was ist das eigentlich, die „westliche Demokratie”?

Es ist merkwürdig, dass die Phrasen von der „westlichen Demokratie” oder der „Demokratie nach westlichem Vorbild” so kritiklos publiziert werden. Niemand fragt danach, was das eigentlich sein soll. Ist damit die deutsche repräsentative Parteien-Demokratie gemeint? Oder das amerikanische Präsidialsystem mit Wahlmännern? Oder vielleicht die britische Variante ohne Verfassung, dafür aber mit Monarchen?

Wir sollten uns vielleicht erst einmal fragen, was Demokratie eigentlich ist.

Demokratie soll die Herrschaft des Volkes oder die Herrschaft der Mehrheit sein, wobei die Minderheiten und ihre Rechte trotzdem geschützt sind. Aber wie setzt man das um? Mit einer Parteiendemokratie, bei der man schon am Wahltag Kompromisse machen muss, weil einem zwangsläufig kein Parteiprogramm zu hundert Prozent gefällt? Oder mit einer Präsidial-Demokratie, in der man zwischen Kandidaten anstatt Parteien auswählt?

Ist Demokratie überhaupt gegeben, wenn man als Wähler seine Macht an gewählte Repräsentanten abgeben muss, die dann für den Wähler die Entscheidungen treffen? Und was tut man, wenn der gewählte Repräsentant, nachdem man ihn gewählt hat, eine andere Politik macht, als er versprochen hat und als die Wähler wollen?

Da müsste es eigentlich die Möglichkeit von Volksentscheiden geben, die eine solche Politik auch zwischen den Wahlen stoppen können, wenn man es mit der Demokratie ernst meint. Die gibt es aber in den „westlichen Demokratien" fast nirgends, und da, wo es sie gibt, sind die Hürden so hoch, dass sie in der Praxis keine Rolle spielen.

Uns wird immer wieder gesagt, dass eine solche direkte Demokratie gefährlich sei, weil das Volk komplexe Themen gar nicht überblicken könne, das müsse man den Experten und Profis überlassen. Aber diese Argumentation ist absurd, denn entweder bin ich für die Demokratie, also die Herrschaft des Volkes, oder ich bin es nicht, weil ich das Volk für zu blöd zum Herrschen und Entscheiden halte.

Aber wenn das Volk **nur ein bisschen** herrscht, indem es alle vier Jahre Repräsentanten wählt, aber anschließend auf deren Entscheidungen gar nicht einwirken kann, ist das dann eben auch bestenfalls **nur ein bisschen** Demokratie.

Die Schweiz hat die direkte Demokratie, in der das Volk zu jedem Thema jederzeit einen Volksentscheid erzwingen kann, der für die gewählten Repräsentanten dann bindend ist. Und die Schweiz ist eines der wohlhabendsten Länder der Welt und gehört zu den Ländern mit den höchsten Löhnen in der Welt. So schlecht kann die direkte Demokratie also nicht sein, auch wenn Politik und Medien uns immer versuchen zu erklären, dass das eine Ausnahme sei und in anderen Ländern nicht funktionieren könne.

Aber machen denn die gewählten Experten und Profis keine Fehler? Sind alle Entscheidungen und Gesetze, die von den Experten der westlichen Regierungen kommen, gut und fehlerfrei? Sicher nicht. Aber wenn sowieso Fehler gemacht werden, dann könnte man doch das Volk die Fehler machen lassen. Oder nicht?

Schließlich werden auch die von den gewählten Repräsentanten und ihren Experten beschlossenen Gesetze nachgebessert, wenn sie

Schwächen haben oder gleich gar nicht funktionieren. So könnte auch das Volk seine Entscheidungen nachbessern, wenn es in der Praxis feststellt, dass es sich bei einem Volksentscheid geirrt hat.

Aber was ist denn nun die „westliche Demokratie"? Schauen wir uns mal ein paar Beispiele an.

Ist die „westliche Demokratie" die deutsche Demokratie?

In Deutschland gibt es eine „repräsentative Demokratie". Das bedeutet, das Volk wählt ein Parlament, indem es Parteien wählt. Dieses Parlament wählt dann eine Regierung. Also haben wir hier schon mal eine sehr indirekte Demokratie, die man daher auch einschränkend „repräsentative Demokratie" nennt. Die Menschen wählen Repräsentanten und können dabei nur solche Repräsentanten wählen, die in einer Partei organisiert und von ihr nominiert worden sind. Diese Repräsentanten allerdings unterliegen in der Praxis danach der Partei- bzw. Fraktionsdisziplin. Man kann also in der Praxis nur Parteien wählen, keine unabhängigen Kandidaten.

Das Volk hat nach der Wahl keinen Einfluss auf einzelne Themen. Jeder, der mal den Wahl-o-Mat genutzt hat weiß, dass auch ein „linker Wähler" bei einigen Thesen mit der AfD übereinstimmt und umgekehrt auch ein „rechter Wähler" bei einigen Themen die Meinung der Linken teilt. Trotzdem muss man sich bei all den Themen, die uns interessieren, am Ende für eine Partei entscheiden. Beim Wahl-o-Mat kommt dann in der Regel eine Übereinstimmung von 60 bis 70 Prozent mit einer Partei heraus. Und man akzeptiert dabei zwangsläufig, dass die gewählte Partei bei einigen Themen Thesen vertritt, die man nicht gut findet. Das sind immerhin meist mehr als ein Drittel der Themen.

Daher wird gesagt, dass man nur das kleinere Übel wählen kann. Aber ist es demokratisch, wenn ich nur das kleinere Übel wählen kann? Das klingt nach der Wahl zwischen Pest und Cholera, aber nicht nach Demokratie.

Nach der Wahl müssen die Parteien dann Koalitionen schließen und weitere Kompromisse machen, wobei zwangsläufig noch mehr Themen, die dem Wähler wichtig waren, geopfert werden. Und der Wähler hat auf all das keinen Einfluss mehr, wenn er erst einmal seine Stimme abgegeben hat.

Bis also in Deutschland eine Regierung gebildet wird, ist die Meinung des Wählers durch viele „Filter" gelaufen.

Das Staatsoberhaupt wird in Deutschland gar nicht vom Volk gewählt. Darüber entscheidet eine durch Proporz gebildete Bundesversammlung aus Vertretern der gewählten Parteien und von diesen Parteien ausgesuchten Prominenten.

Ist das die „westliche Demokratie"?

Oder ist die „westliche Demokratie" vielleicht das US-amerikanische System? Die USA bezeichnen sich ja gerne selbst als den Hort der Demokratie.

In den USA wählen die Menschen Wahlmänner, die dann den Präsidenten wählen. Da aber die Wahlbezirke zwangsläufig nie gleich groß sind und da bei diesem System die Stimmen derer unter den Tisch fallen, die in einem Bezirk für den unterlegenen Wahlmann gestimmt haben, kommt es in den USA immer wieder vor, dass jemand Präsident wird, der zwar die meisten Wahlmänner für sich gewinnen konnte, bei der Wahl aber haben mehr Bürger für den anderen Kandidaten gestimmt. Das bedeutet, es wird immer mal wieder der Kandidat Präsident, der weniger Wählerstimmen bekommen hat. Das gab es zuletzt bei Bush Junior und auch bei Trump, dass jemand Präsident wurde, obwohl er weniger Wählerstimmen gewonnen hat als sein Konkurrent.

Ist das die „westliche Demokratie"?

In den USA kann im Übrigen niemand ein politisches Amt gewinnen, wenn er keine Spenden sammelt. Auch große Spenden sind möglich und sehr willkommen. Nur ist das Problem, dass so ein Großspender nach der Wahl zu seinem Abgeordneten (oder sogar Präsidenten) geht und ihn an die Spende erinnert und dafür eine Politik einfordert, die dem Großspender Vorteile bringt. Man nennt das normalerweise Korruption, wenn jemand sich mit Geld Gefälligkeiten von Abgeordneten, Ministern oder sogar Präsidenten kaufen kann. In den USA nennt man es jedoch nicht „Korruption", sondern „Wahlkampfspende".

Und ohne solche Wahlkampfspenden hat niemand eine Chance, in den USA in irgendein Amt gewählt zu werden. Diejenigen, die in den USA in öffentliche Ämter gewählt werden, stehen bereits in der Schuld derer, die ihnen den Wahlkampf finanziert haben. Und das sind „wir, die Reichen und Mächtigen", und wir werden sie nach der Wahl an diese Schuld erinnern.

Ist das die „westliche Demokratie"?

Aber selbst ohne diese Kritikpunkte an Wahlsystemen muss man fragen, was die „westliche Demokratie" eigentlich sein soll, wenn in einem Land ein vom Parlament gewählter Premierminister oder Kanzler regiert (z. B. Deutschland, Ungarn, Italien, usw.), in einem anderen Land aber ein direkt gewählter Präsident (z. B. Frankreich oder USA), in wieder einem anderen Land ein nicht gewählter König Staatsoberhaupt ist und auch gewisse Machtbefugnisse hat (Großbritannien, Niederlande, Spanien, usw.).

Wer die verschiedenen Regierungssysteme in den „westlichen Demokratien" vergleicht, der stellt fest, dass sie sich stark unterscheiden. Was ist dann aber die „westliche Demokratie", wenn der Westen selbst das nicht einmal definieren kann und von völlig unterschiedlichen Regierungsformen regiert wird?

Dieser Frage wollen wir in diesem Buch nachgehen: Was haben all diese westlichen Regierungssysteme, die sich als „westliche Demokratien" bezeichnen, gemeinsam? Was macht die „westliche Demokratie" in Wahrheit aus?

Internationale Organisationen

Wir haben uns schon angeschaut, wie internationale Organisationen arbeiten, die im Westen respektiert und deren Einschätzungen weltweit thematisiert und geglaubt werden. In den folgenden Kapiteln will ich darauf noch detaillierter eingehen, indem wir uns einige der bekanntesten genauer anschauen.

Natürlich erhebt die Liste der in diesem Buch aufgezählten Stiftungen westlicher Oligarchen oder anderer nationaler und internationaler Organisationen und Stiftungen keinen Anspruch auf Vollständigkeit. Ich nenne sie als Beispiele, um aufzuzeigen, wie das System funktioniert. Alleine bei den selbsternannten Faktencheckern reden wir von hunderten kleinen und großen Portalen, die alle von einigen wenigen Finanziers gelenkt werden. Sie alle aufzuzählen, würde ein eigenes Buch füllen. Aber die schiere Anzahl dieser Faktenchecker, die dann in den Medien als „Bestätigungen" der gewollten „Wahrheiten" angeführt werden können, erwecken bei dem durchschnittlichen Medienkonsumenten den Eindruck, dass die vom Westen vertretenen Narrative die Wahrheit sein müssen, schließlich kommen so viele „unabhängige" Organisationen alle zu dem gleichen Ergebnis. Dass die nicht unabhängig sind, sondern alle von den gleichen Finanziers bezahlt werden und daher deren Ansichten als „Wahrheiten" bezeichnen, weiß der durchschnittliche Medienkonsument ja nicht.

Das gleiche gilt auch für andere Organisationen, die von westlichen Medien und Politikern als Bestätigung für ihre Thesen zitiert werden. Und dafür wollen wir uns in den nächsten Kapiteln weitere Beispiele anschauen.

Reporter ohne Grenzen

Jedes Jahr veröffentlichen die Reporter ohne Grenzen einen Bericht über die Pressefreiheit weltweit. Der Bericht wird von allen Medien weltweit übernommen, er hat also eine große Autorität. Daher müssen wir uns anschauen, wie der Bericht entsteht.

Die Berichte der Reporter ohne Grenzen haben eigentlich immer mehr oder weniger den gleichen Inhalt und das gleiche Ergebnis: Im Westen ist mit der Pressefreiheit alles weitgehend in Ordnung. In den letzten Jahren stören bestenfalls die bösen Querdenker (oder wie die Kritiker der Corona-Politik in verschiedenen westlichen Ländern auch genannt werden) allerdings das Bild, weil sie angeblich ständig Journalisten angreifen. In Russland hingegen ist die Pressefreiheit „de facto abgeschafft". Das schrieb zumindest der Spiegel Anfang Mai 2022 in einem Artikel, den wir uns hier noch exemplarisch anschauen werden[91].

Wie immer müssen wir uns anschauen, wie sich die Reporter ohne Grenzen (RoG) finanzieren, denn wer bezahlt, der bestellt bekanntlich die Musik. Danach schauen wir uns die Methodik des Länderrankings an, das die RoG jährlich veröffentlichen, um zu verstehen, ob das Ranking überhaupt eine objektive Aussagekraft hat. Und zum Schluss werden wir uns kurz anschauen, wie die RoG die Lage in einigen ausgewählten Ländern beurteilen.

Die ROG sind bei ihren Finanzen entsetzlich intransparent. Es gibt keine Angaben darüber, wer ihnen wie viel bezahlt. Im Jahresbericht 2020 der deutschen Sektion der ROG[92] kann man auf Seite 24 über die Einnahmen nur erfahren:

---

91 https://www.spiegel.de/kultur/deutschland-rutscht-in-rangliste-der-pressefreiheit-der-reporter-ohne-grenzen-weiter-ab-a-6ca3c052-2509-4180-8a24-caa368629217

92 https://www.reporter-ohne-grenzen.de/fileadmin/Redaktion/Dokumente/Jahresberichte/Jahresbericht_2020_RSF.pdf

„57 Prozent davon stammen aus Spenden, 13 Prozent aus Mitgliedsbeiträgen, zehn Prozent aus Mitteln des Bundesministeriums für wirtschaftliche Zusammenarbeit und Entwicklung (BMZ) sowie neun Prozent aus Mitteln der Berliner Senatsverwaltung für Wirtschaft, Energie und Betriebe. Zudem konnten weitere fünf Prozent der Einnahmen durch das jährlich erscheinende Fotobuch erzielt werden."

Das ist noch intransparenter als ein Jahr zuvor, denn damals haben die RoG ihre Spenden wenigstens noch nach Einzelspendern und Spenden von Organisationen aufgeschlüsselt[93]. Transparenz mag man bei den RoG überhaupt nicht.

Das bedeutet, dass 19 Prozent der Einnahmen der angeblich unabhängigen deutschen Sektion der **Nicht**-Regierungsorganisation RoG direkt vom deutschen Staat, also der deutschen Regierung kommen. Weitere 13 Prozent kommen von den Mitgliedern, also zum Beispiel den staatlichen Medien und den Medienkonzernen, die im Kuratorium der RoG sitzen. Von wem die Spenden kommen, die 57 Prozent der Einnahmen ausmachen, ist nicht ersichtlich. Dazu später mehr.

Die Dachorganisation der RoG in Frankreich ist kaum transparenter. In deren Finanzberichten[94] kann man nur erfahren, dass sie den größten Teil ihrer Einnahmen von Organisationen und Stiftungen (26 Prozent) und „staatlichen Partnern" (40 Prozent) bekommen, weitere sieben Prozent sind Spenden und der Rest kommt aus Buchverkäufen etc.

Außerdem findet sich auf ihrer Seite eine Liste der wichtigsten Partner[95]. Dabei stellt man fest, dass die RoG von einer ganzen Reihe von Konzernen, darunter vielen Medienkonzernen, finanziell unterstützt

93 https://www.reporter-ohne-grenzen.de/fileadmin/Redaktion/Dokumente/Jahresberichte/jb_2019_web_final.pdf

94 https://rsf.org/en/finance-and-supports

95 https://rsf.org/en/our-supporters

werden. Da haben wir schon den ersten Interessenkonflikt, denn wenn die RoG von den westlichen Medienkonzernen bezahlt werden, dann wollen diese Sponsoren natürlich, dass ihren Ländern eine möglichst intakte Pressefreiheit bescheinigt wird. Würden die RoG melden, dass die führenden Medien in Deutschland nicht frei berichten (können), würden die deutschen Konsumenten umgehend nach Alternativen suchen, die noch frei berichten können oder wollen. Dass die westlichen Medienkonzerne die RoG sponsern, ist ein massiver Interessenkonflikt, auf den jedoch nirgends hingewiesen wird.

Das sehen Sie anders? Nun, wie vertrauenswürdig wäre für Sie eine von staatlichen chinesischen Medien und chinesischen Medienkonzernen bezahlte und geleitete Organisation aus China, die ein weltweites Rating der Pressefreiheit erstellt, bei dem China natürlich immer Spitzenplätze belegt? Das wäre kaum vertrauenswürdig, der Interessenkonflikt würde ins Auge stechen. Ich frage mich immer wieder, warum viele Menschen solche Interessenkonflikte, wenn sie im Westen so offen zu Tage liegen, nicht erkennen.

Auch die RoG werden nicht nur von privaten westlichen Medienkonzernen bezahlt und geleitet, sondern auch von den staatlichen Medien. Das sieht man sowohl an der Liste der Unterstützer der französischen Dachorganisation der RoG, als auch am Kuratorium der deutschen RoG[96]. Darin sitzen unter anderem der Intendant des ZDF, die Intendantinnen von rbb und MDR, der Leiter der Recherchekooperation von NDR, WDR und Süddeutscher Zeitung, die Chefredakteure von Zeit, Tagesspiegel, TAZ, Zentralredaktion Funke-Mediengruppe und noch andere hohe Vertreter der großen deutschen-Medien.

96 https://www.reporter-ohne-grenzen.de/ueber-uns/kuratorium

Und die alle haben ein Interesse daran, dass ihre Medien den Kunden, Lesern und Zuschauern als frei, objektiv und kritisch präsentiert werden. Und genau das bestätigen ihnen die RoG. Oder ironisch ausgedrückt: Das bestätigen sie sich über die von ihnen geleiteten und finanzierten RoG selbst.

Außerdem werden die RoG laut ihrer französischen Dachorganisation auch von Stiftungen unterstützt. Genannt wird unter anderem zum Beispiel das National Endowment for Democracy, die wir bereits kennengelernt haben. Früher stand auf der Seite der RoG auch zu lesen, dass sie neben dem National Endowment for Democracy auch von der Adessium Foundation, dem Sigrid Rausing Trust und Soros' unterstützt werden, die alle auch Bellingcat finanzieren. Aktuell nennen die RoG nur noch der Sigrid Rausing Trust, aber das kennen wir schon von den selbsternannten Faktencheckern: Die Stiftungen, die sie finanzierten, wechseln sich jahresweise bei der Finanzierung ihrer Propaganda-Instrumente ab, damit es nicht so auffällt, dass die alle von der gleichen recht kleinen Gruppe von Oligarchen-Stiftungen finanziert werden.

Apropos Faktenchecker: Eine der Organisationen, die wir schon von den Faktencheckern kennen, ist die Stiftung „Luminate – Omidyar Network Foundation" – und die finanziert 2022 auch die RoG. Man wechselt sich eben jedes Jahr bei der Finanzierung verschiedener Organisationen ab, und wer sich mit dem Thema Finanzierung der Beeinflussung der öffentlichen Meinung beschäftigt hat, der findet immer den gleichen harten Kern von weniger als 20 Stiftungen, die weltweit Medien, selbsternannte Faktenchecker und Organisationen wie die RoG finanzieren, die die gewollten Narrative in die Öffentlichkeit tragen. Aber ich wiederhole mich …

2021 waren die RoG bei der Beschreibung ihrer Arbeitsweise noch ehrlicher als 2022. 2021 haben sie über das Zustandekommen ihres Rankings geschrieben[97]:

*„Als Grundlage für die Rangliste hat Reporter ohne Grenzen Ende 2020 einen umfangreichen Fragebogen an Hunderte Expertinnen auf allen Kontinenten versandt, darunter das eigene Netzwerk von Korrespondent*innen, Partnerorganisationen sowie Journalist*innen, Wissenschaftler*innen, Jurist*innen und Menschenrechtsaktivist*innen. Es handelt sich jedoch nicht um eine repräsentative Umfrage nach wissenschaftlichen Kriterien."*

Im Klartext bedeutet das: Die schicken einen Fragebogen an ihre eigenen Leute und auf der Basis der Antworten basteln sie sich das Ranking. Immerhin geben sie selbst zu, dass das Ranking keinen wissenschaftlichen Kriterien genügt. Das ist also kein Ranking, sondern nichts weiter als deren Meinung. Und wer das „*eigene Netzwerk*" von ROG ist, kann man nur raten, denn es wird nirgends genannt. Aber da wir deren Partner, Unterstützer und Geschäftsführung angeschaut haben, und die aus den Reihen der westlichen Staaten, der westlichen Medienkonzerne und Staatsmedien und der größten Stiftungen der westlichen Oligarchen kommen, ist es nicht schwer, zu erraten, wer wohl denen „*eigenes Netzwerk*" sein könnte.

Ich kenne sehr viele Journalisten, die alle nicht bei westlichen Medienkonzernen und Staatsmedien arbeiten, und noch keiner von denen wurde von den RoG angeschrieben, um an der Erstellung des Ratings mitzuarbeiten. Die RoG fragen nur die Leute, von denen sie wissen, dass sie die erwarteten Antwort geben.

97 https://www.reporter-ohne-grenzen.de/fileadmin/Redaktion/Downloads/Ranglisten/Rangliste_2021/Methodik_Rangliste_der_Pressefreiheit2021_-_RSF.pdf

Die Beschreibung der Arbeitsweise der RoG ist von zwei Seiten im Jahr 2021 auf sieben Seiten im Jahr 2022[98] angewachsen. Aber im Kern hat sich nichts geändert, denn auch wenn sie nun ihre Kategorien, die sie bei ihrem „*eigenen Netzwerk*" abfragen, detaillierter zeigen, ändert das nichts daran, dass es immer noch die subjektiven Eindrücke sorgsam ausgesuchter Partner der RoG sind, die die Fragen beantworten.

Ein Absatz in den Richtlinien des Jahres 2022 ist besonders entlarvend:

> „*Wenn sich die Lage der Pressefreiheit in einem Land zwischen dem Ende des bewerteten Jahres und der Veröffentlichung dramatisch verändert, werden die Daten daher aktualisiert, um den jüngsten Ereignissen Rechnung zu tragen. Anlass hierfür können ein neuer Krieg, ein Staatsstreich, ein noch nie dagewesener oder sehr ungewöhnlicher Großangriff auf Medienschaffende oder die plötzliche Einführung einer extrem repressiven Politik sein. Für die Rangliste 2022 wurde dieses Verfahren bei den Ländern Russland, der Ukraine und Mali angewandt.*"

Im Klartext: Weil sich die Lage in Russland, der Ukraine und Mali massiv verändert hat, wurden deren Daten noch einmal aktualisiert und es fließen auch Meinungen aus dem Jahr 2022 in den Bericht ein, der eigentlich das Jahr 2021 wiedergeben soll.

Aber wurde nicht auch in der EU eine Zensur eingeführt, indem die russischen Medien am 27. Februar 2022 auf Anweisung der EU-Kommission verboten wurden? Und nicht nur das, am 26. Februar 2022 haben die australischen Kabelnetzbetreiber Russia Today aus dem Netz genommen, am 28.Februar folgte Kanada und verbannte Russia Today aus dem Kabelnetz. Am gleichen Tag hat Litauen zwei

---

98 https://www.reporter-ohne-grenzen.de/fileadmin/Redaktion/Downloads/Ranglisten/Rangliste_2022/RSF_Methodik_Rangliste_der_Pressefreiheit_2022.pdf

russische Fernsehkanäle verboten, nachdem das Land schon am 25. Februar 2022 sechs russische und weißrussische Fernsehsender verboten hatte. Und am 1. März 2022 hat Lettland zwei russische Fernsehsender verboten, nachdem es schon am 24. Februar 2022 drei russische Fernsehsender und am 25. Februar 2022 einen weißrussischen und zwei lettische russischsprachige Fernsehsender verboten hatte[99].

Für die RoG scheint das kein Problem zu sein, jedenfalls führt diese Zensurorgie in westlichen Staaten nicht zu einer Neubewertung der Einschätzung der Pressefreiheit in den genannten westlichen Staaten. Natürlich nicht, es sind ja die westlichen Staaten und ihre Medienkonzerne und Oligarchen-Stiftungen, die die RoG bezahlen, also ist im Westen mit der Pressefreiheit alles in bester Ordnung, auch wenn dort massiv zensiert wird.

Aber in Russland, das erst Tage später[100] und als Reaktion auf die Verbote russischer Medien im Westen angefangen hat, im Gegenzug westliche Medien in Russland zu verbieten, da war das ein Problem für die RoG und hat zu einer Neubewertung der Lage der Pressefreiheit in Russland geführt. So objektiv und neutral arbeiten die RoG.

In Russland gab es, wie wir bereits gesehen haben, bis Anfang März 2022 keinerlei Zensur. In der Ukraine war die Lage hingegen anders. Da lebte man als regierungskritischer Journalist seit dem Maidan ohnehin gefährlich. Ich habe auf meiner Seite Anti-Spiegel schon 2019 eine Liste von 13 Beispielen für politische Morde an Oppositionellen und regierungskritischen Journalisten zusammengestellt[101], die nach

99 https://www.anti-spiegel.ru/2022/unglaublich-aber-wahr-jetzt-ist-die-presse-in-russland-freier-als-im-westen/

100 https://www.anti-spiegel.ru/2022/als-reaktion-auf-zensur-im-westen-auch-russland-schliesst-medien/

101 https://www.anti-spiegel.ru/2019/im-westen-totgeschwiegen-politische-morde-in-der-ukraine-nach-dem-maidan-13-beispiele/

dem Maidan 2014 ermordet wurden oder unter sehr mysteriösen Umständen gewaltsam zu Tode gekommen sind.

Im Februar 2021 hat Präsident Selensky per Dekret (und damit unter Umgehung aller ukrainischen Gesetze) kurzerhand alle kritischen TV-Sender[102] und auch die meisten kritischen Internetportale[103] verboten. Und dass Selensky im April 2022 sogar öffentlich Morddrohungen gegen Journalisten ausgesprochen hat[104], scheint im Westen und bei den RoG auch niemanden zu stören.

Es gäbe also reichlich gute Gründe, Russland auf der RoG-Rangliste[105] weit vor der Ukraine zu führen, aber es ist natürlich umgekehrt. Laut den RoG steht die Ukraine auf Platz 106 von 180 Ländern weltweit, Russland hingegen steht auf Platz 155. Aber da wir ja wissen, welche „Experten" mit wessen Geld das Ranking basteln, kann dieses Ergebnis niemanden überraschen.

In Deutschland sieht die Lage mit der Pressefreiheit so traurig aus, dass die RoG nicht alles schönreden können und Deutschland auf Platz 16 abgerutscht ist, womit es inzwischen hinter Jamaika oder den Seychellen liegt. Entlarvend ist, wie zum Beispiel der Spiegel darüber berichtet hat[106]. Der Spiegel hat dazu korrekt aus der Pressemeldung der RoG[107] zitiert:

„Für diese Entwicklung sind drei Gründe zentral: eine Gesetzgebung, die Journalistinnen und Journalisten sowie ihre Quellen gefährdet, abnehmende Medienvielfalt sowie allen voran Gewalt bei Demonstrationen."

---

102 https://www.anti-spiegel.ru/2021/pressefreiheit-in-der-ukraine-selensky-entzieht-zwei-kritischen-tv-sendern-die-sendelizenz/

103 https://tass.ru/mezhdunarodnaya-panorama/10780711

104 https://www.anti-spiegel.ru/2022/was-deutsche-medien-verschweigen-selenskys-morddrohungen-gegen-russischen-journalisten/

105 https://rsf.org/en/index

106 https://www.spiegel.de/kultur/deutschland-rutscht-in-rangliste-der-pressefreiheit-der-reporter-ohne-grenzen-weiter-ab-a-6ca3c052-2509-4180-8a24-caa368629217

107 https://www.reporter-ohne-grenzen.de/rangliste/rangliste-2022

In seinem Artikel ging der Spiegel dann aber nicht auf die problematische Gesetzgebung in Deutschland ein, sondern schlug zunächst verbal auf die bösen Querdenker und dann auf Russland ein. Dabei müsste der Spiegel, wenn er echten Journalismus betreiben würde, die Probleme mit der Gesetzgebung in Deutschland besonders heftig kritisieren, denn in Deutschland wurde der Quellenschutz, eine der wichtigsten Schutzmaßnahmen für investigative Journalisten abgeschwächt, ja de facto sogar aufgehoben. Das ist ein echtes Problem, wurde aber von deutschen Medien praktisch nicht thematisiert.

Die RoG haben über das Problem in Deutschland geschrieben:

> *„Auf der Ebene der Gesetzgebung kritisierte RSF den mangelnden Schutz von Journalistinnen und Journalisten sowie ihrer Quellen bei der Cybersicherheitsstrategie der Bundesregierung, da diese eine Ausweitung der Befugnisse für Sicherheitsbehörden vorsieht, ebenso wie die Reform des BND-Gesetzes und den sogenannten Staatstrojaner. 2021 wurde zudem bekannt, dass Deutschland die Spyware Pegasus nutzt. Das Defizit beim Auskunftsrecht von Medien gegenüber Bundesbehörden blieb 2021 weiter bestehen."*

Im Klartext: In Deutschland wurde der gesetzliche Schutz von Journalisten und ihren Quellen eingeschränkt, was das Aufdecken von Skandalen im Regierungsapparat fast unmöglich macht, weil sich keine Quelle im Vertrauen an die Presse wendet, wenn sie nicht sicher sein kann, anonym bleiben zu können. Außerdem dürfen Journalisten nun ganz legal mit Hilfe von Staatstrojanern und Spionageprogrammen vom Geheimdienst überwacht und ausspioniert werden, was früher selbst bei richterlich angeordneten Haussuchungen nicht ohne weiteres möglich gewesen ist. Das sind – vor allem dank der technischen Möglichkeiten von heute – Möglichkeiten der Überwachung von Journalisten (und damit der Medien), von denen die Stasi nur träumen konnte.

Was sagt das über die tatsächliche Freiheit einer der Regierungspolitik kritisch eingestellten Presse in Deutschland aus, wenn sie so massiv vom Geheimdienst überwacht werden kann und auch wird?

Transparency International

Transparency International wird in den Medien immer als Beleg dafür angeführt, wo Korruption verbreitet ist. Aber wie bei den Reportern ohne Grenzen und all den anderen NGOs müssen wir uns die üblichen Fragen stellen: Wer bezahlt eigentlich Transparency International und nach welcher Methode werden die Berichte erstellt?

Bevor wir uns Korruption anschauen können, müssen wir erst einmal definieren, was Korruption ist. Für Korruption gibt es viele Definitionen, aber im Kern geht es darum, dass sich jemand einen Vorteil verschafft, indem er einem Entscheidungsträger etwas gibt. Bei dem Vorteil kann es sich um Posten, Aufträge, etc. handeln, und bei dem, was dafür gegeben wird, kann es sich ebenfalls um vieles handeln, zum Beispiel klassisch um Geld, oder auch darum, dem Kind des Bestochenen einen guten Studienplatz an einer elitären Universität zu verschaffen.

Letztlich geht es darum, dass man sich einen Vorteil (oft gegenüber anderen) verschafft, den man nicht bekommen würde, wenn man dem Entscheidungsträger nicht im Gegenzug etwas geben würde. Da wir alle in einer Gesellschaft und in einem Wirtschaftssystem leben wollen, in dem es fair zugeht, und Korruption klar gegen das Fairnessgebot verstößt, ist Korruption strafbar.

Dabei allerdings sind die Details im Strafrecht entscheidend, denn man kann durch geschickte Formulierungen von Gesetzestexten viele Formen der Korruption legalisieren. Daher geht es hier weniger um eine akademische Definition von Korruption, sondern um Korruption in der gelebten Realität.

Wikipedia hat die Definition von Korruption immer wieder verändert. Die in meinen Augen treffendste Definition für Korruption, die ich vor einigen Jahren auf Wikipedia gefunden und mir herauskopiert habe, lautete:

„Korruption (...) bezeichnet Bestechlichkeit, Bestechung, Vorteilsannahme und Vorteilsgewährung. Im juristischen Sinn steht Korruption für den Missbrauch einer Vertrauensstellung in einer Funktion in Verwaltung, Justiz, Wirtschaft, Politik oder auch in nichtwirtschaftlichen Vereinigungen oder Organisationen (zum Beispiel Stiftungen), um für sich oder Dritte einen materiellen oder immateriellen Vorteil zu erlangen, auf den kein rechtmäßiger Anspruch besteht."

Das Zauberwort ist der „**rechtmäßige**" Anspruch. Man kann Korruption per Gesetz legalisieren.

Das berühmteste Beispiel für legale Korruption ist das US-amerikanische Wahlsystem. Dort kann niemand Abgeordneter werden, der nicht Millionenspenden einsammelt. Und natürlich kommen die Spender nach der Wahl und fordern eine Gegenleistung, sei es in Form von Gesetzen, die den Spendern nützen oder in Form öffentlicher Aufträge und so weiter. Das ist in den USA völlig legal, aber man stelle sich einmal vor, in Russland würde ein Unternehmen die Wahlkampagne von Putin bezahlen und anschließend Staatsaufträge und eine günstige Gesetzgebung bekommen. Die deutsche Presse hätte ein Dauerthema über das „korrupte Russland".

In Russland ist diese US-Praxis übrigens illegal. Das ist vielleicht auch ein Grund, warum man von Russland fordert, endlich die „westliche Demokratie" anzunehmen, denn so verschieden die Regierungsformen im Westen auch sind, sie alle haben eins gemeinsam: Wahlspenden an Parteien werden gefördert. Diese Form der Korruption ist im gesamten Westen legalisiert, man hat sogar extra ein anderes Wort dafür erfunden, damit es besser klingt: „Lobbyismus".

Immer, wenn wir von „Lobbyismus“ hören, müssen wir uns darüber im Klaren sein, dass das eine Umschreibung für legale Korruption ist, bei der Interessenverbände Politiker und/oder Parteien finanziell unterstützen und danach Gegenleistungen einfordern. Und diese auch bekommen.

Bekannt ist in Deutschland zum Beispiel die Mehrwertsteuersenkung für Hotels der FDP vor über 10 Jahren. Die FDP hatte zuvor, im Jahr 2009, Spenden in Höhe von 1,1 Millionen von der Substantia AG bekommen[108], die Hotels betreibt. Es war die größte Spende in der Geschichte der Partei und sobald sie in der Regierung war, zeigte sie sich dankbar und erließ die Steuersenkung für Hotels.

Das ist per Definition Korruption, nur ist diese Form von Korruption in den westlichen Demokratien legal. Das westliche Wirtschaftssystem baut darauf auf und die Macht der Lobbyisten, sorry, der Korruptionäre, wächst.

Aber Gott sei Dank gibt es ja Transparency International. Diese unabhängige Organisation überprüft die weltweite Korruption und gibt einmal jährlich einen Bericht heraus, der zeigt, wie verbreitet die Korruption in welchen Ländern der Welt ist.

Das Problem dabei ist, dass Transparency International keineswegs unabhängig ist. Die Organisation bekommt Ihr Geld zu ca. 80 % von den Staaten des Westens und internationalen Organisationen, die ebenfalls vom Westen dominiert werden, ca. 10 % kommen von Stiftungen, die ihrerseits zum Teil ebenfalls von Staaten finanziert werden und natürlich gehört auch George Soros zu den Finanziers von Transparency International. Ca. 4 % kommen aus dem Privatsektor, also von Konzernen wie Siemens oder Versicherungen und so weiter. Weniger

108 https://www.faz.net/aktuell/politik/inland/substantia-ag-hotel-unternehmer-spendet-fdp-1-1-millionen-euro-1912513.html

als 2 % machen echte Spenden aus, zu über 98 % wird Transparency International von den westlichen Staaten und Konzernen unterstützt, wie diese Tabelle von Wikipedia[109] zeigt, die die Zahlen aus den Jahresberichten von Transparency International korrekt wiedergibt.

in Mio. €	2018	2017	2016	2015	2014	2013	2012	2011	2010	2009	2008	2007
Staatliche Organe	14,468	11,712	14,829	18,169	22,562	24,781	18,815	17,110	13,649	10,260	7,555	7,097
Internationale Organisationen	3,595	4,544	4,208	5,558	1,787	0,966	1,493	0,805	0,366	0,622	0,919	0,686
Stiftungen	2,201	2,678	2,229	1,754	1,135	0,453	1,444	1,936	2,749	2,214	0,789	0,705
Privatsektor	1,004	0,944	1,134	1,036	0,585	0,277	0,566	0,396	0,690	0,654	1,120	0,242
Einzelpersonen	0,057	0,052	0,144	0,046	0,352	0,331	0,025	0,021	0,082	0,045	0,046	0,047
Partner ("Coalition Partners")	0,340	0,042	0,104	0,034	0,022	*	*	*	*	*	*	*
Andere	0,692	0,658	0,289	0,279	0,265	*	*	0,282	0,491	0,442	0,453	0,316
Gesamt	22,358	20,830	22,929	26,877	26,707	26,708	22,343	20,550	18,027	14,237	10,882	9,093

*Keine Angaben in den jeweiligen Jahresberichten

Zu den größten Spendern im Jahr 2015 zählten regierungsseitig die Europäische Kommission (5,07 Millionen Euro), das australische Department of Foreign Affairs and Trade (2,67 Mio. Euro), das britische Department for International Development (3,5 Mio. Euro) und das niederländische Außenministerium (1,2 Mio. Euro). Größter Spender auf Stiftungsebene war die William and Flora Hewlett Foundation (0,59 Millionen Euro) und das National Endowment for Democracy (0,45 Mio. Euro). Größter privatwirtschaftlicher Spender war Siemens mit 0,62 Mio. Euro, gefolgt von Ernst & Young mit 0,23 Mio. Euro.[14]

Wie man im Text sieht, sind die wichtigsten Finanziers die EU-Kommission und Ministerien und Behörden westlicher Staaten. Und natürlich darf das Endowment for Democracy nicht fehlen, das vom US-Außenministerium finanziert wird und immer treibende Kraft ist, wenn die USA irgendwo auf der Welt einen Regimechange oder eine Farbrevolution organisieren.

Aber vielleicht hat all das ja nichts zu sagen und der Korruptionsindex von Transparency kommt nach objektiven Kriterien zu Stande? Schauen wir uns also an, nach welcher Methodik Transparency International seinen Index der weltweiten Korruption erstellt.

Das ist besonders interessant und es erinnert sehr stark an die Reporter ohne Grenzen, die uns einmal jährlich darüber informieren, wo die Presse wie frei oder unfrei ist. Ähnlich, wie bei den RoG ist es auch bei Transparency International. Auf der Seite von Transparency International kann man dazu lesen[110]:

109 https://de.wikipedia.org/wiki/Transparency_International#Finanzierung

110 https://www.transparency.de/cpi/cpi-2018/methodologische-hinweise/

„Der Korruptionswahrnehmungsindex (CPI) aggregiert Daten aus verschiedenen Quellen zur Wahrnehmung des Korruptionsniveaus im öffentlichen Sektor durch Geschäftsleute sowie Länderexpertinnen und -experten (…) Zur Berechnung des CPI 2018 wurden 13 Datenquellen von 12 verschiedenen Institutionen verwendet, welche die Wahrnehmung von Korruption in den letzten zwei Jahren abdecken."

Im Klartext: Man sucht sich seine Experten aus, die dann von ihrer Wahrnehmung berichten. Der Bericht basiert also auf keinerlei objektiven Daten, sondern nur auf den Wahrnehmungen ausgesuchter Experten. Und daraus wird dann etwas errechnet.

Das wäre so, als wenn der Wetterbericht nicht von Meteorologen gemacht würde, sondern der Nachrichtensprecher auf die Straße ginge und ausgewählte 12 Menschen fragt, einen davon zwei Mal, ob ihnen warm oder kalt ist und was sie glauben, ob sie morgen schwitzen oder frieren werden. Und aus diesen 13 Antworten würde dann die Wettervorhersage errechnet.

So kommt der Index von Transparency International zustande, auf den sich Medien und Politik immer berufen.

Unter den 13 Quellen[111], auf denen der Bericht aufbaut und von denen zwei von ein und der derselben Institution kommen, sind Nato-Lobbyisten wie das Freedom House und US-dominierte Förderbanken wie die Weltbank. Und die Institution, die zwei Quellen beisteuern darf, ist die Bertelsmann Stiftung.

Und was soll man für Ergebnisse erwarten, wenn die westlichen Staaten eine Organisation bezahlen und westliche Experten als Experten für den Bericht nach ihrer Meinung gefragt werden? Natürlich ist im Westen in Sachen Korruption alles in Ordnung, aber in allen anderen Ländern, vor allem den Gegnern des Westens, ist alles ganz

111 https://www.transparency.de/cpi/cpi-2018/verwendete-quellen/

schlimm. Und man sieht sofort, dass die Weltkarte der Korruption von Transparency International praktisch genauso aussieht, wie die Weltkarte der Pressefreiheit von Reporter ohne Grenzen. Kein Wunder, sie werden aus den gleichen Quellen bezahlt, die natürlich entsprechende Ergebnisse erwarten.

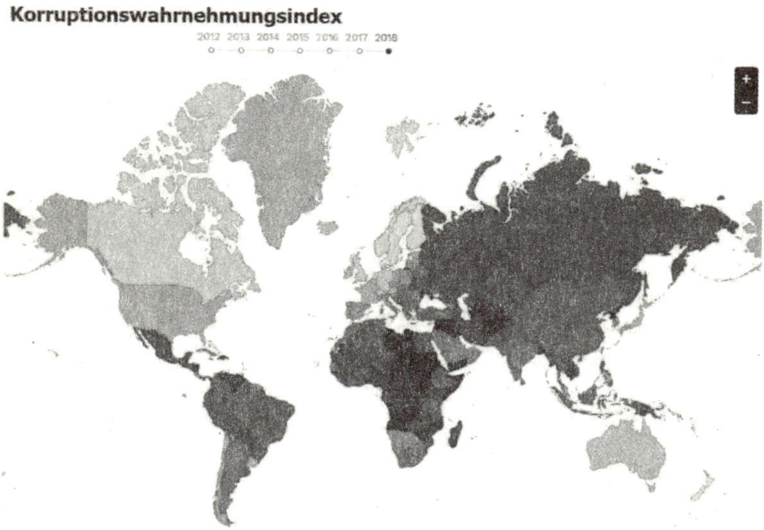

Amnesty International

Wenig überraschend stelle ich auch bei Amnesty International die These in den Raum, dass die Organisation keineswegs eine neutrale Organisation ist, die sich objektiv und kritisch um die Menschenrechte sorgt, sondern dass Amnesty International ebenfalls ein vom Westen gegründetes Instrument ist, das die westliche Politik unterstützen soll.

Amnesty International ist im August 2022 in die Schlagzeilen geraten, weil es der Ukraine schwere Kriegsverbrechen vorgeworfen hat. Da musste jeder denken, dass meine These falsch ist, denn die Ukraine ist ein Freund des Westens, der gegen das „böse" Russland kämpft. Dass Amnesty ausgerechnet die Ukraine schwer kritisiert hat, passt nicht ins Bild. Aber das ist nur auf den ersten Blick so, wie die weitere Geschichte dann gezeigt hat.

Beginnen wir zum Verständnis wie üblich mit den Finanzen von Amnesty International und schauen uns an, wer die Organisation finanziert. Danach kehren wir zu der Kritik an der Ukraine zurück.

Amnesty International behauptet, es nehme keine Gelder von Staaten an, was sich jedoch nicht überprüfen lässt, weil Amnesty bei seinen Finanzen vollkommen intransparent ist.

Der letzte Einkommensbericht[112] der internationalen Mutterorganisation von Amnesty International berichtet über das Jahr 2016. Darin wird das Gesamteinkommen mit 68,4 Millionen britischen Pfund angegeben, wobei 62,8 Millionen Pfund von den nationalen Unterorganisationen von Amnesty International gekommen sind. Außerdem haben Stiftungen fast vier Millionen Pfund beigesteuert. Darunter waren gute Bekannte, wie zum Beispiel die Open Society Foundation von George

112 https://www.amnesty.org/en/documents/FIN40/7691/2017/en/

Soros oder die nationalen Töchter der Postcode Lottery aus den Niederlanden und aus Schweden.

Um zu verstehen, wie sich Amnesty International finanziert, muss man also die nationalen Unterorganisationen anschauen, weil sie über 90 Prozent zum Einkommen der internationalen Dachorganisation von Amnesty beisteuern. Allerdings sind auch die nationalen „Amnestys" vollkommen intransparent.

Der deutsche Ableger von Amnesty International macht in seinem Rechenschaftsbericht[113] und in seiner Gewinn- und Verlustrechnung[114] ebenfalls praktisch keine Angaben über die Herkunft der Gelder. Man erfährt lediglich, dass 53 Prozent der Gesamteinnahmen in Höhe von 25,7 Millionen Euro von Förderern und weitere 30 Prozent aus Spenden kommen. Aber wer die Förderer und Spender sind, wird nicht verraten.

Es gibt keine Listen der Großspender und Förderer, lediglich in einigen Meldungen des Rechenschaftsberichts erfährt man etwas. So hat die Deutsche Postcode Lottery 300.000 Euro gespendet.

Man kann festhalten, dass Amnesty International bei seinen Einnahmen vollkommen intransparent ist. Amnesty behauptet, kein Geld von Staaten zu bekommen. Ich glaube auch gerne, dass Amnesty kein Geld annimmt, das direkt von einem Staat kommt, allerdings gibt es, wie wir inzwischen gesehen haben, reichlich Tricks, um das zu verschleiern und das Geld indirekt von Staaten und Regierungen zu bekommen.

Da die nationalen Ableger von Amnesty International, wie am deutschen Beispiel gesehen, ihre Finanziers geheim halten, kann man nicht überprüfen, ob sich Amnesty in Wahrheit über diesen indirekten Weg von Staaten finanzieren lässt.

---

113 https://www.amnesty.de/sites/default/files/2021-05/Amnesty-International-Deutschland-Rechenschaftsbericht-2020.pdf

114 https://www.amnesty.de/sites/default/files/2021-08/Amnesty-International-Deutschland-GuV-Gewinn-und-Verlustrechnung-Geschaeftsjahr-2020.pdf

Die Beispiele von Transparency International und den Reportern ohne Grenzen legen nahe, dass auch Amnesty staatliche Finanzierung erhält. Diese beiden Organisationen sind etwas transparenter als Amnesty und man kann daher auf ihren Seiten erfahren, dass sie praktisch keinerlei Spenden von begeisterten Bürgern bekommen, sondern fast vollständig – direkt oder indirekt (über Stiftungen wie Adessium) von den Staaten des Westens finanziert werden.

Da die anderen Beispiele alle zeigen, dass keine der westlichen Organisationen, die mit ihrer Arbeit an der Meinungsbildung mitwirken, von Kleinspendern lebt, habe ich meine Zweifel daran, dass die von Amnesty Deutschland genannten Förderer und Spender, die zusammengenommen Spenden in Millionenhöhe überweisen, viele Kleinspender, also einfache Menschen, sind. Vielmehr liegt die Vermutung nahe, dass Amnesty genauso von den Staaten des Westens und westlichen Stiftungen finanziert wird, wie alle anderen. Die Intransparenz von Amnesty International bei ihren Finanzen ist ein weiteres Indiz dafür.

Außerdem legt das Verhalten von Amnesty International nahe, dass die Organisation über verschleierte Wege von den westlichen Staaten finanziert wird, denn Amnesty ist keineswegs eine neutrale Menschenrechtsorganisation, sondern eines der vielen (Propaganda-)Instrumente der westlichen Politik.

Das wird deutlich, wenn man sich anschaut, wen Amnesty in der Regel kritisiert und wen nicht. Amnesty war zum Beispiel immer einer der lautesten Unterstützer von regierungskritischen und prowestlichen Journalisten in Russland. Die Unterstützung von regierungskritischen Journalisten ist durchaus löblich, aber leider bekommen regierungskritische Journalisten aus westlichen Ländern diese Unterstützung von Amnesty International nicht, wenn sie in ihren Ländern Probleme mit den Regierungen bekommen.

Das ist keineswegs mein unbelegter Vorwurf, vielmehr hat das Management von Amnesty das selbst ganz freimütig in einem an die Öffentlichkeit geratenen Gespräch gesagt. Konkret ging es in dem Gespräch darum, dass die Leitung von Amnesty 2021 offen gesagt hat, lettische Journalisten, deren einziges Verbrechen es war, für russische Nachrichtenagenturen gearbeitet zu haben und die deswegen verhaftet worden sind, nicht zu unterstützen und diese Fälle auch nicht öffentlich zu thematisieren. Gleichzeitig sagte das Management von Amnesty dabei aber auch, dass Amnesty solche Journalisten unterstützt, wenn es gegen Russland geht[115].

Kann Amnesty International noch deutlicher sagen, dass es ein Instrument ist, das gegen die Staaten eingesetzt wird, die der Westen zu Gegnern erklärt hat?

Amnestys normalerweise dem Westen gegenüber treues Verhalten, die Gegner des Westens zu kritisieren, den Westen und seine Freunde hingegen möglichst nicht zu kritisieren, ist der Grund dafür, dass der Bericht von Amnesty vom August 2022, der der Ukraine schwere Kriegsverbrechen vorgeworfen hat, so überraschend und sensationell war, wie das Management von Amnesty in dem öffentlich gewordenen Gespräch freimütig mitgeteilt hat.

Amnesty International hat Anfang August 2022 einen Bericht veröffentlicht, der die Ukraine beschuldigt, ihre schweren Waffen in Wohngebiete zu stellen und von dort zu feuern. Damit macht die ukrainische Armee zivile Objekte wie Wohnhäuser, Krankenhäuser, Kindergärten und so weiter zu militärischen Zielen. In der Presseerklärung von Amnesty International zu dem Bericht[116] hieß es:

115 https://www.anti-spiegel.ru/2021/telefonstreich-russischer-prankster-zeigt-auf-amnesty-international-ist-propaganda-instrument-des-westens/

116 https://www.amnesty.org.uk/press-releases/ukraine-military-endangering-civilians-locating-forces-residential-areas-new

„Das ukrainische Militär hat die ukrainische Zivilbevölkerung gefährdet, indem es im Zuge der Abwehr der russischen Invasion Stützpunkte und Waffensysteme in Wohngebieten – auch in Schulen und Krankenhäusern – errichtet hat, so Amnesty International heute. Die Taktik der Ukraine verstößt gegen das humanitäre Völkerrecht, da sie zivile Objekte zu militärischen Zielen macht. Die darauffolgenden russischen Angriffe auf bewohnte Gebiete haben Zivilisten getötet und zivile Infrastruktur zerstört."

Das ist exakt das, was Russland der ukrainischen Armee seit Beginn der russischen Intervention vorwirft: Die ukrainische Armee missbraucht Zivilisten als menschliche Schutzschilde. „Qualitätsmedien" wie der Spiegel haben das entweder verschwiegen, oder als russische Propaganda bezeichnet, obwohl man sogar im Spiegel schon im April zwischen den Zeilen lesen konnte[117], dass der Spiegel-Redaktion das bekannt war. Aber dieses kriminelle Vorgehen des ukrainischen Militärs ließ sich im Sommer 2022 immer weniger verheimlichen, Ende Juli 2022 hat sogar die „Welt" darüber berichtet[118], wenn auch vielleicht nicht ganz freiwillig, denn es geschah in einer Live-Schalte und konnte daher nicht aus dem Korrespondentenbericht herausgeschnitten werden.

Kiew hat natürlich heftig auf den Amnesty-Bericht reagiert und Amnesty vorgeworfen, an einer russischen Desinformations- und Propagandakampagne beteiligt zu sein. Kiew schäumte vor Wut und die Chefin der ukrainischen Sektion von Amnesty hat wegen des Berich-

117 https://www.anti-spiegel.ru/2022/ungewollte-bestaetigung-im-spiegel-ukrainische-armee-nutzt-zivilisten-als-menschliche-schutzschilde/

118 https://www.anti-spiegel.ru/2022/welt-bestaetigt-ukrainische-armee-missbraucht-zivilisten-als-menschliche-schutzschilde/

tes unter Protest ihren Rücktritt verkündet[119]. Das ist nachvollziehbar, denn nach nun in der Ukraine geltendem Recht könnte sie als Vertreterin von Amnesty in der Ukraine sogar ein Strafverfahren wegen Unterstützung der „russischen Aggression" bekommen, weshalb sie sich schon aus Selbstschutz eiligst und in aller Deutlichkeit von dem Bericht distanzieren musste.

Am bemerkenswertesten war jedoch die Reaktion von Amnesty selbst auf die Kritik aus Kiew. Die Reuters-Meldung[120] darüber, die dann auch die meisten Medien zitiert haben, begann wie folgt:

„Amnesty International hat sich am Sonntag für „die Verärgerung und die Wut" entschuldigt, die ein Bericht ausgelöst hat, in dem die Ukraine beschuldigt wird, Zivilisten zu gefährden, was Präsident Wladimir Selensky verärgert und den Rücktritt der Leiterin des Kiewer Büros ausgelöst hat."

Die Entschuldigung von Amnesty spricht Bände. Meines Wissens ist das erste Mal, dass sich Amnesty bei einer Regierung für einen kritischen Bericht entschuldigt hat. Es gab – trotz manchmal wütender Reaktionen auf Amnesty-Berichte – nie Entschuldigungen von Amnesty bei Russland, China oder all den anderen Ländern, gegen die Amnesty in seinen Berichten Anschuldigungen erhoben hat.

Ich stelle mir eine Frage: Seit wann ist es die Aufgabe einer Menschenrechtsorganisation, sich bei den Regierungen zu entschuldigen, die gegen die Menschenrechte verstoßen? Dass Amnesty das in diesem Fall getan hat, entlarvt Amnesty ein weiteres Mal als das, was es ist: Ein Propaganda-Instrument des Westens.

---

119 https://www.spiegel.de/ausland/amnesty-international-oksana-pokaltschuk-leiterin-des-ukraine-bueros-zurueckgetreten-a-74892ba0-a8b0-422b-90ee-fb3706fc459a

120 https://www.reuters.com/world/europe/amnesty-regrets-distress-caused-by-report-rebuking-ukraine-2022-08-07/

Die Zwickmühle von Amnesty bestand nun darin, aus dieser Nummer wieder rauszukommen. Einerseits konnte Amnesty eigentlich nicht von seinem Bericht abrücken, ohne aufgrund der präsentierten Fakten vollkommen unglaubwürdig zu werden, andererseits hat Amnesty mit dem Bericht seine Geldgeber und Kuratoren aus dem Westen schwer verärgert.

Also versuchte Amnesty einen Spagat und erklärte:
„Während wir voll und ganz zu unseren Erkenntnissen stehen, bedauern wir den Schmerz, den sie verursacht haben.“

Das muss man sich auf der Zunge zergehen lassen.

Die „Menschenrechtsorganisation“ Amnesty International bedauert nicht den Schmerz der Menschen, die durch die ukrainischen Kriegsverbrechen zu Schaden gekommen sind, sondern den Schmerz, den der Bericht bei den Leuten verursacht hat, die für diese Kriegsverbrechen verantwortlich sind.

Auch auf die Gefahr, mich zu wiederholen: Wenn Amnesty die Menschenrechtslage zum Beispiel in China kritisiert und aus Peking heftiger Protest kommt, dann hat Amnesty es nie für nötig gehalten, sich bei Peking „für den Schmerz“ zu entschuldigen, den es in Peking ausgelöst hat.

OSZE

Am 1. August 1975 wurde die Schlussakte von Helsinki unterzeichnet, womit die KSZE gegründet wurde. Die Konferenz über Sicherheit und Zusammenarbeit in Europa (KSZE) war eine Folge von blockübergreifenden Konferenzen der europäischen Staaten zur Zeit des Ost-West-Konfliktes. Die erste Konferenz fand ab dem 30. Juli 1975 in Helsinki statt. Die Schlussakte hatte vier zentrale Themen: Erstens Fragen der Sicherheit in Europa, zweitens die Zusammenarbeit in den Bereichen Wirtschaft, Wissenschaft, Technik und Umwelt, drittens Sicherheit und Zusammenarbeit im Mittelmeerraum und viertens Grundsätze der Zusammenarbeit in humanitären und kulturellen Bereichen.

Die KSZE, das sieht man an den Themen, war ein Kind des Kalten Krieges. Das Ziel war es, mehr Sicherheit in Europa zu erreichen und vor allem der Westen setzte darauf, durch den Fokus auf humanitäre und kulturelle Themen mehr Einfluss auf die öffentliche Meinung im Ostblock zu bekommen. Die Konferenz war von einem Tauschgeschäft geprägt: Für den Ostblock brachte sie die Anerkennung der Grenzen der Nachkriegsordnung und einen stärkeren wirtschaftlichen Austausch mit dem Westen. Im Gegenzug machte der Osten Zugeständnisse bei den Menschenrechten.

Unmittelbar nach der Konferenz galt in den Augen vieler Beobachter der Ostblock als eigentlicher Gewinner der Konferenz, da erstmals die Grenzen der osteuropäischen Staaten (insbesondere Polens und der DDR) in einem internationalen Vertrag anerkannt wurden. Erst später zeigte sich, dass das Kapitel VII der Schlussakte („Achtung der Menschenrechte und Grundfreiheiten, einschließlich der Gedanken-, Gewissens-, Religions- oder Überzeugungsfreiheit"), das von den Ostblock-Staaten wohl zunächst nicht ernst genommen worden war, ein größeres Gewicht besaß. Er gab den Anstoß für die Gründung zahlreicher „Helsinki-Gruppen" in der Sowjetunion. Kapitel VII wurde zur Grundlage für die Arbeit vieler osteuropäischer Dissidenten und Menschenrechtsorganisationen. Dazu zählen zum Beispiel die Bürgerrechtsbewegung in der DDR, die Charta 77 in der ČSSR, Solidarność in Polen oder Human Rights Watch (1978 unter der Bezeichnung Helsinki Watch gegründet, um die Einhaltung der Schlussakte von Helsinki durch die Sowjetunion zu dokumentieren und um sowjetische Menschenrechtsgruppen zu unterstützen, die sich auf die Akte von Helsinki beriefen.) Sie trugen zum Zusammenbruch des Ostblocks bei, so dass die KSZE maßgeblich am Ende des Ost-West-Konflikts beteiligt war.

Die KSZE war zu einem Instrument des Westens geworden, um den Ostblock – vor allem die Sowjetunion – zu untergraben. Das ist ein sehr spannendes Thema, es hier auszuführen, führt aber zu weit.

Am 1. Januar 1995 ging die Organisation für Sicherheit und Zusammenarbeit in Europa (OSZE) aus der KSZE hervor. Die OSZE hat heute 57 Mitgliedsstaaten: alle Staaten Europas (inklusive Zypern und der Türkei), die Mongolei, die Nachfolgestaaten der Sowjetunion und die USA und Kanada. Daran sieht man sehr deutlich, wer in der OSZE heute die Richtung bestimmt, denn die klare Mehrheit der Mitgliedsstaaten wird den NATO- und EU-Mitgliedern gestellt.

Während die KSZE noch eine neutrale Organisation gewesen ist, in der sich die Staaten des Westens und des Ostens die Waage gehalten haben und die Organisation daher zu einer gewissen Neutralität verpflichtet gewesen ist, ist das bei der OSZE heute anders. Der Westen stellt die Mehrheit und bestimmt den Kurs der OSZE.

Das kann man als Anhänger des westlichen Systems gut finden, aber es bedeutet eben automatisch, dass die OSZE nicht mehr neutral ist, sondern vom Westen als politisches Instrument gegen andere Staaten eingesetzt werden kann. Und das wird auch aktiv getan, wofür ich nun Beispiele zeigen will.

Bekanntlich ist es eine der vielen Aufgaben der OSZE, Wahlen in ihren Mitgliedsländern zu beobachten. Dabei legt die OSZE allerdings verschiedene Standards an, wie ich am Beispiel von zwei Wahlen aufzeigen möchte.

Der Westen hat Weißrussland vorgeworfen, die Präsidentschaftswahlen 2020 gefälscht zu haben. Aufgrund der Medienkampagne des Westens kam es nach der Wahl im August 2020 zu Protesten in Weißrussland. Hierbei ist die Rolle der OSZE interessant. Um Missverständnisse zu vermeiden, sage ich deutlich: Es geht jetzt nicht um die Frage, ob die Wahlen in Weißrussland korrekt abgelaufen sind oder gefälscht wurden, es geht um die Rolle der OSZE dabei.

Am 15. Juli 2020 hat die OSZE in einer Pressemeldung[121] mitgeteilt, sie habe dem weißrussischen Außenminister mitgeteilt, sie könne die Wahl nicht beobachten, weil sie nicht rechtzeitig eingeladen worden sei. Das Problem dabei ist aber, dass es keinerlei Bestimmungen oder Regeln bei der OSZE gibt, wann eine Einladung erfolgen muss.

Dass sie selbst die Beobachtung der Wahl abgelehnt hat, hat die OSZE am 10. August 2020, einen Tag nach den Wahlen in Weißrussland, noch einmal bestätigt, als sie in einer weiteren Pressemeldung[122], in der sie ihre Besorgnis über die Vorgänge in Weißrussland zum Ausdruck gebracht hat, schrieb:

„*Das ODIHR bedauert, dass es nicht in der Lage war, die gestrigen Präsidentschaftswahlen zu beobachten, nachdem die weißrussische Regierung keine rechtzeitige Einladung an das ODIHR geschickt hat, um die kritischen Elemente des Wahlprozesses zu beobachten.*"

Da es bei der OSZE jedoch keinerlei Regeln gibt, wie viele Wahlbeobachter zu einer Wahl geschickt werden oder innerhalb welcher Fristen

121 https://www.osce.org/odihr/elections/457309
122 https://www.osce.org/odihr/belarus/459664

Einladungen zur Wahlbeobachtung ausgesprochen werden müssen, war das offensichtlich eine Ausrede. Das ODIHR führte an, dass zu dem Zeitpunkt (15. Juli) die Registrierung der Präsidentschaftskandidaten schon abgeschlossen war, weshalb eine Wahlbeobachtung unmöglich sei.

Das überzeugt jedoch keineswegs, denn die Wahl und vor allem die Auszählung der Stimmen hätten trotzdem beobachtet und überwacht werden können. Und die nach Ansicht des ODIHR zu spät erfolgte Einladung hätte sie in dem Beobachterbericht ausführlich thematisieren und kritisieren können. Aber: Das wäre gar nicht möglich gewesen, weil es ja keine Richtlinien gibt, bis wann eine solche Einladung ausgesprochen werden muss. Solche klaren Regelungen haben Russland und andere Nachfolgestaaten der Sowjetunion seit vielen Jahren gefordert, sie sind mit diesen Forderungen aber bei der Mehrheit der westlichen OSZE-Mitgliedstaaten abgeblitzt. Das Fehlen klarer Regeln ermöglicht es, die OSZE je nach politischem Ziel entsprechend zu instrumentalisieren.

Interessant ist, dass die OSZE – obwohl sie die Wahl in Weißrussland trotz Einladung gar nicht beobachtet hat – Ende Oktober 2020 einen Bericht über die Wahl[123] erstellt hat, den die Medien im November aufgegriffen haben. Ich will hier anhand der nur kurz darauf in den USA abgehaltenen Präsidentschaftswahlen aufzeigen, wie sehr die OSZE mit unterschiedlichen Maßstäben misst.

Die OSZE hat Weißrussland vorgeworfen, beim Prozess der vorzeitigen Stimmabgabe Beobachter nicht in ausreichendem Maße zugelassen zu haben. Nun war die OSZE selbst gar nicht dabei, sie hat es ja abgelehnt, die Wahlen zu beobachten. Also hat sich die OSZE in ihrem Bericht zu dem Punkt auf drei Quellen berufen, von denen zwei in Wahrheit die gleiche Quelle sind: Ein Bericht namens „Hu-

123 https://www.osce.org/files/f/documents/2/b/469539.pdf

man Rights Defenders Election Report", der von der oppositionellen NGO Golos erstellt wurde. Als zweite Quelle wurden nicht öffentlich gemachte Emails genannt.

Beschwerden einer vom Westen bezahlten und oppositionellen NGO und nicht öffentlich gemachte Emails waren für die OSZE ausreichend, um Vorwürfe der Wahlfälschung zu erheben. Als neutrale Organisation, die die OSZE angeblich ist, hätte sie entweder Wahlbeobachter schicken müssen, oder die Wahl – aus Mangel an eigenen Informationen – nicht kommentieren dürfen.

Interessant wird es beim Vergleich der Standards, die die OSZE an Wahlen in den USA anlegt. Dort gab es auch „vorzeitige Wahlen", nämlich die allgemeine Briefwahl, die allerdings gar nicht beobachtet werden konnte, weil die Briefwahlunterlagen einfach pauschal an alle in den Wählerlisten registrierten Wähler verschickt wurden, ohne dass man nachvollziehen konnten, ob diese Wähler überhaupt noch gelebt oder längst umgezogen sind und nicht mehr an den angegebenen Adressen gewohnt haben. Die ungenauen Wählerlisten der USA sind bei jeder Wahl ein Thema, aber die OSZE hatte daran nichts zu kritisieren.

Die OSZE stützte sich bei ihrer Kritik an Weißrussland auf einen Bericht der oppositionellen und vom Westen finanzierten NGO Golos[124]. Golos hat in dem Bericht den Vorwurf der Wahlfälschung erhoben, aber darin auch zugegeben, dass nach den Beobachtungen von Golos Präsident Lukaschenko die Wahl mit über 60 Prozent gewonnen hat. Die vom Westen zur Wahlsiegerin erklärte Svetlana Tichanowskaja hat nach Angaben von Golos nur 25 Prozent bekommen.

Die OSZE bemängelt, die Polizei habe Wahlbeobachter behindert, die die Auszählungen beobachten wollten. Hierbei beruft sich die

124 https://drive.google.com/file/d/1kSprtBUUtS1vb-W_jc4QJkPkoZPJBWxd/view

OSZE nur auf eine Quelle, nämlich auf Golos. Eigene Wahlbeobachter hatte die OSZE ja nicht geschickt.

Hierzu habe ich eine Frage: Wenn Russland in Deutschland eine NGO gründen würde, um Wahlen in Deutschland zu beobachten, dürften die selbsternannten Wahlbeobachter dieser NGO dann wohl ungehindert in deutschen Wahllokalen bei der Stimmenauszählung anwesend sein? Oder würde die Polizei einschreiten? Wahrscheinlich würde diesen selbsternannten und von Russland finanzierten „Wahlbeobachtern" sogar eine Anklage wegen Hausfriedensbruch drohen, wenn sie einfach in Wahllokale eindringen würden.

Aber warum soll Weißrussland etwas zulassen, was in keinem Land der Welt (auch nicht im Westen) möglich wäre? Was genau kritisiert die OSZE hier?

Und wie ist das in den USA mit der Auszählung der Stimmen? In den USA werden die Stimmen hinter verschlossenen Türen ausgezählt und als Trump-Anhänger sich 2020 vor Gericht das Recht erstritten hatten, die Auszählungen beobachten zu dürfen, wurden die Auszählungen gestoppt. Darüber hat sogar der Spiegel berichtet[125]. Es gab viele konkrete Beispiele dafür, dass Wahlbeobachter in den USA entweder gar nicht in die Wahllokale gelassen wurden oder aber die Auszählung nur aus mindestens zehn Metern Entfernung beobachten durften. Aber was kann man aus zehn Metern Entfernung noch auf einem Wahlzettel erkennen?

Amüsant fand ich, dass die OSZE in Weißrussland „überfüllte Wahllokale" als weiteren Beleg für Wahlfälschung angeführt hat, aber in den USA nichts zu kritisieren hatte, als dort Wähler stundenlang vor den Wahllokalen Schlange stehen mussten, weil auch dort die Wahllokale überfüllt waren.

---

125 https://www.spiegel.de/politik/donald-trumps-wahlkampfteam-kuendigt-rechtliche-schritte-in-nevada-und-pennsylvania-an-a-9cd3078d-5446-43c9-b21d-bf71de1763b2

Die Liste der Absurditäten in dem OSZE-Bericht ließe sich fortsetzen, der Bericht der OSZE umfasst 58 Seiten und es gibt darin noch viele andere Punkte, die die OSZE in Weißrussland kritisiert hat, in westlichen Ländern aber nicht kritisiert.

Dass die OSZE parteiisch und ein Instrument der Politik des Westens ist, wurde bei den Wahlen in Russland im September 2021 noch offensichtlicher. Und natürlich hat die westliche Presse darüber nicht berichtet. Das begann schon Wochen vor der Wahl.

Es gibt in Russland zwei Scherzkekse, die sich auf Telefonstreiche mit Politikern spezialisiert haben. Da viele Leser davon noch nie gehört haben dürften, muss ich darauf kurz eingehen. Deren Telefonstreiche sind keineswegs einfach nur lustige Unterhaltung, sie decken sehr oft auf, wie westliche Politiker und Medien arbeiten. Am deutlichsten wurde das sichtbar, als sie den Venezuela-Beauftragten der US-Regierung reingelegt haben. Der hat nach dem Telefonat dafür gesorgt, dass ein vom US-Außenministerium fabrizierter Artikel von Bloomberg als eigene „Recherche" veröffentlicht wurde[126]. So funktioniert die „freie und kritische Presse" im Westen: Sie veröffentlicht bei Bedarf genau das, was eine westliche Regierung gerade für ihre politische Propaganda benötigt.

Alleine 2021 sind den beiden noch zwei weitere aufschlussreiche Streiche gelungen. In einem haben sie als angeblicher Nawalny-Mitarbeiter Leonid Wolkow mit der Leitung von Amnesty-International gesprochen und dabei hat sich gezeigt, dass es Amnesty-International keineswegs um Menschenrechte geht, sondern dass Amnesty-International klar gegen Russland arbeitet. Noch interessanter war der Telefonstreich mit dem National Endowment for Democracy (NED), des-

126 https://www.anti-spiegel.ru/2019/russische-pranker-decken-auf-wie-anti-venezolanische-propaganda-in-westlichen-medien-platziert-wird/

sen Führung bei der Videokonferenz glaubte, mit der selbsternannten weißrussischen Wahlsiegerin Swetlana Tichanowskaja zu sprechen und mit ihr ganz offen über die westliche (nicht nur finanzielle) Unterstützung für Oppositionelle in Russland und Weißrussland geredet hat.

Da es in diesem Kapitel um die OSZE geht, ist ein Telefonstreich aus dem Jahr 2021 besonders interessant, denn auch die schwedische Außenministerin und zu dem Zeitpunkt OSZE-Vorsitzende Ann Linde ist auf die russischen Scherzkekse reingefallen. Sie glaubte, mit Nawalnys Frau und Nawalnys Mitarbeiter Wolkow zu telefonieren und hat in dem Telefonat offen gesagt, dass die OSZE gegen Russland arbeitet, dazu kommen wir gleich noch.

Diese Beispiele zeigen mehr als deutlich, dass der Westen das Völkerrecht bricht, indem er die Opposition in anderen Ländern unterstützt, denn solche Einmischungen in die inneren Angelegenheiten anderer Länder sind laut UN-Charta verboten. Daher berichten die westlichen Medien auch nicht über diese Enthüllungen, denn dann müssten sie ja zugeben, dass die angeblichen Volksaufstände (zum Beispiel der Maidan, der arabische Frühling und so weiter) nichts anderes waren, als vom Westen organisierte und bezahlte Putsche.

Dass der Westen weiß, dass solche Unterstützung für Oppositionelle aus dem Ausland nicht erlaubt ist, erleben wir inzwischen bei jeder Wahl in westlichen Ländern, wenn sich westliche Politiker und Medien darüber beschweren, dass Russland sich angeblich in Wahlen in westlichen Ländern einmischt. Was der Westen sich bei sich streng verbittet, tut er selbst ganz offen in anderen Ländern.

Die OSZE wird unparteiische und objektive Organisation dargestellt und als solche ist aus der KSZE hervorgegangen. Leider ist das nicht so, da die Staaten des Westens die OSZE mittlerweile dominieren. Das mag man gut oder schlecht finden, nur ist die OSZE damit zu einer Organisation des Westens geworden und ist eben keine neutrale

Organisation mehr, die bei Konflikten als Vermittler auftreten kann. In den meisten Konflikten hat der Westen seine eigenen Interessen und ein parteiischer Vermittler ist eben kein neutraler Vermittler.

Dass das so ist, zeigt sich an den Chefs der OSZE. Alle Generalsekretäre der OSZE kamen aus Staaten, die Mitglieder von Nato und EU waren, oder kurz darauf wurden. Den Vorsitz der OSZE hat jedes Jahr der Außenminister eines Mitgliedslandes inne, wobei die OSZE darüber abstimmt, wer den Vorsitz hat. Es gibt kein rotierendes Prinzip, bei dem sichergestellt wird, dass jedes Land mal den Vorsitz der OSZE übernimmt. 2021 war die schwedische Außenministerin Ann Linde Vorsitzende der OSZE.

Die russischen Witzbolde haben der schwedischen Außenministerin und OSZE-Vorsitzende Ann im Juli 2021 einen Telefonstreich gespielt[127]. Ann Linde glaubte, sie würde mit der Frau von Nawalny und mit seinem engen Mitarbeiter Leonid Wolkow sprechen, der engste Beziehungen zum britischen Geheimdienst hat. Sie dachte, man sei unter sich.

Eine der Aufgaben von Wolkow ist es im Team-Nawalny, im Westen Geld aufzutreiben. Dass Nawalny aus dem Westen finanziert wird, wird in der westlichen Presse gerne als russische Propaganda dargestellt, ist aber gut belegt. Daher überrascht es nicht, dass die russischen Behörden gegen Nawalnys Organisationen vorgegangen sind. Die Staaten des Westens würden auch gegen Organisationen vorgehen, die zum Sturz westlicher Regierungen aufrufen und dabei zum Beispiel von Russland oder China finanziert werden. Das Durchgreifen Russlands hat 2021 dafür gesorgt, dass es für Nawalnys Organisationen schwerer geworden ist, mit ausländischem Geld in Russland zu agieren. Auf die Frage des Pseudo-Wolkow nach Geld antwortete

127 https://turbo.ria.ru/20210729/prank-1743424810.html

Linde vorsichtig und sagte, dass Schweden Geld für die Unterstützung der russischen Opposition bereitgestellt habe. Wörtlich sagte sie:

> *„Wir haben in den nächsten fünf Jahren etwa 38 Millionen Euro zur Verfügung, um die Zivilgesellschaft und Menschenrechtsaktivisten zu unterstützen. Ich kenne die Einzelheiten nicht, aber ich denke, dass es möglich ist, wenn wir uns direkt oder über die Botschaft unterhalten, wenn das möglich ist, denn ich kenne die technischen Details nicht."*

Sie war am Telefon mit konkreten Zusagen vorsichtig und hat stattdessen vorgeschlagen, dass Nawalnys Team das lieber persönlich mit der schwedischen Botschaft besprechen solle. Sie hielt der russischen Opposition das Geld vor die Nase, versteckte es dann aber wieder in ihrer Tasche. Der Versuch der Russen, die Frage detaillierter zu besprechen, war erfolglos. Frau Linde versprach, dass die Opposition von ihren Mitarbeitern kontaktiert würde und bat darum, am Telefon vorsichtiger zu sein.

Offensichtlich hatte Frau Linde bereits aus veröffentlichten Telefonaten gelernt. Der falsche Leonid Wolkow gab aber nicht auf und fragte am Ende des Telefongesprächs, ob Schweden bereit sei, Nawalny bei den russischen Präsidentschaftswahlen 2024 zu unterstützen. Immerhin, so der Pseudo-Wolkow, sei es für den Westen doch einfacher, wenn er es in Zukunft mit einem Präsidenten Nawalny zu tun habe. Die falsche Julia Nawalnaja fügte hinzu, sie habe kein Problem damit, russische Präsidentin zu werden. Frau Linde lachte daraufhin und beendete das Gespräch mit der Begründung, in eine Sitzung zu müssen.

Aus dem Telefonstreich konnten wir auch schon erfahren, dass neue Sanktionen gegen Russland geplant waren. Linde hat das offen angekündigt und sich über die neue EU-Bestimmung nach dem Vorbild des US-amerikanischen Magnitsky-Acts gefreut. Nach diesem in Brüssel geschaffenen Mechanismus kann die EU seitdem recht unkompliziert jeden unter Sanktionen stellen, von dem man in Brüssel der Meinung ist, er sei an Verletzungen der Menschenrechte beteiligt. Der Willkür nach US-Vorbild ist damit Tür und Tor geöffnet, denn es braucht keine Beweise, bloße Behauptungen genügen.

Noch verräterischer waren die Aussagen von Ann Linde aber in Bezug auf die Rolle der OSZE, denn wie kann die Organisation neutral sein, wenn ihr Führungspersonal eindeutig anti-russisch ist und Sanktionen gegen das OSZE-Mitglied Russland befürwortet? Dabei geht es nicht nur um Ann Linde, auch Helga Schmid, die neue Generalsekretärin der OSZE, ist nicht neutral. Sie hat ihre Karriere im deutschen Außenministerium und in Brüssel gemacht und war eine treibende Kraft beim Maidan-Putsch in der Ukraine.

Kennern der Ereignisse des Maidan ist Helga Schmid bekannt, weil sie einer der Gründe für das berühmte „Fuck-the-EU-Telefonat" von Victoria Nuland war. In einem anderen, in deutschen Medien jedoch kaum erwähnten, abgehörten Telefonat sagte Helga Schmid sehr offen[128], dass sie den Putsch in der Ukraine unterstützt und daran mitgearbeitet hat.

Wie kann man die OSZE, deren Mitglied Russland ist, als überparteiliche Organisation bezeichnen, wenn sie offen gegen ihre eigenen Mitglieder vorgeht?

Es war daher wenig überraschend, dass die OSZE das „Weißrussland-Szenario" wiederholt hat. Die OSZE wurde von Russland am 28. Juli 2021 eingeladen[129], die russischen Wahlen im September zu beobachten. Mit ihrer Ablehnung war die OSZE schnell, denn sie hat ihre Ablehnung, die Wahl in Russland zu beobachten, schon eine Woche später verkündet. In der Pressemeldung der OSZE hieß es[130]:

---

128 https://www.youtube.com/watch?v=_wJerBoJQhc

129 https://www.vesti.ru/article/2593711

130 https://www.osce.org/odihr/elections/russia/494488

„Wir bedauern sehr, dass unsere Beobachtung der bevorstehenden Wahlen in Russland nicht möglich sein wird", sagte BDIMR-Direktor Matteo Mecacci. „Aber die Möglichkeit, unabhängig die Anzahl der Beobachter zu bestimmen, die wir für eine effektive und glaubwürdige Beobachtung benötigen, ist für jede internationale Beobachtung unerlässlich. Das Beharren der russischen Behörden auf einer Begrenzung der Zahl der Beobachter, die wir ohne eindeutige pandemiebedingte Einschränkungen entsenden könnten, hat den heutigen Schritt leider unausweichlich gemacht."

Die OSZE erklärte, Russland habe nur die Entsendung von insgesamt 60 Wahlbeobachtern erlaubt, was angeblich zu wenig war. Ende Juni 2021 hat die OSZE bekannt gegeben, sie wolle insgesamt 500 Wahlbeobachter nach Russland schicken[131]. Wenn man die Zahl im Kopf hat, scheinen die 60 von Russland zugelassenen Wahlbeobachter tatsächlich sehr wenig zu sein. Ob das so ist, zeigt wieder der Vergleich mit den US-Wahlen, die weniger als ein Jahr vorher stattgefunden haben.

Die USA haben mehr als zweieinhalb Mal so viele Einwohner wie Russland. Die OSZE wollte zu den US-Präsidentschaftswahlen im November 2020 ursprünglich auch 500 Wahlbeobachter schicken, hat dann aber gemeldet, wegen der von den USA verhängten Corona-bedingten Reisebeschränkungen nur 30 Beobachter in die USA zu schicken[132]. Im Klartext bedeutet das, dass die USA der OSZE unter dem Vorwand Corona die Zahl der Wahlbeobachter von 500 auf 30 zusammengestrichen haben, ohne eine Beobachtung der US-Wahl abzulehnen.

Die OSZE hat die US-Wahlen trotzdem beobachtet und ihnen ein gutes Zeugnis ausgestellt, obwohl in vielen US-Bundesstaaten aus-

131 https://www.interfax.ru/world/773988

132 https://www.zdf.de/nachrichten/politik/us-wahl-osze-wahlbeobachter-100.html

ländische Wahlbeobachter sogar gesetzlich verboten sind, die OSZE die Wahl in diesen Bundesstaaten der USA also gar nicht beobachten durfte. Dass das Wahlergebnis hinterher umstritten war, kommt noch hinzu. Dazu mag man stehen, wie man will, aber mit „umstrittenen" Wahlergebnissen geht die OSZE normalerweise anders um als in diesem Fall. An den USA und ihren Wahlen hatte die OSZE nichts zu kritisieren.

Aber bei den Wahlen in Russland kam es noch besser.

Der litauische EU-Abgeordnete Andrius Kubilius schrieb damals für das EU-Parlament die Berichte und Empfehlungen über den Umgang mit Russland. Da Kubilius ein ausgewiesener Vertreter einer anti-russischen Politik ist, haben sich seine Berichte und Vorschläge fast wie Kriegserklärungen an Russland gelesen. Bereits im Mai 2021 hat Kubilius in seinen Berichten unter anderem gefordert, die russischen Parlamentswahlen nicht anzuerkennen. Er schrieb wörtlich[133]:

> *„die EU muss bereit sein, das Parlament Russlands nicht anzuerkennen und den Ausschluss Russlands aus internationalen Organisationen mit parlamentarischen Versammlungen zu fordern, wenn die Parlamentswahlen 2021 in Russland als gefälscht anerkannt werden"*

Im Mai 2022 war sein Bericht noch ein Entwurf, der sechs Seiten umfasst hat. Danach war Kubilius sehr fleißig, sein Bericht umfasste am 28. Juli bereits 32 Seiten[134] mit anti-russischen Maßnahmen, die er als Politik gegenüber Russland vorgeschlagen hat. Der Passus zur Nichtanerkennung der Wahl ist darin unverändert geblieben.

Für die Beobachtung von Wahlen ist bekanntermaßen die OSZE zuständig, genauer gesagt, das erwähnte ODIHR. Und genauso wie

---

133 https://www.europarl.europa.eu/doceo/document/AFET-PR-692665_EN.pdf

134 https://www.europarl.europa.eu/doceo/document/A-9-2021-0259_EN.pdf

in Weißrussland hat das ODIHR auch bei der Wahl in Russland entschieden, keine Wahlbeobachter zu schicken.

Die westlichen Medien berufen sich bei Wahlen in Russland und Weißrussland gerne auf die NGO Golos, die regelmäßig Berichte über angebliche Wahlfälschungen bringt, die in der westlichen Presse als Tatsachen dargestellt werden. Golos ist jedoch eine vom Westen finanzierte NGO, die exakt die Ergebnisse meldet, die ihre Geldgeber hören wollen.

Golos wird, das bestreitet niemand, vom Westen finanziert. Die Liste der westlichen Sponsoren ist lang, das deutsche Wikipedia[135] beschränkt sich bei der Aufzählung dankenswerter Weise auf die auffälligsten, nämlich die amerikanischen Regimechange-Spezialisten vom National Endowment for Democracy (NED) und USAID, sowie auf die EU-Kommission.

Golos wird auch aus Deutschland unterstützt. Das ist bemerkenswert, weil Golos in Russland wegen der Finanzierung durch die Putsch-Experten aus den USA zunächst verboten worden ist und die Organisation in Russland danach bestenfalls halblegal tätig war. Dass es Finanzierung aus Deutschland gibt, ist keine russische Unterstellung, das sagen die Finanziers selbst. Wieder verdanken wir diese Information einem Telefonstreich der russischen Scherzkekse[136], bei dem Walter Kaufmann, der für Osteuropa zuständige Direktor der Heinrich Böll-Stiftung, aufs Korn genommen wurde. Und der hat – in dem Glauben, er spreche mit einem Mitarbeiter von Nawalny – ganz offen gesagt, dass seine Stiftung Golos finanziell unterstützt.

Und jetzt wird es richtig spannend, denn Golos und das ODIHR arbeiten offenbar eng zusammen. Im Internet ist im September 2021

---

135 https://de.wikipedia.org/wiki/Golos#Finanzierung

136 https://m.politnavigator.net/prankery-pod-vidom-zama-navalnogo-grubo-razygrali-nemeckuyu-kontoru-po-razdache-grantov.html/amp?imnu=8b542cea1c58b87df492b8345982c36a

ein Video aufgetaucht[137], dessen Echtheit nicht bestritten wird. Das Video hat jemand in einem Seminar, das Golos für seine „Wahlbeobachter“ veranstaltet hat, heimlich gefilmt.

Die Vortragende (sogar ihr Name ist bekannt, sie ist eine Golos-Aktivistin) steht dabei vor einer Präsentation, die das Logo des ODIHR trug. Sie sagte wörtlich:

„Ich will Sie daran erinnern, dass es unsere Aufgabe ist aufzuzeigen, dass diese Wahl illegitim ist.“

Das war bemerkenswert offen und ehrlich. Es geht bei Golos nicht um Wahlbeobachtung, sondern den „Wahlbeobachtern“ wird die Aufgabe gegeben und sie werden dafür ausgebildet, Wahlen zu diskreditieren. Weiter sagte sie:

„Wie machen wir das? Unsere Analysten sagen, dass wir nicht in der Lage sein werden, so viele Verstöße zu registrieren, wie bei früheren Wahlen. Dafür gibt es verschiedene Gründe. Weniger Beobachter, weniger Verstöße, das politische Feld wurde gesäubert.“

Entscheidend ist die Tatsache, dass man sogar bei denen, die Russland Wahlfälschung vorwerfen wollen, weiß, dass es kaum Verstöße gibt. Mit anderen Worten: Man weiß sehr genau, dass die russischen Wahlen nicht gefälscht werden.

Verstöße gibt es bei jeder Wahl in jedem Land, das kann man in jedem Wahlbericht nachlesen. Die entscheidende Frage ist, ob diese Verstöße von der Regierung organisiert werden und das Wahlergebnis beeinflussen, oder ob es Fehler sind, die nun mal vorkommen, wenn Millionen Menschen an etwas beteiligt sind.

Im Falle von Russland weiß man bei den Gegnern der russischen Regierung, dass die russischen Wahlen in dieser Hinsicht sauber sind, da-

137 https://twitter.com/MuradGazdiev/status/1437773616154820613

her wird nicht das Ziel ausgegeben, die Wahl zu beobachten und echte Verstöße zu melden, sondern es wird das Ziel ausgegeben, die Wahl als illegitim darzustellen und den „Wahlbeobachtern" wird auch erklärt, wie sie das machen sollen.

Weiter sagte die Dame:

„Aber wir haben einen Plan. Am Ende dieser Lektion bekommt jeder von Ihnen ein Merkblatt mit Anweisungen. Wir werden die Bedingungen dafür schaffen, dass jeder von Ihnen aus dem Wahllokal geworfen wird. Damit können wir Verstöße registrieren und demonstrieren, dass es bei der Wahl Verstöße gegeben hat."

Ich hätte gerne noch mehr gehört, aber an der Stelle bemerkte die Frau, dass sie gefilmt wurde und hat den filmenden Mann aufgefordert, das Filmen einzustellen.

Das Video machte in Russland damals Furore und so fühlte sich das ODIHR sogar genötigt, auf den Tweet mit dem Video zu antworten. Das ODIHR schrieb[138]:

„Diese Veranstaltung steht in keinem Zusammenhang mit dem ODIHR oder unserer Arbeit an den Wahlen. Wir werden die Wahlen in dieser Woche in Russland nicht beobachten und haben keine Schulungen für Bürgerbeobachter in Russland durchgeführt."

Das ODIHR behauptete de facto, dass Golos ohne das Wissen des ODIHR deren Logo benutzt hat, weil das ODIHR nach eigenen Angaben ja nichts mit der Sache zu tun hat. Aber Vorwürfe gegen Golos hat das ODIHR nicht erhoben, es hat nur bestritten, etwas damit zu tun zu haben. Normalerweise protestiert eine Organisation, wenn jemand ohne Erlaubnis ihr Logo verwendet, noch dazu, wenn es in einem solchen Zusammenhang passiert, der die Reputation der Organisation beschädigt.

---

138 https://twitter.com/osce_odihr/status/1437838194486218756

Dass das ODIHR nicht protestiert, sondern nur seine Beteiligung bestritten hat, war daher auch eine Aussage.

In Russland beobachtet man all das natürlich ganz genau und inzwischen hat man in Russland mehr als nur Misstrauen für vorgeblich neutrale internationale Organisationen übrig, die in Wahrheit vom Westen dominiert und so offen als Instrumente der westlichen Politik missbraucht werden.

Internationale Abkommen

Leider sind auch internationale Abkommen vom Westen „gekapert" worden, was ich am Beispiel der Organisation für das Verbot chemischer Waffen (engl. OPCW) aufzeigen will, die für die Umsetzung der Chemiewaffenkonvention zuständig ist. Auch in dieser Organisation hat der Westen mit Hilfe von Verfahrenstricks die Macht übernommen und instrumentalisiert diese internationale Organisation für seine politischen Ziele. Ich will hier nicht auf das „Wie" eingehen, sondern stattdessen die praktischen Ergebnisse zeigen.

Jeder kennt die Vorwürfe des Westens, die syrische Regierung (und später auch die russische Armee) hätten in Syrien Giftgas eingesetzt. Ich will hier keine Wahrheitsfindung zu den Vorfällen betreiben, sondern nur aufzeigen, warum die Untersuchungen der OPCW mehr als problematisch sind.

Im August 2015 hat der UNO-Sicherheitsrat ein gemeinsames Ermittlungsteam aus UNO und OPCW beschlossen, es wurde Joint Investigative Mechanism (JIM)[139] genannt. Es sollte Vorfälle mit chemischen Kampfstoffen in Syrien untersuchen. Das JIM kam je-

139 https://www.opcw.org/iit

doch nicht zu den vom Westen gewünschten Ergebnissen. Und so lief sein Mandat im November 2017 aus.

Daraufhin wurde im Juni 2018 mit der Stimmenmehrheit der westlichen Staaten bei der OPCW das Investigation and Identification Team (IIT)[140] gegründet. Das geschah gegen den ausdrücklichen Protest nicht-westlicher Staaten, wie zum Beispiel Russland. Das IIT sollte ebenfalls Giftgasvorfälle in Syrien untersuchen und Schuldige benennen. Hierbei ist es wichtig festzuhalten, dass es gar nicht in der Kompetenz der OPCW liegt, in solchen Fällen Schuldige zu benennen, das haben die westlichen Staaten an allen Regeln vorher entschieden.

Das IIT brachte dann auch die vom Westen gewünschten Ergebnisse und machte die syrische Regierung zum Beispiel für den Vorfall in der syrischen Stadt Duma im April 2018 verantwortlich. Allerdings gab es sehr früh Zweifel an den Ergebnissen des IIT, denn vier Whistleblower bei der OPCW haben der OPCW unabhängig voneinander vorgeworfen, in dem Bericht die Unwahrheit zu schreiben[141]. Kritiker der Manipulationen sollten innerhalb der OPCW ruhiggestellt und von den Ermittlungen ausgeschlossen werden, weshalb die Whistleblower sich einer nach dem anderen an die Öffentlichkeit gewandt haben.

In deutschen Medien habe ich keine Berichte über diese Whistleblower gefunden, die Meldungen wurden der deutschen Öffentlichkeit verschwiegen, weil sie das gewollte Bild des Einsatzes von Chemiewaffen durch Syrien und Russland gestört hätten.

Der Westen musste in dem Bericht eine syrische Schuld feststellen lassen, denn die USA hatten den Vorfall in Duma zum Anlass genommen, Syrien im April 2018 massiv mit Marschflugkörpern zu bombar-

---

140 https://www.opcw.org/media-centre/featured-topics/decision-addressing-threat-chemical-weapons-use

141 https://de.rt.com/international/99216-opcw-skandal-vierter-whistleblower-spricht/

dieren. Wenn sich nun herausgestellt hätte, dass es keinen syrischen Giftgasangriff gegeben hätte, wäre der US-Angriff illegal gewesen. Nicht, dass das die USA oder den Westen stören würde, aber es war natürlich gewünscht, Syrien zu beschuldigen und den völkerrechtswidrigen Angriff der USA zumindest moralisch zu legitimieren.

Der angebliche Giftgasangriff in Duma ereignete sich am 7. April 2018 und nur Tage später haben die USA Syrien bombardiert.

Schon Ende April 2018 fand in Den Haag eine Anhörung statt, bei der Zeugen des Vorfalls berichteten, es habe gar keinen Angriff gegeben[142]. Der einzige „Beweis" für den Angriff war ein Video der Weißhelme, und die Zeugen in Den Haag sagten aus, wie das Video zu Stande gekommen sei: Die Weißhelme sind einfach in ein Wartezimmer in einem Krankenhaus gestürmt und haben die dort ahnungslos sitzenden Menschen mit Wasser abgespritzt. Das Video ging dann als Beweis für den Giftgasangriff und die „Rettungsaktion" der Weißhelme für die Opfer um die Welt.

Die westlichen Medien haben über die Anhörung in Den Haag zwar nicht berichtet, aber peinlich war sie trotzdem. Und aus diesem Grund hat die Mehrheit der westlichen Staaten in der OPCW im Juni 2018 die Gründung des IIT initiiert, um den Vorfall in Duma „aufzuklären".

Das IIT brachte die gewünschten Ergebnisse und die westlichen Medien haben danach unter Berufung auf Zwischenergebnisse der IIT-Untersuchung immer wieder berichtet, Assad habe Giftgas eingesetzt.

Dabei gab es von Anfang an noch weitere Zweifel an dem Vorfall. Das einzige „Beweisstück", das Video der Weißhelme, habe ich schon erwähnt. In dem Video war zu sehen, wie Mitglieder der Weißhelme Menschen mit Wasser abspritzen und ihnen Haare und Gesicht abwaschen.

142 https://de.rt.com/kurzclips/video/69076-luege-giftgasangriff-duma-entlarvt/

Dass ein wenig Wasser gegen eine Gasvergiftung hilft, ist Unsinn, weshalb die westlichen Medien das Video immer nur erwähnt, aber kaum gezeigt haben. Die Medienkonsumenten hätten ja misstrauisch werden können, wenn sie die plumpe Inszenierung gesehen hätten.

Aber es gab noch mehr Hinweise, die die westlichen Medien bis heute verschweigen. Im Februar 2019 hat der zuständige Produzent der BBC auf Twitter offen zugegeben, dass der Vorfall von Duma ein Fake gewesen ist[143]. Er behauptet zwar immer noch, dass es tatsächlich einen Angriff gegeben hätte, gab aber zu, dass die BBC-Berichte Fakes waren:

„Die Wahrheit ist, dass @James_Harkin grundsätzlich Recht hat, was die #Duma „Propaganda" angeht. Den ANGRIFF GAB ES, Sarin wurde nicht eingesetzt, aber wir müssen auf den @OPWC Bericht warten, um zu beweisen, ob es Chlor oder etwas anderes war. Wie auch immer, alles andere rund um den Angriff war inszeniert, um einen maximalen Effekt zu erreichen."

Im November und Dezember 2019 haben die Whistleblower auf immer neue Fälschungen in dem OPCW-Bericht hingewiesen, aber die westlichen Medien haben das Thema komplett verschwiegen.

Russland wollte aufgrund all der Vorwürfe eine Anhörung im UNO-Sicherheitsrat erreichen, die der Westen im Oktober 2020 aber verhindert hat[144]. Auch darüber wurde im Westen nicht berichtet. Der durchschnittliche Medienkonsument im Westen hat von den Whistleblowern bei der OPCW noch nie etwas gehört.

Noch etwas kommt hinzu: Es ist banal, aber die Berichte des IIT sind gekauft. Das IIT wurde gegen den Willen vieler OPCW-Mitglieder eingerichtet und die Berichte werden nicht etwa vom OPCW

143 https://twitter.com/Dalatrm/status/1095677403198906369
144 https://www.vesti.ru/article/2468034

finanziert, sondern direkt von den Staaten des Westens, die das IIT gegründet haben. Dafür wird der Trust Fund for Syria Missions verwendet, der unter anderem die Arbeit des IIT finanziert. Und die Finanziers des Trusts sind westliche Staaten.

Die Niederlande haben dem Trust 2019 3,3 Millionen Euro bezahlt[145]. Norwegen hat ihm 2019 immerhin 100.000 Dollar überwiesen[146]. Und auch Deutschland war dabei und hat 2019 eine Million Euro beigesteuert[147]. Insgesamt hat Deutschland die Aktivitäten der OPCW in Syrien seit 2013 neben seinen regulären Mitgliedsbeiträgen mit fast fünf Millionen Euro finanziert, die man auf Seite 7 der Antwort der Bundesregierung auf eine kleine Anfrage im Bundestag erfahren kann[148]. Auch Frankreich hat eine Million Euro für den Trust Fund bereitgestellt[149], die Auflistung dieser Zahlungen erhebt keinen Anspruch auf Vollständigkeit.

Damit hat ein vom Westen gegründetes und finanziertes Untersuchungsteam genau die Ergebnisse geliefert, die der Westen haben wollte. Und wenn Whistleblower darauf hinweisen, dass die Untersuchungsberichte manipuliert wurden, verschweigen die westlichen Medien das kurzerhand.

Ich will noch ein zweites Beispiel zeigen, das die Arbeitsweise der OPCW zeigt, denn auch die von deutschen Medien und Politikern Russland angelastete angebliche Vergiftung von Alexej Nawalny wirft

145 https://www.opcw.org/media-centre/news/2019/11/netherlands-contributes-eu33-million-support-opcw-activities-and-centre

146 https://www.opcw.org/media-centre/news/2019/08/norway-contributes-eu100000-opcws-trust-fund-syria-missions

147 https://www.opcw.org/media-centre/news/2019/07/germany-contributes-eu1 m-opcws-trust-fund-syria-missions

148 https://dserver.bundestag.de/btd/19/220/1922008.pdf

149 https://www.opcw.org/media-centre/news/2021/05/france-contributes-eu1 m-opcws-trust-fund-syria-missions

viele Fragen auf. Auch in dem Fall hat das OPCW geliefert, was der Westen hören wollte, nämlich die angebliche Vergiftung von Nawalny mit Nowitschok. Auch hier geht es mir nicht darum, mich an der Wahrheitssuche zu beteiligen, ich will nur aufzeigen, wie das OPCW gearbeitet hat.

Vom 6. bis zum 9. Juli 2021 hat die OPCW den Mitgliedsländern ihren Jahresbericht für 2020[150], das Jahr der angeblichen Vergiftung von Nawalny, vorgelegt. Dieser Bericht enthält nicht nur einen Hinweis dafür, dass die deutsche Regierung in Sachen „Nawalny-Vergiftung" gelogen hat, sondern er zeigt auch, dass die Bundesregierung von Nawalnys angeblicher Vergiftung mit einem chemischen Kampfstoff wusste, bevor Nawalny vergiftet wurde.

In dem ersten Kapitel des Berichts (Überprüfungen) kann man unter Punkt 1.41 (Technische Unterstützung für ein Mitgliedsland) lesen:

> *„Auf Ersuchen Deutschlands entsandte das Sekretariat am 20. August 2020 ein Team zur Durchführung eines technischen Unterstützungsbesuchs (TAV) im Zusammenhang mit der vermuteten Vergiftung eines russischen Staatsbürgers. Der TAV beschränkte sich auf die Entnahme von biomedizinischen Proben. Die Proben wurden an zwei von der OPCW benannte Labore geschickt. Die in den Blut- und Urinproben gefundenen Biomarker des Cholinesterase-Inhibitors wiesen ähnliche strukturelle Merkmale auf wie die toxischen Chemikalien der Listen 1.A.14 und 1.A.15, die auf der vierundzwanzigsten Tagung der Konferenz im November 2019 in den Anhang über Chemikalien aufgenommen wurden."*

Um zu verstehen, was das bedeutet, müssen wir uns die Chronologie der Ereignisse anschauen. Es wird gesagt, dass das OPCW schon am

---

150 https://www.opcw.org/sites/default/files/documents/2021/06/ec97crp01 %28e %29.pdf

20. August 2020 auf Ersuchen Deutschlands ein Untersuchungsteam entsandt habe. Das jedoch war nur möglich, wenn man in Deutschland (oder bei der OPCW) schon im Vorwege gewusst hat, dass Nawalny vergiftet wird.

Nawalny ist am 20. August 2020 in einem russischen Flugzeug zusammengebrochen und nach einer Notlandung in ein russisches Krankenhaus in Sibirien gebracht worden. Das Team von Nawalny hat in sozialen Medien sofort von einer angeblichen Vergiftung berichtet, obwohl zu dem Zeitpunkt noch gar nichts bekannt war. Selbst wenn aber an dem Tag bereits eine Vergiftung mit einem chemischen Kampfstoff bekannt gewesen wäre, hätte Deutschland erst nach der Einlieferung Nawalnys in das russische Krankenhaus eine Bitte um Unterstützung an die OPCW schicken können. Das bedeutet, das wäre gegen Mittag des 20. August gewesen.

Das ist in der Realität kaum möglich, denn solche Anfragen müssen von Fachleuten geschrieben werden, das geht nicht in fünf Minuten. Aber selbst wenn – nehmen wir an, Deutschland hätte seine Anfrage schon gegen Mittag fertig gehabt und abgeschickt. Die OPCW hätte sie bearbeiten müssen, so etwas dauert Tage. Aber selbst wenn – nehmen wir an, die OPCW hätte das in einer Stunde erledigt. Dann muss aber immer noch ein Team von Spezialisten zusammengestellt und auf die Reise geschickt werden, die sitzen ja nicht auf Abruf in der Kantine der OPCW bereit.

Trotzdem berichtet die OPCW, sie habe das Team bereits am 20. August 2020 nach Berlin geschickt.

Auf Nachfrage hat die Bundesregierung dann von einem „Datumsfehler" in dem Bericht gesprochen. In Ermangelung deutscher Berichterstattung darüber, übersetze ich hier, wie die russische Nachrichtenagentur TASS den Regierungssprecher zitiert hat[151]:

---

151 https://tass.ru/mezhdunarodnaya-panorama/11901297

„Im ersten Entwurf gab es in der Tat einen Fehler beim Datum – er bezog sich auf den 20. August als Datum der Anfrage durch Deutschland statt auf den korrekten 4. September. Das Sekretariat hat diesen Fehler gesehen und ihn im zweiten Entwurf korrigiert, damit es keine Missverständnisse gibt", behauptete er. Laut Breul handelte es sich bei dem ersten Bericht um einen Entwurf.
„Ich kann schon jetzt widerlegen, dass die OPCW eine Mission angeblich auf Wunsch eines einzelnen Mitgliedsstaates entsenden kann. Das entspricht nicht den Tatsachen", sagte Breul."

Die Aussage von Breul kann man durchaus anzweifeln, denn selbstverständlich kann jeder einzelne Mitgliedsstaat der OPCW um die Entsendung einer OPCW-Mission bitten, schließlich hat Deutschland nach der offiziellen deutschen Version über die angebliche Vergiftung von Nawalny ja genau das getan. Die Streitfrage ist das Datum, denn offiziell hat Deutschland am 4. September um die Entsendung der Mission gebeten, aber nach dem präsentierten Jahresbericht der OPCW muss das früher geschehen sein, wenn die Mission schon am 20. August nach Berlin geschickt wurde.

Das waren nur zwei Beispiele dafür, wie die OPCW arbeitet. Die Liste ließe sich fortsetzen und könnte mit allen Details ein eigenes Buch füllen.

Ich habe die OPCW hier stellvertretend für viele internationale Organisationen genommen, denn auch die Biowaffenkonvention oder der Atomwaffensperrvertrag zeigen in ihrer praktischen Arbeit die gleichen Tendenzen, wie die OPCW.

Die „regelbasierte Weltordnung"

Im Westen ist seit einigen Jahren immer öfter die Rede davon, dass der Westen für eine „regelbasierte Weltordnung" eintritt und dass die „bösen" Staaten, wie zum Beispiel Russland und China, sich gegen diese „regelbasierte Weltordnung" stellen. Oft ist dabei die Rede davon, dass diese Staaten „systemische Konkurrenten" sind. Es ist also ein Kampf der Systeme, in dem wir uns befinden und der Westen findet es wichtig, dass alle Länder der Welt sich seinem System, der „regelbasierten Weltordnung" anschließen und unterordnen.

Da stellt sich die Frage, was die „regelbasierte Weltordnung" eigentlich ist. Was sind ihre Regeln? Diese Regeln müssen ja irgendwo festgelegt sein, man müsste sie irgendwo nachlesen können. Sie müssten, wenn sie international gültig sein sollen und sich die Staaten der Welt dieser Weltordnung anschließen sollen, von diesen Staaten definiert, diskutiert und angenommen worden sein.

Suchen Sie mal im Netz danach und Sie werden feststellen, dass Sie diese Regeln der Weltordnung, die der Westen propagiert, nirgendwo finden werden. Es gibt sie schlicht nicht.

Da das natürlich unglaublich klingt, müssen wir uns das genauer anschauen.

Eigentlich ist die Sache ziemlich klar: Nach dem Zweiten Weltkrieg wurde die UNO gegründet und ihre Charta wurde zur Grundlage des modernen Völkerrechts. Es gibt also schon eine „regelbasierte Weltordnung" – warum fordert der Westen dann aber explizit etwas Neues und hat dafür die Formulierung „regelbasierte Weltordnung" erschaffen? Um das zu verstehen, müssen wir etwas tiefer in das Thema und in die jüngere Geschichte einsteigen.

Nach dem Zweiten Weltkrieg wurde unter der Führung der Siegermächte die UNO gegründet und die Siegermächte USA, Sowjetunion, China, Großbritannien und Frankreich haben dabei den UNO-Sicherheitsrat geschaffen. Man muss verstehen, dass die UNO erschaffen wurde, als die Welt noch unter dem Schock der Schrecken des Zweiten Weltkrieges stand und die Menschen daher die Forderung „Nie wieder Krieg!" noch ernst genommen haben, weil sie aus eigener Erfahrung wussten, was Krieg bedeutet.

Daher war ein ganz zentraler Punkt dieses neu geschaffenen Völkerrechts das Gewaltverbot. In der UN-Charta ist ein Gewaltverbot festgeschrieben, was bedeutet, dass Staaten andere Staaten nicht angreifen dürfen. Die Ausnahmen sind in Kapitel VII der UN-Charta[152] geregelt.

Das Kapitel VII trägt den Titel „Maßnahmen bei Bedrohung oder Bruch des Friedens und bei Angriffshandlungen" und damit ist eigentlich schon alles gesagt. Ausnahmen vom Gewaltverbot sind nur vorgesehen, wenn ein Staat militärisch angegriffen wird und sich dagegen verteidigt, oder wenn man einem militärisch angegriffenen Bündnispartner zur Hilfe kommt, oder wenn der UNO-Sicherheitsrat einen Krieg gegen einen Staat ausdrücklich per Resolution gestattet. Dazu muss der UNO-Sicherheitsrat zunächst feststellen, „ob eine Bedrohung oder ein Bruch des Friedens oder eine Angriffshandlung vorliegt" (Artikel 39 der UN-Charta) und kann dann Maßnahmen beschließen.

Zu den Maßnahmen, die nach einer solchen Feststellung des UNO-Sicherheitsrates beschlossen werden können, gehören auch Wirtschaftssanktionen gegen einen Staat. Das ist ein wichtiges Detail, denn er bedeutet, dass alle Wirtschaftssanktionen, die ohne UNO-Mandat beschlossen werden, völkerrechtswidrig sind. Dazu werden wir hier später noch kommen.

---

152 https://unric.org/de/charta/

Von Beginn der Existenz der UNO an saßen sich im Sicherheitsrat Staaten gegenüber, die unterschiedliche Interessen hatten. Zuerst war es der Kalte Krieg zwischen dem Westen, bestehend aus den USA und ihren Satellitenstaaten, einerseits und dem Osten, bestehend aus der Sowjetunion und ihren Satellitenstaaten, andererseits. Heute stehen sich im UNO-Sicherheitsrat der Westen einerseits und Russland und China andererseits gegenüber.

Die fünf Siegermächte des Zweiten Weltkrieges haben sich als ständige Mitglieder des UNO-Sicherheitsrates ein Vetorecht eingeräumt, was dazu führt, dass der UNO-Sicherheitsrat seine Entscheidungen de facto einstimmig treffen muss. Und das ist natürlich schwierig, wenn dort Uneinigkeit herrscht.

Dass die UNO sich überlebt hat, wird vor allem von den Staaten des Westens seit Jahren suggeriert. Sie argumentieren, der UNO-Sicherheitsrat könne blockiert werden. Das klingt griffig und viele Menschen sind nach Jahren der ständigen Wiederholung dieser Aussage inzwischen der Meinung, die UNO habe sich überlebt und sei eigentlich überflüssig.

Das Gegenteil ist der Fall, denn das Vetorecht hat einen Sinn. Der Sinn des Vetorechtes ist es, zu verhindern, dass eine Gruppe von Staaten sich einfach per Mehrheitsbeschluss im Sicherheitsrat einen Persilschein geben kann, jedes Land ihrer Wahl anzugreifen. Gerade die Tatsache, dass im UNO-Sicherheitsrat Staaten mit unterschiedlichen Interessen gemeinsam zu einer Entscheidung kommen müssen, würde Kriege komplett verhindern, wenn man sich an das Völkerrecht halten würde.

Mit anderen Worten: Wenn sich alle an das Völkerrecht halten würden und auch die UNO ernst nehmen würden, könnte es keine Kriege geben. Oder besser gesagt, es könnte sie nur dann geben, wenn ein Staat tatsächlich so eine große Gefahr für den Weltfrieden darstellt, dass sich alle Mitglieder der UNO-Sicherheitsrates trotz ihrer unterschiedlichen Interessen darüber einig sind, dass die Weltgemeinschaft militärisch (oder mit Wirtschaftssanktionen) einschreiten muss.

Nun wissen wir aber alle, dass es in den letzten 20 Jahren viele Kriege gegeben hat, was zwangsläufig bedeutet, dass es Staaten gibt, die das Völkerrecht brechen. Wikipedia listet 15 Kriege und Bürgerkriege auf[153], die es bisher im 21. Jahrhundert gegeben hat, wobei der Libyenkrieg und der Jemenkrieg zweimal genannt werden, sie werden in jeweils zwei Kriege unterteilt.

Von den damit de facto 13 Kriegen des 21. Jahrhunderts hat der Westen nachweislich mindestens vier selbst angefangen, nämlich die Kriege in Afghanistan, dem Irak, Syrien und Libyen. Im Falle Syrien ist das nur wenigen bekannt, weil die westlichen Medien gerne verschweigen, dass die USA den Krieg mit der CIA-Operation „Timber Sycamore" begonnen haben. Darüber ist in Deutschland nur wenig bekannt, auf Wikipedia finden sich dazu fast nichts und die deutschen Medien haben darüber fast alle nie berichtet.

Trotzdem ist die Geschichte wahr und in den USA sind die Dokumente dazu längst öffentlich. Nur in Deutschland soll davon niemand erfahren, wie jeder leicht überprüfen kann, indem er bei den Medienportalen seines Vertrauens nach dem Begriff „Timber Sycamore" sucht. Beim Spiegel findet sich dazu kein einziger Treffer, der Spiegel verschweigt seinen Lesern das komplett. Auch auf Wikipedia ist es das gleiche Spiel, den auf Englisch findet man dort einen langen Artikel mit derzeit 39 Quellenangaben[154], auf Deutsch hingegen findet sich dort nur ein sehr kurzer Artikel dazu, der nur 5 Quellenangaben hat[155].

---

153 https://de.wikipedia.org/wiki/Liste_von_Kriegen_und_Schlachten_im_21._Jahrhundert
154 https://en.wikipedia.org/wiki/Timber_Sycamore
155 https://de.wikipedia.org/wiki/Timber_Sycamore

Und in Libyen wäre der (ebenfalls im Rahmen des sogenannten arabischen Frühlings vom Westen befeuerte) Aufstand gegen Gaddafi kaum zu einem großen Krieg geworden, wenn die westlichen Staaten nicht unter Verstoß gegen eine Resolution des UNO-Sicherheitsrates militärisch eingegriffen hätten. Der UNO-Sicherheitsrat hat dem Westen in Libyen nur die Einrichtung einer Flugverbotszone gestattet, aber westliche Armeen haben sich darüber hinweggesetzt und das Land bombardiert und sogar Spezialkräfte am Boden eingesetzt, was dazu geführt hat, dass der Krieg außer Kontrolle geraten ist. Das Ergebnis ist bekannt.

Den Krieg in Mali, in den der Westen ebenfalls verwickelt ist, hätte es ohne den Libyenkrieg nicht gegeben, denn erst die in Libyen nach Beginn des dortigen Krieges massenhaft vorhandenen Waffen und die dort stark gewordenen Islamisten haben den Krieg nach Mali getragen.

Hinzu kommen noch zwei Kriege, die enge Verbündete des Westens (auch ohne Erlaubnis des UNO-Sicherheitsrates) führen oder geführt haben, nämlich der Jemenkrieg, in dem spätestens seit 2010 Saudi-Arabien kämpft, und der Libanonkrieg 2006, in dem Israel den Libanon völkerrechtswidrig angegriffen hat, um die Hisbollah zu bekämpfen.

Außerdem hat der damalige georgische Präsident Saakaschwili in dem Glauben, die USA würden ihn unterstützen, 2008 die umstrittenen Gebiete Ossetien und Abchasien angegriffen, wo russische Friedenstruppen seit Anfang der 1990er Jahre nach Bürgerkriegen die Kontaktlinie gesichert haben. Die russischen Truppen haben erst nach 24 Stunden eingegriffen und den georgischen Angriff zurückgeschlagen. Die EU kam 2009 in ihrem Untersuchungsbericht[156] zu dem Ergebnis, dass Georgien die Gebiete völkerrechtswidrig ange-

156 https://www.echr.coe.int/Documents/HUDOC_38263_08_Annexes_ENG.pdf

griffen hat und dass Russlands Reaktion vom Völkerrecht gedeckt war.

Trotzdem verbreiten die westlichen Medien bis heute, dass es sich dabei um eine russische Aggression und einen russischen Angriffskrieg gegen Georgien gehandelt habe. Die Medien lügen also ganz offensichtlich, denn natürlich ist ihnen der Inhalt der EU-Untersuchung bekannt.

Wikipedia listet auch noch den Krieg in der Ukraine auf, der ebenfalls auf Initiative der USA begonnen hat, denn nach dem Maidan-Putsch hat die Putschistenregierung den Befehl zum Angriff auf die sich dem Putsch widersetzenden Gebiete im Osten des Landes just an dem Tag angeordnet, als der damalige CIA-Chef in Kiew war. Er hat sogar an der entscheidenden Sitzung des ukrainischen Sicherheitsrates teilgenommen, bei der der Beschluss gefasst wurde. Darauf bin ich in meinem Buch über die Ukraine-Krise von 2014 im Detail eingegangen.

Wir können also festhalten, dass die Staaten des Westens und ihre Verbündeten von den 13 Krieges des 21. Jahrhunderts neun Kriege entweder selbst angefangen haben, oder aber zumindest nicht unbeteiligt an deren Ausbrüchen waren.

Bei den übrigen vier Kriegen des 21. Jahrhunderts, die Wikipedia auflistet, handelt es sich um den Bürgerkrieg in der Elfenbeinküste, den Bürgerkrieg im Tschad, den Drogenkrieg in Mexiko und den Bürgerkrieg in Sri Lanka.

Man kann daher ganz objektiv festhalten, dass der Westen und seine Verbündeten an 2/3 der Kriege des 21. Jahrhunderts nicht nur beteiligt waren, sondern sie (teilweise) sogar begonnen haben.

Wie passt das zu der vom Westen verbreiteten Legende, er stehe für den Frieden?

Keiner der Kriege des 21. Jahrhunderts wurde durch ein Mandat des UNO-Sicherheitsrates genehmigt, was bedeutet, dass sie alle völkerrechtswidrig waren.

Die einzige umstrittene Ausnahme ist der Afghanistankrieg, bei dem es eine Resolution des UNO-Sicherheitsrates gab, aus der der Westen das Selbstverteidigungsrecht der USA interpretiert, was den Afghanistankrieg zu einem legalen Krieg machen würde. Diese Interpretation ist jedoch mehr als nur umstritten, denn die Resolution 1368[157] hat zwar eine Bedrohung des Weltfriedens festgestellt und die Anschläge von 9/11 verurteilt, jedoch nicht – wie in der UN-Charta vorgeschrieben – auch militärische Gegenmaßnahmen gestattet.

Die USA haben sich daher auf ihr Recht auf Selbstverteidigung nach einem Angriff berufen, aber erstens sind die USA nicht militärisch angegriffen worden und zweitens war der Angreifer nach der offiziellen US-Version nicht Afghanistan, sondern die Al-Kaida. Daher war der Afghanistankrieg, wenn man das Völkerrecht genau nimmt (und das sollte man doch wohl tun), ebenfalls ein völkerrechtswidriger und damit illegaler Krieg.

Der Vollständigkeit halber sei hinzugefügt, dass der Westen (Deutschland und Frankreich) legal in Mali gekämpft haben, weil sie von der dortigen Regierung eingeladen wurden und die Erlaubnis dazu haben. Inzwischen hat die dortige Regierung die französischen Truppen allerdings des Landes verwiesen. Dass der Einsatz der französischen und deutschen Truppen dort legal war, ändert allerdings nichts daran, dass es den Krieg ohne die vorherige Zerstörung Libyens durch den Westen nicht gegeben hätte

Bekanntlich tut die westliche Presse alles, um ihrem Publikum zu verheimlichen, dass der Westen die meisten Kriege des 21. Jahrhunderts verursacht hat und dass das zu allem Überfluss auch noch völkerrechtswidrig war. Dazu lenken westliche Medien und Politiker vom Völkerrecht ab und erfinden neue Begriffe. Wenn der Westen il-

157 https://documents-dds-ny.un.org/doc/UNDOC/GEN/N01/533/82/PDF/N0153382.pdf?OpenElement

legale Kriege vom Zaun bricht, wird jedes Mal die Legende verbreitet, man tue das nur, um einen bösen Diktator zu stürzen (den man dann gerne mit Hitler vergleicht) und man wolle den unterdrückten Menschen Demokratie, Freiheit und Wohlstand bringen.

Von der Tatsache, dass die Kriege illegal sind, wird abgelenkt, indem man sich nicht auf das Völkerrecht beruft, das man offen bricht, sondern neue Formulierungen erfindet. Illegale Kriege werden vom Westen als „humanitäre Intervention" bezeichnet. Diesen Begriff kennt das Völkerrecht aber nicht und außerhalb der Macht der westlichen Medienblase wird der Begriff auch nicht verwendet.

Sogar das deutsche Wikipedia[158] sagt, dass es mit dem Aufkommen der Idee der Menschenrechte Versuche gab, Kriege mit humanitären Vorwänden zu begründen, aber:

„Das Allgemeine Gewaltverbot der Charta der Vereinten Nationen veränderte diese Situation grundlegend und schaffte die Möglichkeit einer solchen Intervention ab."

Erst in den 1990er Jahren begann der Westen, das Thema der Humanität als Vorwand für Kriege wieder aufzugreifen und berief Kommissionen ein, die unter dem Vorwand der Menschenrechte eine Konstruktion erfinden sollten, die solche völkerrechtswidrigen Kriege legal aussehen lässt. Aber alle vom Westen einberufenen Kommissionen ändern nichts daran, dass als „humanitäre Intervention" bezeichnete Kriege illegal sind, denn die UN-Charta wurde nicht verändert, weshalb das Gewaltverbot weiterhin gültig ist.

Daher versucht der Westen alles, um die UNO zu schwächen, denn sie steht seinen Kriegen entgegen. Deshalb hört man von den offiziell so friedensbewegten Politikern und Medien des Westens gerne, dass der UNO-Sicherheitsrat „nötige Beschlüsse verhindert" und daher ei-

158 https://de.wikipedia.org/wiki/Humanit%C3%A4re_Intervention

gentlich ignoriert werden könnte, weil er die Lösung von Problemen verhindert. Wahr daran ist bestenfalls, dass der UNO-Sicherheitsrat mit den Vetos von Russland und China verhindert, dass der Westen seine Kriege legalisieren kann, aber das hört man in den westlichen Medien natürlich nicht.

Um die Menschen daran zu gewöhnen, dass das Völkerrecht – wenn es nach dem Westen geht – am besten gleich ganz abgeschafft werden soll, werden immer neue Formulierungen erfunden. Seit einigen Jahren fordert der Westen eine „regelbasierte Weltordnung“, allerdings ohne zu erklären, was das für Regeln sind und wer sie festlegt. Im Klartext sagt der Westen, wenn er diese Formulierung benutzt, nichts anderes, als dass er die Regeln vorgeben (und jederzeit ändern) und auch noch selbst überwachen will. Der Westen will die Regeln für die ganze Welt festlegen, nur darum geht es bei der „regelbasierten Weltordnung“.

Wenn man Aussagen westlicher Politiker zur „regelbasierten Weltordnung“ hört, dann fühlt man sich wie bei Orwell. Auf eine Anfrage eines Bundestagsabgeordneten, was denn diese „regelbasierte Weltordnung“ sei, lautete die Antwort der Bundesregierung[159] unter anderem, sie beinhalte „das pünktliche Zahlen von Beiträgen“. Das ist lustig, denn ausgerechnet die USA, die Führungsmacht des Westens, die für die „regelbasierte Weltordnung“ eintreten, machen immer wieder Schlagzeilen[160], weil sie zum Beispiel ihre Beiträge zu internationalen Organisationen wie der UNO oft jahrelang nicht bezahlen.

Aber richtig nach Orwell klingt das, was der deutsche Außenminister Maas zum Auftakt der Münchner Sicherheitskonferenz 2019 geschrieben hat. Unter anderem schrieb er[161]:

159 https://www.andrej-hunko.de/bt/fragen/4736-muendliche-frage-zur-definition-des-begriffs-der-regelbasierten-ordnung-durch-die-bundesregierung

160 https://www.sueddeutsche.de/politik/vereinte-nationen-un-guterres-1.4633218

161 https://www.auswaertiges-amt.de/de/newsroom/maas-le-drian-sueddeutsche/2189378

„Die internationale Ordnung steht unter massivem Druck. Einige Akteure setzen verstärkt auf Machtpolitik und untergraben die Idee einer regelbasierten Ordnung, um das Recht des Stärkeren durchzusetzen."

Es ist der Westen, der „verstärkt auf Machtpolitik" setzt und „die Idee einer regelbasierten Ordnung" untergräbt, um „Recht des Stärkeren durchzusetzen." Das macht der Westen zum Beispiel, indem er Wirtschaftssanktionen gegen jeden verhängt, der sich dem Willen des Westens nicht unterordnen möchte. Solche einseitigen Sanktionen sind nach der UN-Charta illegal, denn auch sie sind – wie auch Kriege – im Völkerrecht nur dann vorgesehen, wenn der UNO-Sicherheitsrat sie beschließt, was zum Beispiel für die Sanktionen gegen Nordkorea gilt. Aber all die anderen Sanktionen des Westens gegen Russland, Weißrussland, Venezuela, Syrien und so weiter und so fort, sind völkerrechtswidrig. Sie tun genau das, was Maas kritisiert, sie „untergraben die Idee einer regelbasierten Ordnung, um das Recht des Stärkeren durchzusetzen."

Orwell wüsste wahrscheinlich nicht, ob er lachen oder weinen sollte, wenn er so etwas lesen würde, wie es der deutsche damalige Bundesaußenminister Maas allen Ernstes geschrieben hat. Maas beklagt das, was er selbst tut.

Weiter hat Maas geschrieben:

„Wir müssen internationale Normen, Abkommen und Institutionen schützen, wenn sie unter Druck geraten, ihr Fortbestand oder ihre Finanzierung gefährdet sind."

„Internationale Abkommen schützen" klingt auch toll, dabei ist es wieder der Westen, der genau das Gegenteil tut. Das Atomabkommen mit dem Iran[162] zum Beispiel haben die USA einseitig gebrochen und kein europäischer Verbündeter der USA hat etwas dagegen getan, im Gegenteil. Und ja, es war nicht, wie die Medien es formulieren, ein „einseitiger Ausstieg“ der USA aus dem Abkommen, sondern ein Vertragsbruch, denn in dem Abkommen gibt es keine Ausstiegsklausel.

Und warum hat der Westen keinen Druck auf die Ukraine gemacht, die keinen einzigen Punkt des Minsker Abkommens[163] umgesetzt hat? Und wie war das mit der Nato-Russland-Akte, die es der Nato verbietet, Streitkräfte dauerhaft in Osteuropa zu stationieren, was die Nato – und vor allem die USA – aber seit Jahren im Baltikum, Polen, Rumänien und so weiter trotzdem getan haben? Das waren nur ein paar Beispiele, die Liste ließe sich fortsetzen.

Auch beim Schutz internationaler Institutionen, den Maas fordert, sieht es traurig aus. Mit ihren Wirtschaftssanktionen verstoßen die Staaten des Westens nicht nur gegen die UN-Charta und damit gegen das Völkerrecht, sondern auch gegen die Regeln der WTO. Von der UNO, der wichtigsten internationalen Institution, die der Westen ganz offen zu schwächen versucht, anstatt sie zu stärken, gar nicht zu reden.

In dem Text von Maas aus dem Jahr 2019 konnte man auch lesen:

> *„Das bedeutet, dass wir für einen offenen und fairen Welthandel eintreten.“*

Fairer Welthandel ist nach dem Verständnis des Westens, wenn es keine Zölle und Handelsbeschränkungen gibt, damit westliche Konzerne ihre Waren überall verkaufen können. Wenn ein Staat seine eigenen Firmen und Märkte durch Zölle vor den subventionierten Produkten

162 https://www.auswaertiges-amt.de/blob/202520/0fbc6182ae43e45ee533bc7a61bd0f03/150714-irn-deal-download-data.pdf

163 https://ukraine-nachrichten.de/ma%C3%9Fnahmenkomplex-umsetzung-minsker-vereinbarungen_4202

westlicher Konzerne schützen will, dann meckert der Westen und spricht davon, dass jemand den freien Handel stört, was sich in den westlichen Medienberichten wie eine Todsünde anhört. Fair und offen ist der Welthandel aus Sicht des Westens nur, wenn seine Konzerne die Märkte dominieren und gut verdienen.

Dass es dem Westen nicht um „offenen und fairen Welthandel" geht, zeigen viele Beispiele, denn der Westen behindert die Freiheit des Handels mit seinen Wirtschaftssanktionen ständig selbst. Weil zum Beispiel russisches Gas billiger ist, als durch Fracking gewonnenes und in Tankern als Flüssiggas nach Europa transportiertes Gas aus den USA, wurde Nord Stream 2 unter allen möglichen Vorwänden bekämpft. War das etwa ein Beispiel für „freien und offener Welthandel"?

Überhaupt ist das Wort „regelbasiert" ein Hohn, denn es gibt ja für alles internationale Regeln. Es gibt die Regeln der WTO, die der Westen mit seinen Sanktionen bricht. Es gibt die UNO-Charta, die dem Westen auf die Nerven geht, weil sie verhindert, dass er seinen Willen überall mit Gewalt durchsetzen kann. Es gibt unzählige Regeln und Abkommen und es ist der Westen, der sie ignoriert und bricht, wenn sie für ihn nicht mehr vorteilhaft sind.

Darum bedeutet die von westlichen Medien und Politikern propagierte „regelbasierte Weltordnung" nur eines: Der Westen will die Regeln alleine festlegen und er will sie jederzeit ändern können, wenn er sich davon Vorteile erhofft. Und diese Regeln will der Westen dem Rest der Welt aufzwingen.

Aus Sicht der etwa 50 Staaten, die zum von den USA dominierten Westen zählen, mag das sogar verständlich sein. Aber wie sehen das wohl die restlichen etwa 140 Staaten der Welt?

Richtig: Die finden das gar nicht gut und das liest man außerhalb der Macht des westlichen Medienblase auch in aller Deutlichkeit.

Wie sehr die westliche Idee, einer „regelbasierten Weltordnung“ außerhalb der westlichen Medienblase abgelehnt wird, sieht man am Beispiel Afrika. Dort hat sich kein Land den westlichen Sanktionen angeschlossen und der russische Außenminister Lawrow wurde auf seiner Afrikareise letzte Woche mit offenen Armen empfangen.

In den Ländern, die nicht schon Vasallen der USA sind, findet man die Idee, in einer Welt zu leben, in der die USA die Regeln vorgeben und jederzeit zu ihren Gunsten ändern können, nicht besonders attraktiv. Das beklagen westliche Politiker wie der EU-Chefdiplomat Borrell auch ganz offen, wenn sie davon sprechen, dass der Westen den „Kampf der Narrative“ verliert[164].

In Afrika hat man russische Medien nicht zensiert. Zwar ist das russische Budget für Medien nicht mit dem vergleichbar, was westliche Regierungen und NGOs dafür ausgeben, aber trotzdem hat der Spiegel aus Anlass von Lawrows Reise geschrieben[165]:

„In vielen Ländern beeinflussen zudem russische Desinformationskampagnen die Menschen. Die staatlichen russischen Sender Russia Today (RT) und Sputnik haben in Westafrika ein dichtes Netzwerk aufgebaut. 622 afrikanische Nachrichten-Internetportale stützen sich auf die Kreml-Outlets, 37 davon in Mali. Außerdem haben viele russische Medien nun auch eine französischsprachige Sparte, um möglichst viele Menschen in Afrika zu erreichen. Der Sender RT baut zudem derzeit eine englischsprachige Redaktion in Südafrika auf, das Russland ebenfalls historisch nahesteht, da die Sowjetunion den Kampf des ANC gegen das Apartheidregime unterstützte. Auch Geld an antiwestliche Bewegungen zahlt Moskau gern.“

---

164 https://deutsch.rt.com/international/143175-eu-chefdiplomat-beklagt-sich-uber/

165 https://www.spiegel.de/ausland/sergej-lawrows-reise-nach-aegypten-aethiopien-und-kongo-putins-chef-propagandist-und-seine-mission-in-afrika-a-4f136ada-aa83–4365-bbd8-b44ab7aa6a1b

Die Lügen der westlichen Propaganda werden inzwischen so offensichtlich, dass dem Westen nur noch Zensur hilft, um seine Narrative zumindest innerhalb der Länder der westlichen Medienblase durchzudrücken. Daher musste der Westen russische Medien verbieten, weil man zu große Angst hat, trotz der medialen Dominanz den „Kampf der Narrative" auch im Westen zu verlieren.

Die Weltgeschichte hat gezeigt, dass Zensur ein verzweifeltes Mittel von lügenden Regimen ist, die zu wenige Argumente für ihre Sichtweisen haben, um in einem offenen Diskurs zu überzeugen. Daher herrschte bei den Nazis oder im „realexistierenden Sozialismus" strenge Zensur. Der Westen geht nun den gleichen Weg und wundert sich, dass unabhängige Staaten keine Lust auf die „regelbasierte Weltordnung" des Westens haben.

Da der Westen Russlands Intervention in der Ukraine als „völkerrechtswidrigen Angriffskrieg" bezeichnet, will ich auch kurz auf das Thema eingehen.

Der Krieg in der Ukraine begann nach dem vom Westen organisierten und finanzierten Maidan-Putsch. Das war ein Verstoß gegen das Völkerrecht, denn die Unterstützung von Putschen verstößt gegen das in der UN-Charta verankerte Verbot, sich in die inneren Angelegenheiten anderer Länder einzumischen.

In der Folge des Putsches wollten sich die Krim und der Donbass von der Ukraine lossagen und Teile Russlands werden. Im Völkerrecht gibt es zwei Bestimmungen, die einander widersprechen. Da ist zum einen die Unverletzbarkeit der Grenzen von Staaten und zum anderen das Selbstbestimmungsrecht der Völker. Was also tun, wenn die Bevölkerung in einem Teil eines Staates sich von dem Zentralstaat lossagen möchte und sich diese beiden Vorschriften einander widersprechen?

Früher war das eine ungeklärte Frage, weil beide Bestimmungen im Völkerrecht gleichberechtigt waren. Das hat der Westen nach der vom Westen unterstützten Abspaltung des Kosovo von Jugoslawien geändert, indem er sich an den Internationalen Gerichtshof gewandt und um eine Entscheidung zu der Frage gebeten hat. Alle Staaten des Westens haben in ihren Eingaben an den Gerichtshof dafür argumentiert, dass eine Region sich von ihrem Zentralstaat lossagen kann und dass das nicht dem Völkerrecht widerspricht.

Der Gerichtshof ist in seiner Entscheidung dieser Linie gefolgt und hat entschieden, dass es nicht gegen das Völkerrecht verstößt, wenn sich eine Region von ihrem Zentralstaat lossagt, auch wenn das den Gesetzen und der Verfassung des Zentralstaates widerspricht. Damit hatte der Westen sich zwar die Aktion mit dem Kosovo im Nachhinein legalisiert, aber er hat auch die Büchse der Pandora geöffnet, denn nun können sich auch andere Volksgruppen darauf berufen, die sich für unabhängig erklärt haben oder das tun möchten.

Und genau das ist in der Ukraine passiert. Im Mai 2014 gab es auch im Donbass Referenden, was jedoch im Westen nur wenigen Menschen bekannt ist. Das Ergebnis war, ähnlich wie auf der Krim, eine überwältigende Zustimmung zu einer Vereinigung mit Russland. Daher haben sich die Donbass-Republiken von der Ukraine unabhängig erklärt, was gemäß Kosovo-Urteil des Internationalen Gerichtshofs vollkommen vom Völkerrecht gedeckt ist.

Russland hat deren Unabhängigkeit im Februar 2022 anerkannt, mit ihnen Beistandsabkommen geschlossen, und Russland ist, als die Ukraine den Beschuss des Donbass Ende Februar verstärkt hat, – den Beistandsabkommen entsprechend – den Donbass-Republiken zu Hilfe gekommen. Nach dem vom Westen selbst geschaffenen Präzedenzfall Kosovo handelt Russland vollkommen im Rahmen des Völkerrechts, von einem „völkerrechtswidrigen Angriffskrieg“ kann nicht die Rede sein.

Man kann von mir aus über die Verhältnismäßigkeit der russischen Maßnahmen diskutieren. Allerdings hätte Russland da sehr gute Argumente, denn solange Kiew absichtlich Wohngebiete im Donbass beschießt (was ich auf meinen acht Reisen in den Donbass zwischen März und August 2022 selbst erleben musste), hat Russland das Recht, die Kiewer Kräfte zum Schutz der Zivilisten im Donbass weiter zurückzudrängen.

Ich würde auch gerne eine Begründung eines westlichen Völkerrechtlers hören, der erklärt, warum Russlands Vorgehen trotz des Kosovo-Urteils völkerrechtswidrig sein soll, denn wenn westliche Experten Russland das vorwerfen, dann ignorieren sie das Kosovo-Urteil konsequent, dabei ist es der entscheidende Punkt.

So funktioniert die „regelbasierte Weltordnung" des Westens: Der Westen macht sich Regeln und ändert sie nach Bedarf, ganz wie es ihm passt. Und wer sich dem nicht fügt, der wird mit Sanktionen oder Schlimmerem bestraft.

Das Völkerrecht

Im vorherigen Kapitel haben wir gesehen, dass es eine Verdrehung der Tatsachen ist, wenn der Westen davon redet, dass er die „regelbasierte Weltordnung" gegen böse Länder wie Russland oder China verteidigen muss. In Wahrheit will der Westen die „regelbasierte Weltordnung" gegen den Willen des Restes der Welt durchsetzen, um die Regeln selbst festzulegen und nach eigenem Bedarf und Gutdünken zu ändern.

Was der Westen dabei verschweigt, ist, dass es ja schon eine „regelbasierte Weltordnung" gibt, nämlich das gültige Völkerrecht, das nach dem Zweiten Weltkrieg entstanden ist. Die Grundlage des modernen Völkerrechts ist die Charta der UNO, auf die sich die Staaten der Welt nach dem Zweiten Weltkrieg geeinigt haben. Dieses Völkerrecht, diese Regeln, gelten bis heute, aber sie gefallen den USA als Führungsmacht des Westens nicht, weil das Völkerrecht und die Tatsache, dass in der UNO Entscheidungen im Konsens der Staaten geschlossen werden, die USA stört. Der Grund ist einfach zu verstehen: Es sind nun einmal nicht alle Länder der Welt bereit, sich dem Willen der USA unterzuordnen und aus diesem Grund wird die UNO von westlichen Politikern und Medien kritisiert und als überholt bezeichnet, weil die UNO eben nicht alle Wünsche der USA absegnet.

Darauf sind wir im vorherigen Kapitel schon eingegangen, das brauchen wir hier nicht zu wiederholen. Stattdessen gehen wir auf das Thema Wirtschafssanktionen ein, die für den Westen mittlerweile ein normales politisches Instrument geworden sind. Hierbei müssen wir uns daran erinnern, dass Wirtschaftssanktionen, die nicht vom UN-Sicherheitsrat beschlossen wurden, ein Bruch des Völkerrechts sind.

Der Westen bricht das Völkerrecht mit seinen Sanktionen ständig, aber das ist bereits zur Normalität geworden.

Wir müssen uns auch vor Augen führen, dass Wirtschaftssanktionen im Grund nichts anderes sind als ein Wirtschaftskrieg. Sie sind der Versuch, einen ungehorsamen Staat durch einen Wirtschaftskrieg zu besiegen. Der Wirtschaftskrieg ist, um mit Carl von Clausewitz zu sprechen, eine bloße Fortsetzung der Politik mit anderen Mitteln. Genauso werden sie vom Westen eingesetzt.

Das entbehrt übrigens jeder Logik, denn es gibt in der Geschichte kein Beispiel, bei dem die Sanktionen des Westes ihr Ziel erreicht hätten. Um die Regierung in Kuba zu stürzen, setzen die USA seit fast 60 Jahren auf Sanktionen. Auch die Beispiele des Iran, des Irak unter Saddam Hussein, von Syrien, Venezuela und so weiter und so fort bestätigen alle, dass die Sanktionen noch nie das gesetzte Ziel erreicht haben, die Politik der sanktionierten Staaten in die gewollte Richtung zu verändern oder die „bösen Regime“ zu stürzen. Rational lässt es sich nur schwer erklären, warum der Westen trotzdem weiterhin auf das Mittel der Sanktionen setzt, denn es ist erwiesenermaßen wirkungslos.

Allerdings sind Sanktionen dafür unmenschlich und sie haben in vielen sanktionierten Ländern zu ungezählten Toten unter der Zivilbevölkerung geführt. In Syrien sterben Menschen an heilbaren Krankheiten, weil die westlichen Sanktionen die Lieferung von Medikamenten verbieten. In Syrien sterben Menschen an heilbaren Krankheiten, weil die Staaten des Westens es so wollen. Die Menschen in dem Land sind dem Westen egal, wenn es um geopolitische Fragen geht. Das kann man, aufmerksames Lesen vorausgesetzt, auch in den westlichen Medien erfahren. 2018 ist die Frau von Präsident Assad an Brustkrebs erkrankt, sie konnte jedoch geheilt werden. Dazu hat der Spiegel 2019 einen Artikel veröffentlicht[166], in dem man erfahren konnte:

> *„Asma al-Assad hat großes Glück gehabt. Ihre Krebserkrankung wurde frühzeitig erkannt und konnte offenbar erfolgreich behandelt werden. Dies liegt vor allem auch daran, dass sie die Frau des mächtigsten Mannes Syriens ist. Denn selbst die einfachste medizinische Behandlung ist in Syrien inzwischen ein enormes Privileg."*

Warum das heute in Syrien so ist, erzählt der Spiegel etwas später in dem Artikel:

> *„Viele Menschen sterben inzwischen auch an chronischen Erkrankungen wie Diabetes oder Niereninsuffizienz, weil sie die nötigen Medikamente nicht mehr bekommen oder sich nicht mehr behandeln lassen können."*

Das sind schreckliche Zustände: Ein zerstörtes Land, stellenweise immer noch im Krieg und keine Medikamente zur Behandlung einfachster Krankheiten. Und natürlich streicht der Spiegel dann zur Betonung des Kontrastes die privilegierte Stellung der Präsidentengattin heraus:

> *„Asma al-Assad wurde im Militärkrankenhaus von Damaskus behandelt, das eigentlich Angehörigen der Streitkräfte vorbehalten ist. Sie kann es sich leisten, weiterhin erstklassig behandelt zu werden, was vor allem eine Frage des Geldes ist."*

Unmittelbar danach kommen die Schlüsselsätze des Artikels:

> *„Denn: Die einheimische Pharmaindustrie, die vor dem Krieg 90 Prozent des Eigenbedarfs herstellte, liegt noch immer weitgehend in Trümmern. Medikamente müssen über den Libanon aus dem Aus-*

166 https://www.spiegel.de/politik/ausland/syrien-asma-al-assad-besiegt-den-krebs-und-gibt-sich-unversoehnlich-a-1280652.html

land importiert werden – und das kostet, zumal viele westliche Firmen davor zurückschrecken, mit syrischen Partnern Handel zu betreiben, von denen viele auf Sanktionslisten stehen.“

Darüber geht der Spiegel einfach hinweg. Er fragt nicht, wie das kommen konnte. Es gibt in Syrien keine Medikamente, weil die westlichen Sanktionen deren Lieferung verbieten. Der angeblich so humane Westen lässt Kinder, Frauen und Alte an einfachen Krankheiten sterben, weil er die Lieferung von einfachsten Medikamenten nach Syrien verbietet. Aber der Spiegel geht darüber hinweg und legt den Fokus seines Artikels auf die privilegierte Stellung von Assads Frau im Vergleich zum Leiden der einfachen Menschen, ohne zu erklären, wer an ihrem Leiden schuld ist.

Und das ist ja nicht der erste Genozid, den der Westen mit seinen Sanktionen zu verantworten hat. Zwischen dem ersten und dem zweiten Golfkrieg litt der Irak unter ähnlichen Sanktionen und alleine in den ersten Jahren starben nach westlichen Schätzungen 500.000 Kinder an dem Medikamenten-Embargo des Westens. Darauf angesprochen sagte die damalige US-Außenministerin Albright 1996 in einem Interview[167]:

„Ich denke, das ist eine sehr harte Wahl, aber: Wir denken, dass es den Preis wert ist.“

Das muss man sich auf der Zunge zergehen lassen: Die Politiker im Westen haben gegen den Irak Sanktionen verhängt und die Lieferung von Medikamenten verboten, was alleine zwischen 1992 und 1996 zu einer halben Million toten Kindern geführt hat. Es gab aber keinen Aufschrei in den Medien wegen dieses Interviews mit der damaligen US-Außenministerin, die unmittelbar für diese Tragödie verantwort-

167 https://www.youtube.com/watch?v=X2cNCHtiurg

lich ist. Im Gegenteil war sie bis zu ihrem Tod im Jahre 2022 eine respektierte Politikerin, über die nach ihrem Tod in den westlichen Medien wohlwollende Nachrufe veröffentlicht wurden.

Das ist es, was die Politik des Westens anrichtet, sie führt zu Millionen von Toten weltweit. Und im Falle von Sanktionen sind die Toten sogar gewollt, denn man könnte die entsprechenden Ausnahmen in den Sanktionen machen, wenn man deren Tod nicht wollte – der Westen tötet Kinder und unschuldige Zivilisten, wenn er meint, dass das seine Interessen fördert.

Das gleiche galt und gilt auch Venezuela, wo ebenfalls einfache Medikamente fehlen. Die Liste ließe sich fortsetzen.

Man muss an dieser Stelle fragen: Mit welchem Recht spielt sich der Westen in der internationalen Politik als moralische Instanz auf?

In diesem Buch soll es ausdrücklich nicht um die Ukraine und den dortigen Konflikt gehen, aber da der Westen steif und fest behauptet, es handle sich dabei um einen „völkerrechtswidrigen Angriffskrieg" Russlands, wollen wir uns das zumindest kurz anschauen.

Der Krieg in der Ukraine begann nach dem vom Westen organisierten und finanzierten Maidan-Putsch. Das war ein Verstoß gegen das Völkerrecht, denn die Unterstützung von Putschen verstößt gegen das in der UN-Charta verankerte Verbot, sich in die inneren Angelegenheiten anderer Länder einzumischen.

In der Folge des Putsches wollten sich die Krim und der Donbass von der Ukraine lossagen und Teile Russlands werden. Im Völkerrecht gibt es zwei Bestimmungen, die einander widersprechen. Da ist zum einen die Unverletzbarkeit der Grenzen von Staaten und zum anderen das Selbstbestimmungsrecht der Völker. Was also tun, wenn die Bevölkerung in einem Teil eines Staates sich von dem Zentralstaat lossagen möchte und diese beiden Vorschriften des Völkerrechts einander widersprechen?

Früher war das eine ungeklärte Frage, weil beide Bestimmungen im Völkerrecht gleichberechtigt waren. Das hat der Westen nach der vom Westen unterstützten Abspaltung des Kosovo von Jugoslawien geändert, indem er sich an den Internationalen Gerichtshof gewandt und um eine Entscheidung zu der Frage gebeten hat. Alle Staaten des Westens haben in ihren Eingaben an den Gerichtshof dafür argumentiert, dass eine Region sich von ihrem Zentralstaat lossagen kann und dass das nicht dem Völkerrecht widerspricht.

Dazu hat sich der russische Präsident Putin 2017 auf der Podiumsdiskussion Valdai-Forums geäußert[168]. Ich werde die Passage hier komplett zitieren:

„*Was nun die Entscheidung des UNO-Gerichtshofes zum Kosovo angeht. Ich habe die Entscheidung dabei, ich wollte im Vortrag nur nicht daraus zitieren, das hätte Ihre Zeit gekostet. Aber da ich wusste, dass das Thema heute kommt, habe ich sie für mich mitgenommen, um sie nochmal zu lesen.* (Putin holt einige Zettel aus einer Aktenmappe)
Sie sind doch alle Experten, praktisch alle hier wissen das. Aber für alle Fälle wiederhole ich es. (Putin liest vor)
„8. Oktober 2008, Die Generalversammlung der UNO an den Internationalen Gerichtshof zum Beschluss Nummer 63/3. Frage: Widerspricht eine einseitige Unabhängigkeitserklärung des zeitlich befristeten Subjekts Kosovo den Normen des Völkerrechts?“
Diese Frage ging also an der Internationalen Gerichtshof in Den Haag. Am 22. Juni 2010, nach zwei Jahren der Prüfung, hat der Gerichtshof folgende Entscheidung getroffen: „Die Unabhängigkeitserklärung des Kosovo vom 17. Februar 2008 hat das allgemeine Völkerrecht nicht verletzt. Die Überlegungen und Entscheidungen des Internationalen Gerichtshof zu diesem Fall betreffen nicht nur den Kosovo, sondern Unabhängigkeitserklärungen generell.“

168 http://en.kremlin.ru/events/president/news/55882

Darum haben Sie absolut Recht, das war die Öffnung der Kiste der Pandora, es gilt für alle. Genauso ist es, Sie haben voll ins Schwarze getroffen.
Sehen Sie, was noch im Urteil des Gerichtshofes von 2010 geschrieben steht: „Punkt 79: Die Praxis der Staaten zeigt, dass keine neuen Gründe vorliegen, die in derartigen Fällen zu einem anderen Ergebnis führen können."
Kein allgemeines Verbot. „Punkt 81: Aus der Praxis des Uno-Sicherheitsrates ist kein Verbot von einseitigen Unabhängigkeitserklärungen abzuleiten.
Punkt 84: Der Internationale Gerichtshof ist der Meinung, dass das allgemeine Völkerrecht keinerlei Verbot von einseitigen Unabhängigkeitserklärungen enthält."
Und so kommt das Gericht zu dem Ergebnis, dass „die Erklärung der Unabhängigkeit des Kosovo vom 17. Februar 2008 das Völkerrecht nicht verletzt hat."
So, bitte schön, da steht es schwarz auf weiß. Aber wie haben die Länder des Westens das erreicht? Sie haben Druck auf den Internationalen Gerichtshof in Den Haag gemacht. Das wissen wir doch aus den Akten.
Was haben sie dem Internationalen Gerichtshof empfohlen? Schriftlich empfohlen. Die USA, also das US-Außenministerium, hat geschrieben: „Das Prinzip der territorialen Unversehrtheit schließt das Erscheinen eines neuen Staates auf dem Territorium eines bestehenden Staates nicht aus." Und weiter: „Unabhängigkeitserklärungen können das Recht des Staates verletzen" und genau das sehen wir gerade überall, „aber sie verstoßen nicht gegen das Völkerrecht." Und in Klammern haben sie noch geschrieben: „Die Unabhängigkeitserklärung zum Beispiel des Kosovo kann als Beleg für die vollständige Anerkennung des Völkerrechts durch den neuen Staat gewertet werden" Des neuen Staates!

Deutschland: „Bei Fragen des Selbstbestimmungsrechts der Völker kann das Recht eines Staates auf seine territoriale Unversehrtheit keine Anwendung finden.“

Jemand hat seine Unabhängigkeit erklärt, hervorragend, der betreffende Staat hat sein Recht auf territoriale Unversehrtheit verloren!

Großbritannien: „Eine Sezession“ also eine Unabhängigkeitserklärung „widerspricht für sich selbst genommen, nicht dem Völkerrecht.“

Frankreich: „Es“ also das Völkerrecht „erlaubt und verbietet sie“ die Sezession „nicht.“

So, bitte schön. Und dann gab es Reaktionen auf die Entscheidung des Internationalen Gerichts.

Zum Beispiel Frau Clinton, einige hier haben ja sogar mit ihr gearbeitet, schreibt nach der Entscheidung: „Kosovo ist ein unabhängiger Staat und sein Territorium ist unverletzlich. Wir rufen alle Staaten auf, nicht mehr über den Status des Kosovo zu diskutieren und im Sinne der Stabilität auf dem Balkan konstruktiv zu arbeiten. Und wir rufen alle Staaten, die den Kosovo noch nicht anerkannt haben, dies zu tun.“

Deutschland: „Die Entscheidung des Internationalen Gerichtshofes bestätigt unsere Rechtsauffassung, dass die Unabhängigkeitserklärung legitim war. Und sie bestärkt unsere Auffassung, dass die territoriale Unverletzbarkeit des Kosovo eine unbestreitbare Tatsache ist.“

Frankreich: „Die Entscheidung ermöglicht es allen Staaten nun wieder, sich um andere wichtige Probleme zu kümmern, die der Lösung harren.“

Und diese anderen wichtigen Probleme haben wir jetzt. Und jetzt, wo diese anderen wichtigen Probleme zum Beispiel in Katalonien aufgetreten sind, da gefällt das plötzlich niemandem mehr. Da mögen sie das nicht.

Das ist das, was ich Messen mit zweierlei Maß nenne. Das zeigt jetzt, wie sie die Kiste der Pandora geöffnet haben, wie sie den Geist aus der Flasche gelassen haben."

Der Internationale Gerichtshof ist in seiner Entscheidung der Linie des Westens gefolgt und hat entschieden, dass es nicht gegen das Völkerrecht verstößt, wenn sich eine Region von ihrem Zentralstaat lossagt, auch wenn das den Gesetzen und der Verfassung des Zentralstaates widerspricht. Damit hatte der Westen sich zwar die Aktion mit dem Kosovo im Nachhinein legalisiert, aber er hat auch die Büchse der Pandora geöffnet, denn nun können sich auch andere Volksgruppen darauf berufen, die sich für unabhängig erklärt haben oder das tun möchten.

Und genau das ist in der Ukraine passiert. Im Mai 2014 gab es auch im Donbass Referenden, was jedoch im Westen wenigen Menschen bekannt ist. Das Ergebnis war, ähnlich wie auf der Krim, eine überwältigende Zustimmung für eine Vereinigung mit Russland. Daher haben sich die Donbass-Republiken von der Ukraine unabhängig erklärt, was gemäß Kosovo-Urteil des Internationalen Gerichtshofs vollkommen vom Völkerrecht gedeckt ist.

Russland hat deren Unabhängigkeit im Februar 2022 anerkannt, mit ihnen Beistandsabkommen geschlossen, und Russland ist, als die Ukraine den Beschuss des Donbass Ende Februar (laut den OSZE-Berichten[169]) verstärkt hat, – den Beistandsabkommen entsprechend – den Donbass-Republiken zu Hilfe gekommen. Nach dem vom Westen selbst geschaffenen Präzedenzfall Kosovo handelt Russland vollkommen im Rahmen des Völkerrechts, von einem „völkerrechtswidrigen Angriffskrieg" kann nicht die Rede sein.

---

169 https://www.osce.org/ukraine-smm/reports

Man kann über die Verhältnismäßigkeit der russischen Maßnahmen diskutieren, weit auf ukrainisches Gebiet vorzurücken. Allerdings hätte Russland da sehr gute Argumente, denn solange Kiew absichtlich Wohngebiete im Donbass beschießt, hat Russland das Recht, die Kiewer Kräfte zum Schutz der Zivilisten im Donbass weiter zurückzudrängen.

Ich würde gerne eine Begründung eines westlichen Völkerrechtlers hören, der erklärt, warum Russlands Vorgehen trotz des Kosovo-Urteils völkerrechtswidrig sein soll, denn wenn westliche Experten Russland einen „völkerrechtswidrigen Angriffskrieg" vorwerfen, dann ignorieren sie das auf Druck des Westens zu Stande gekommene Kosovo-Urteil des Internationalen Gerichtshofes konsequent, dabei ist das der entscheidende Punkt.

So funktioniert die „regelbasierte Weltordnung" des Westens: Der Westen macht sich Regeln und ändert sie nach Bedarf, ganz wie es ihm passt. Und wer sich dem nicht fügt, der wird mit Sanktionen oder Schlimmerem bestraft.

Aus diesem Grunde ist es wichtig, dass das Völkerrecht von allen anerkannt und eingehalten wird, was der Westen leider nicht tut. Er legt es gemäß den eigenen Interessen aus (siehe Kosovo) oder ignoriert es gleich komplett (siehe Sanktionen und die meisten Kriege des 21. Jahrhunderts.

Wollen die Russen nach dem westlichen Modell leben?

Westliche Medien und Politiker vermitteln immer den Eindruck, die Russen würden sich danach sehnen, in einer Demokratie nach westlichem Vorbild zu leben. Aber stimmt das auch? Eine Umfrage gibt die Antwort.

Da auch Umfragen manipuliert werden können, müssen wir uns zunächst anschauen, wer die Umfrage[170], um die es hier geht, gemacht hat. Die Umfrage ist vom russischen Levada-Zentrum, das auch westliche Medien gerne zitieren. Das Levada-Zentrum ist vom russischen Staat nicht nur unabhängig, es wurde sogar schon 2016 als ausländischer Agent eingestuft, weil es unbestritten Zahlungen unter anderem von Soros, dem National Endowement for Democracy (NED), der Ford-Foundation und anderen transatlantischen US-Stiftungen bekommen hat. Das Levada-Zentrum steht den USA nahe und steht nicht im Verdacht, russische Propaganda zu verbreiten.

Das Levada-Zentrum führt seit vielen Jahren regelmäßig eine Umfrage durch, in der es die Russen fragt, wie sie leben möchten. Die Ergebnisse werden weder im Westen noch in Russland allzu sehr thematisiert, weil sie weder der russischen noch den westlichen Regierungen gefallen dürften.

Die erste Frage der Umfrage lautet „Möchten Sie, dass Russland in erster Linie … eine Großmacht ist, die von anderen Staaten respektiert und gefürchtet ist, oder ein Land mit einem hohen Lebensstandard ist, das nicht zu den stärksten Ländern der Welt gehört?“

170 https://www.levada.ru/2021/09/10/kakoj-dolzhna-byt-rossiya-v-predstavlenii-rossiyan/

Die Antwort auf diese Frage fällt, seit die Frage 2003 zum ersten Mal gestellt wurde, deutlich aus. Aktuell wollen zwei Drittel Russen lieber Wohlstand als Großmacht. Lediglich in dem patriotischen Freudentaumel der Wiedervereinigung mit der Krim in 2014 und 2015 hielten sich die Antworten die Waage. Die Grafik zeigt in Rot, wie viele für Großmacht und in Blau wie viele für Wohlstand sind.

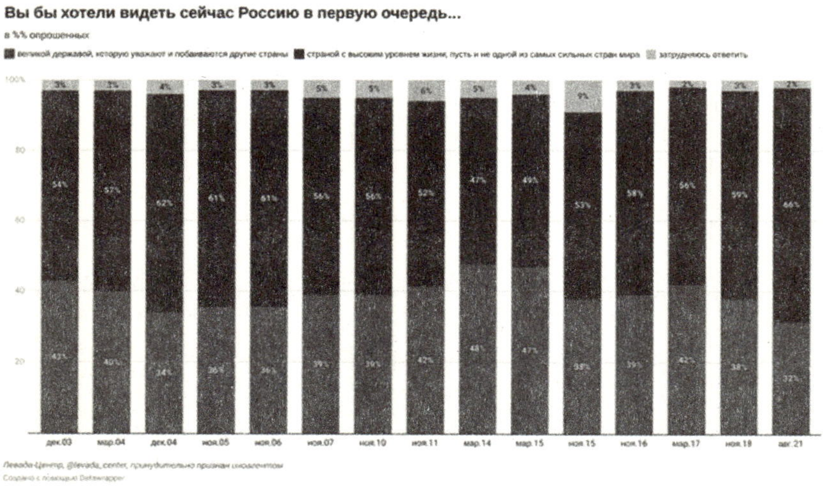

Die Antworten wurden auch nach Altersgruppen analysiert, wobei sich zeigt, dass den Russen der Wohlstand wichtiger ist, je jünger sie sind.

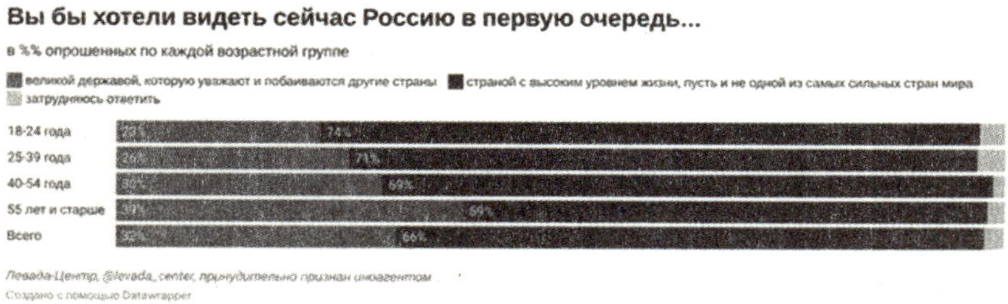

Die nächste Frage lautet „Welches politische System halten Sie für besser? Das sowjetische, wie es vor den 90ern war? Das heutige System? Eine Demokratie nach westlichem Vorbild? Ein anderes?"

Die Antwort auf diese Frage dürfte weder der russischen noch den westlichen Regierungen gefallen, denn die Russen sind, seit die Frage 1996 gestellt wird, immer mehrheitlich für ein sowjetisches System. Die einzige Ausnahme war 2008, als der Wohlstand in Russland schnell wuchs. Das Wachstum wurde von der dann folgenden weltweiten Finanzkrise aber wieder abgebremst. In der Grafik sind die Farben folgendermaßen verteilt: Rot für sowjetisches System, gelb für heutiges System, blau für westliche Demokratie und schwarz für ein anderes System.

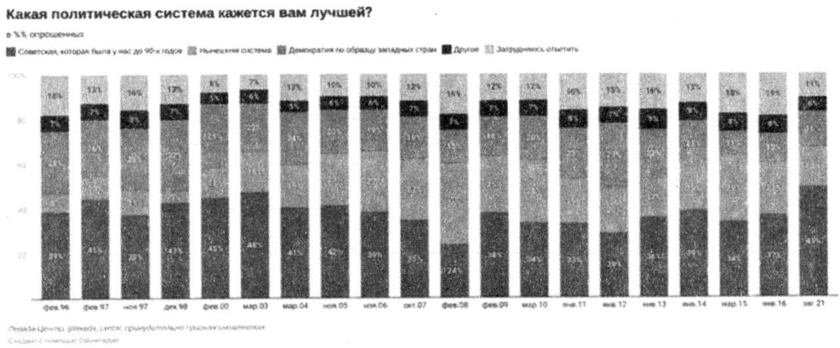

Der Wunsch nach einem sowjetischen System hat, wie auch die erste Frage zeigt, nichts mit einer etwaigen Sehnsucht der Russen zu tun, eine Großmacht zu sein. Vielmehr verbinden die Menschen mit der Sowjetunion soziale Sicherheit, denn Existenzängste kannte man in der Sowjetunion nicht. Trotz aller Missstände und des Mangels an Vielem hatte jeder doch, was er zum Leben brauchte und der Staat sorgte sogar dafür, dass man mindestens einmal im Jahr in den Urlaub fahren konnte.

Es überrascht nicht, dass vor allem die ältere Generation nostalgisch auf die Sowjetunion blickt, denn für jüngere Russen steht „sowjetisch" eher für rückständig, verfallen, schwerfällig und bürokratisch. Daher überrascht es mich, obwohl ich in Russland lebe, dass sich selbst die jüngsten Russen zu 30 Prozent für ein sowjetisches System aussprechen.

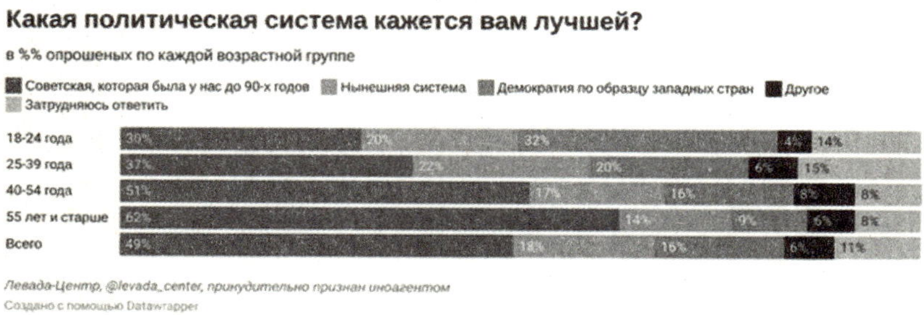

Die dritte Frage der Umfrage lautet „Welches Wirtschaftssystem erscheint ihnen richtiger? Eines, das auf staatlicher Planung und Verteilung basiert, oder eines, dass auf privatem Eigentum und dem Markt basiert?"

Die Entwicklung der Antworten über die Jahre zeigt deutlich, wie Russland sich nach dem Zerfall der Sowjetunion entwickelt hat, denn die Frage wird seit 1992 gestellt. Damals war – trotz bitterer Armut – die Euphorie der Wende noch groß und eine Mehrheit wollte ein marktwirtschaftliches System, aber die Entwicklung zeigt, wie schnell die Russen von der Realität der 90er Jahre eingeholt worden sind und sich die Planwirtschaft zurückgewünscht haben. Nachdem Putin im Jahr 2000 Präsident geworden ist, wurde der Trend fast gestoppt und seitdem ist die Verteilung der Antworten weitgehend stabil. In der Grafik steht rot für Planwirtschaft und blau für Marktwirtschaft.

Wenn die westliche Presse verbreitet, die Russen wünschten sich ein politisches und wirtschaftliches System nach westlichem Vorbild,

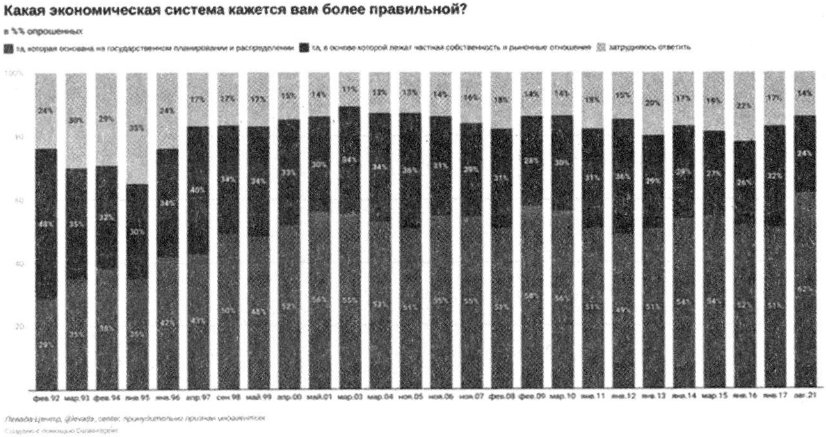

dann ist das unwahr, oder wie man heute sagt, dann sind das Fake News. Vielmehr zeigt die Umfrage, dass die Russen insgesamt vor allem einen Wunsch haben: Sie wollen in Stabilität und Wohlstand leben.

Die Erfahrungen mit der westlichen Demokratie und ihrem ungefilterten Kapitalismus in den 90er Jahren wirkt in Russland bis heute nach und seit 2014 sehen die Russen am Beispiel der Ukraine wieder, was ein westlich dominiertes System in einem Land anrichten kann. Viele Russen haben Verwandte und Freunde in der Ukraine und bis zu fünf Millionen Ukrainer sind nach Russland ausgewandert oder sogar geflohen, weil Kiew im Donbass ihre Wohngebiete beschießt. Daher wissen Russen aus erster Hand, wie extrem die Ukraine nach dem Maidan verarmt ist. Sie ist heute das ärmste Land Europas.

Aber auch die Zufriedenheit mit dem heutigen System dominiert in Russland nicht, was der russischen Regierung keine Freude bereiten dürfte.

Wer sich nun fragt, warum die Russen dann nicht mehrheitlich die Kommunisten wählen, die immer um die 15 Prozent erhalten, der muss wissen, dass die heutigen Kommunisten in Russland eher das sind, was früher mal die Sozialdemokraten in Deutschland waren. Eine Rückkehr zu dem von der Mehrheit der Russen gewünschten System vertreten auch die Kommunisten nicht. Und selbst wenn sie es täten, würde ihnen kaum jemand zutrauen, das auch umzusetzen.

Letztlich unterscheidet sich die russische Demokratie in einem Punkt gar nicht so sehr von der westlichen: Man wählt am Ende das kleiner Übel und das ist in Russland für die meisten Putin, denn da wissen sie, was sie haben. Seine Wähler erwarten von ihm keine Wunder, sondern vor allem, dass er das Land weiterhin stabil hält und ihren Wohlstand bewahrt, der seit Putins Wahl im Jahr 2000 in Russland entstanden ist.

Und man kann von Putin halten, was man will, aber das tut er.

Die „russische Weltordnung“

Nachdem wir uns in diesem Buch angeschaut haben, wie die Weltordnung des von den USA angeführten Westens aussieht, wenn man sie nicht durch die rosa-rote Brille der westlichen Medien betrachtet, kommen wir nun dazu, was Russland der Welt anbietet. In der Tat ist es nämlich so, dass Russland sich nicht etwa in einem Krieg mit der Ukraine sieht, sondern dass Russland sich in einem Krieg mit dem Westen sieht, bei dem die Ukraine nur der Zündfunke war, wie ich im vorherigen Kapitel aufgezeigt habe.

Der Westen hat sich die internationalen Institutionen unterworfen. Die OSZE ist durch die Stimmenmehrheit der westlichen Staaten zu einem Instrument der westlichen Politik geworden, für internationale Abkommen wie die Chemie- oder Biowaffenkonvention gilt das gleiche. Die Ratingagenturen lassen sich nicht selten von politischen Überlegungen anstatt von objektiven wirtschaftlichen Kennzahlen leiten. Vorgeblich neutrale NGOs wie die Reporter ohne Grenzen werden vom Westen finanziert und liefern genau das ab, was man im Westen hören möchte.

In Russland wird daher darüber nachgedacht, alternative Organisationen dieser Art zu schaffen, die nicht der Kontrolle einzelner Staaten oder einer Gruppe von Staaten unterstehen, sondern wirklich neutral sind. Es geht darum, dem vom Westen kontrollierten und daher oft politisch missbrauchten Instrumentarium etwas entgegenzusetzen, was international Vertrauen genießt und nicht von politischen Interessen geleitet wird.

Ich werde hier aus einem Arbeitspapier zitieren, das mir in Moskau von Mitarbeitern des russischen Außenministeriums gegeben wurde, als ich denen von diesem Buchprojekt erzählt habe. Das Papier ist Teil der Überlegungen Russlands, wie man wieder objektive und international geachtete Organisationen schaffen kann, die die vom Westen übernommenen und damit diskreditierten Organisationen ersetzen können. Es werden dabei drei Kernthemen genannt:

„1) Wahlen – „Internationale Agentur für Wahlbeobachtung und Expertise".

Die Hauptaufgaben dieser Agentur werden sein:

- *Die Durchführung von Langzeit- und Kurzzeitbeobachtungsmissionen in verschiedenen Ländern,*
- *Ausarbeitung von Methodik und Gutachten zu internationalen Wahlen,*
- *Untersuchung der internationalen Erfahrungen im Bereich der elektronischen Stimmabgabe mit Schwerpunkt auf Russland, um über das IASHE-Partnernetz die besten Praktiken in verschiedenen Ländern zu beraten und umzusetzen.*

2) Sozialpolitischer Block – Einrichtung von Organisationen zur Bewertung der demokratischen Struktur von Staaten und der Einhaltung der Menschenrechte

Die Hauptaktivitäten dieser Organisationen werden sein:

- *Erstellung einer eigenen Bewertung des Niveaus der Demokratie und des Schutzes der Bürgerrechte in den Ländern,*
- *Veröffentlichung von Berichten und Artikeln zu den oben genannten Themen,*
- *Überwachung von Fällen, in denen die Wahl- und politischen Rechte der Bürger im Ausland verletzt werden,*
- *Unverzügliche Reaktion auf Verstöße gegen die Wahl- und politischen Rechte und Freiheiten der Bürger in Form von offiziellen Erklärungen, Pressemitteilungen und Kommentaren.*

3) Sozioökonomischer Block – Einrichtung einer Reihe von sektoralen Experten- und Genehmigungsstrukturen

Die Hauptaktivitäten dieser Organisationen werden sein:

- *Expertenbewertung und Ranking von Wirtschaftsunternehmen,*
- *Erteilung internationaler Lizenzen in verschiedenen Wirtschaftssektoren für die Handelszusammenarbeit mit nicht-westlichen Ländern,*
- *Veröffentlichung verschiedener Materialien über die internationale Wirtschaft.“*

Das ist nur ein Arbeitspapier, aber es zeigt deutlich, worüber in Russland nachgedacht wird: Es geht um nicht mehr und nicht weniger als um das Ersetzen der vom Westen instrumentalisierten Organisationen, wie zum Beispiel der OSZE, und um die Schaffung von Alternativen für NGOs wie Reporter ohne Grenzen, wobei es Russlands Ziel ist, möglichst viele Staaten an diesen Projekten zu beteiligen und wirklich objektive und überparteiliche Plattformen zu schaffen, die nicht von einem Staat (oder einer Gruppe von Staaten) „gekapert“ werden können.

Der Gegensatz: Russland und die Ziele der NGOs

Der Schlüssel zum Verständnis dafür, wie das westliche System funktioniert, ist die Macht der NGOs, also der Stiftungen der westlichen Oligarchen, wie wir an vielen Beispielen gesehen haben. Sie setzen die Themen und beeinflussen die politischen Entscheidungen in die gewünschte Richtung.

Es gibt eine Organisation, die sozusagen der Treffpunkt dieser Oligarchen ist und bei der sie die Richtung festlegen, in die sie gehen wollen. Diese Organisation ist das Weltwirtschaftsforum (WEF) von Klaus Schwab. Ich habe das WEF und wie es seine Macht ausübt in meinem Buch „Inside Corona“ sehr ausführlich untersucht und beschrieben und wer sich nicht nur bei Tagesschau, Spiegel und so weiter informiert, dem ist das zumindest in Grundzügen bekannt.

Es gibt viele, die der Meinung sind, Putin und Russland seien Teil des Spiels des WEF und die Konfrontation zwischen dem Westen und Russland wäre nichts weiter als ein großes Ablenkungsmanöver, um den Fokus von den Plänen der Oligarchen und deren Umsetzung abzulenken.

Das Gegenteil ist der Fall, denn Putins Russland tut in der Praxis in allen Fragen, die den westlichen Oligarchen wichtig sind, das exakte Gegenteil von dem, was sie erreichen wollen. Tatsächlich ist das genau die Bruchlinie, an der die Konfrontation verläuft: Russland stellt sich dem Machtanspruch der westlichen Oligarchen entgegen.

Darum soll es in diesem Kapitel gehen: Um Gerüchte, Putin würde mit den westlichen Oligarchen „in einem Boot“ sitzen und darum, warum das Gegenteil der Fall ist.

Viele dem westlichen System gegenüber kritisch eingestellte Analysten sind der Meinung, die Finanzinstitute wie BlackRock und andere seien Player in dem großen Spiel der Welt- und Wirtschaftspolitik. Der Meinung bin ich nicht, ich halte sie lediglich für Instrumente in dem Spiel – und das ist ein sehr entscheidender Unterschied.

Ich erkläre das an einem vereinfachten Beispiel: Wenn ich sehe, wie ein Holzhaus gebaut wird, dann sehe ich, wie wichtig dabei Hammer und Säge sind. Wenn ich mich aber darauf konzentriere, im Detail zu verstehen, wie Hammer und Säge funktionieren, dann werde ich nicht in der Lage sein, zu verstehen, wie das Haus mal aussehen soll. Dazu muss ich den Bauplan des Hauses anschauen. Dennoch kann dieser Bauplan ohne den Einsatz von Hammer und Säge nicht umgesetzt werden, Hammer und Säge sind also sehr wichtig, sie sind sogar entscheidend. Aber sie sind nicht der Schlüssel zum Verständnis des Hausbaus, sie sind „nur“ unverzichtbare Instrumente.

So sehe ich auch die Rolle der großen Fonds, die viele andere Analysten jedoch für entscheidende Player halten. Ich gestehe übrigens, dass ich das früher durchaus ähnlich gesehen habe, aber die Recherchen für meine Bücher „Abhängig beschäftigt“ und vor allem „Inside Corona“ haben dazu geführt, dass ich meine Meinung in den letzten zwei Jahren geändert habe. Bei der Arbeit an den Büchern – vor allem bei der Arbeit an letzterem – habe ich so viel über die Netzwerke der großen Stiftungen gelernt und darüber, wie sie Macht ausüben, dass mir klar geworden ist, dass die großen Fonds wie BlackRock und andere nur Instrumente in den Händen der Oligarchen sind, die über ihre Stiftungen Macht ausüben und politische Entscheidungen in die gewollte Richtung beeinflussen.

Diese Netzwerke, deren schier unbegrenzte Macht und vor allem die Frage, wie sie funktionieren, haben vielen Analysten in meinen Augen nicht (oder nicht ausreichend) berücksichtigt. Vor der Arbeit an „Inside Corona“ habe auch ich das nicht verstanden, erst die Arbeit an dem Buch hat mir aufgezeigt, wie das funktioniert, denn in dem Buch habe ich an einem konkreten Projekt gesehen, wer wen lenkt, wer wen bezahlt, wer mit wem und wessen Geld meinungsbildende Papiere ausarbeitet, wie die entscheidenden Personen in die Netzwerke eingebunden sind und wie sie an vielen verschiedenen Stellen – scheinbar unabhängig voneinander – perfekt koordiniert in die gleiche Richtung arbeiten.

Daher bin ich der Meinung, dass diese von westlichen Milliardären gegründeten Stiftungen die Geschicke lenken und nicht die Hedgefonds. Die Hedgefonds werden von diesen Oligarchen gelenkt, nicht umgekehrt. Das macht die Hedgefonds nicht unwichtiger, im Gegenteil, sie sind ein sehr mächtiges Instrument, aber sie sind eben nur ein Instrument, keine Player, die wichtige Entscheidungen treffen.

In dem Buch „Inside Corona“ bin ich unter anderem genauer auf den Rockefeller-Clan und seine Stiftungen eingegangen, denn deren wahres Vermögen ist unbekannt und über deren Macht wird viel spekuliert, aber deren Macht ist nicht ganz einfach nachzuweisen, weil der Rockefeller-Clan sein Vermögen perfekt verschleiert. Das will ich hier aufzeigen, denn es zeigt im Ergebnis, wer bei den Hedgefonds tatsächlich die Macht hat. Das ist nicht Rockefeller allein, aber das Prinzip wird an seinem Beispiel deutlich.

Die offizielle Legende besagt, dass der Öl-Monopolist Standard-Oil, der Rockefeller gehörte, Anfang des 20. Jahrhunderts zerschlagen wurde und dass sein Monopol damit gebrochen worden sei. Das wurde vor 100 Jahren als ein Sieg der Demokratie über einen Monopolisten gefeiert. Es war jedoch gelogen, denn Standard-Oil wurde zwar in 34 kleinere Öl-Konzerne zerschlagen, Eigentümer aller 34 Öl-Konzerne blieb aber Rockefeller.

Er hat seine Anteile an den Konzernen damals sogar erhöht, denn während der Zerschlagung von Standard-Oil sind die Aktienkurse gefallen und Rockefeller hat im großen Stil Aktien seiner Konzerne zurückgekauft und seine Marktmacht dadurch sogar erhöht. Von einer Zerschlagung seines Monopols konnte keine Rede sein, es war im Gegenteil eine Stärkung und gleichzeitige Verschleierung seines Monopols. Da nie gemeldet wurde, Rockefeller habe sich später im großen Stil von diesen Aktien getrennt, muss man davon ausgehen, dass der Clan sie immer noch hält. Die Frage ist, wie man das verschleiern kann.

Dazu zitiere ich einen Teil des Kapitels über Rockefeller aus „Inside Corona“:

„Aus der „Entflechtung“ von Standard Oil sind praktisch alle heutigen Ölkonzerne der USA hervorgegangen. ExxonMobil ist im Verlauf der Jahrzehnte aus verschiedenen Teilfirmen Rockefellers zusammenfusioniert worden. Ursprünglich hießen die Teilfirmen, die heute alle in ExxonMobil aufgegangen sind: Anglo-American Oil Company, Standard Oil Company of New York, Standard Oil of New Jersey, Standard Oil Company of Louisiana und Vacuum Oil Company. Gleiches gilt für den Ölkonzern Chevron, der aus dem

Standard Oil Nachfolger Standard Oil of Kentucky entstanden ist. Von den Aktien dieser beiden (und all der anderen) Nachfolgekonzerne von Standard Oil hat Rockefeller sich nie im großen Stil getrennt, die Eigentumsverhältnisse werden nur über sehr geschickte Verschachtelungen versteckt. Dass das so ist, zeigt ein Blick auf die Aktionärsstruktur der beiden Konzerne.
Wer zum Beispiel bei Finanzen.net nachschaut, der erfährt, dass 99,87 Prozent der Aktien von ExxonMobil im „Freefloat“, also Streubesitz unbekannter Aktionäre sind. Gleichzeitig wird aber auch angegeben, dass zum Beispiel vier Tochterfonds der Vanguard-Gruppe etwa 21 Prozent der Aktien von ExxonMobil halten und dass zwei Tochterfonds von BlackRock fast fünf Prozent der Aktien halten. Hinzu kommen noch diverse andere Fonds, die ebenfalls Aktionäre bei ExxonMobil sind. Am Ende der Tabelle kann man dann lesen: „Die Summe der Anteile kann 100 % überschreiten, da bestimmte Anteilseigner zum Freefloat dazu gerechnet wurden.“
Da BlackRock und Vanguard das Geld anderer Leute (auch von Großanlegern) verwalten und investieren, ist es also vollkommen unklar, wer die Anteile an ExxonMobil hält, zumal sie offiziell zu fast 100 Prozent im Freefloat sind. In Wirklichkeit, können fast alle Aktien des Unternehmens aber immer noch im Besitz der Rockefellers sein. Man weiß es nicht, aber ich wiederhole es: Dass der Rockefeller-Clan sich in den letzten hundert Jahren im großen Stil von seinen Aktien getrennt hat, ist nicht gemeldet worden.“

Das gleiche Prinzip findet man bei allen Nachfolgekonzernen von Standard-Oil: Die Aktien sind im Freefloat oder gehören einigen Hedgefonds, wer der tatsächliche Eigentümer dieser Konzerne ist, ist nicht nachvollziehbar.

Offiziell hat Rockefeller heute ein geschätztes Vermögen von 3,3 Milliarden Dollar. Das ist jedoch lächerlich, wie ein weiteres Zitat aus dem Kapitel aus „Inside Corona" zeigt, denn vor 100 Jahren, als Standard-Oil zerschlagen wurde, hatte Rockefeller ein Vermögen von 900 Millionen Dollar. Nach heutiger Kaufkraft wären das über 300 Milliarden Dollar, Rockefeller war damals also reicher und mächtiger, als es Bill Gates, Warren Buffett und George Soros heute zusammen sind. In „Inside Corona" schreibe ich dazu:

> *„Anstatt ihr Vermögen in den hundert Jahren nach der Entflechtung von Standard-Oil zu mehren, sollen die Rockefellers demnach regelrecht verarmt sein. Oder anders gesagt: Oma Lotte hätte, wenn sie vor hundert Jahren 900 Millionen Dollar auf ein Sparbuch mit nur 2 Prozent Zinsen gelegt hätte, aus den 900 Millionen Dollar inklusive Zins und Zinseszins 6,5 Milliarden Dollar gemacht. Rockefeller hat sein Geld aber nicht auf ein Sparbuch gelegt, sondern in Aktien gehalten, die inklusive Dividenden und Kurssteigerungen ein Vielfaches der Verzinsung von zwei Prozent erbracht haben. Und über seine Fonds und Investments ist Rockefeller längst auch an vielen anderen Konzernen und Branchen beteiligt."*

Das Instrument zur Verschleierung der Eigentumsverhältnisse ist es, das Eigentum auf viele Stiftungen aufzuteilen, die ihr Vermögen dann wieder in verschiedenen Fonds investieren. So ist es praktisch unmöglich, nachzuvollziehen, wem die Aktien gehören, denn sie gehören entweder Hedgefonds oder sie sind offiziell im Freefloat, also im Streubesitz. Nur kann Freefloat eben auch bedeuten, dass viele Stiftungen und Fonds von Rockefeller so kleine Aktienpakete halten, dass man der Börsenaufsicht das nicht melden muss.

Für die Hedgefonds gilt, dass sie das umsetzen müssen, was ihre Großinvestoren wollen. Wenn Rockefeller zum Beispiel über verschiedene Kanäle Vermögen im Wert von hunderten Milliarden von BlackRock verwalten lässt, dann trifft Rockefeller auch die Entscheidungen bei BlackRock. Das Management von BlackRock muss sie umsetzen, es trifft keine eigenen Entscheidungen. Da BlackRock und die anderen Hedgefonds jedoch auch viel Geld von Kleinanlegern einsammeln, entscheidet Rockefeller auch über deren Geld. So erhöht BlackRock die (finanzielle) Macht von Rockefeller sogar noch, indem er nicht nur darüber entscheidet, wie sein Geld investiert wird, sondern er auch noch fremdes Geld zu seinem Nutzen einsetzen kann.

Aus diesem Grund halte ich die großen Hedge- und Investmentfonds nur für Instrumente und nicht für Player, denn sie müssen umsetzen, was ihre Großinvestoren ihnen vorschreiben. Sie führen in den entscheidenden Fragen keine eigene Politik aus, sondern setzen um, was andere wollen.

Ich bestreite damit in keiner Weise die Macht dieser Fonds, vor der viele vollkommen zu Recht warnen, ich bestreite nur, dass sie selbständig wichtige Entscheidungen treffen. Stattdessen müssen sie umsetzen, was andere wollen. Und damit kommen wir zu der Macht der Netzwerke.

Bei meiner Arbeit an „Inside Corona“ habe ich herausgefunden und in dem Buch aufgezeigt, wie die Netzwerke der Stiftungen der westlichen Oligarchen funktionieren und wie sie ihre Macht ausüben. Diese Recherche war für mich ein echter Augenöffner, denn es ist das eine, zu wissen, dass es so ist, es ist aber etwas vollkommen anderes, es im Detail zu sehen, zu analysieren und zu verstehen.

Dabei haben mein Informant und ich eine Lektion sehr schnell gelernt. Um zu verstehen, wie Macht ausgeübt wird und wie Netzwerke ihre Macht umsetzen, ist es vollkommen unwichtig, ob ein Mensch bei irgendeiner Stiftung einen Posten hat. Wichtig wird es erst, wenn ein Mensch, der seit langem von bestimmten Stiftungen oder Konzernen abhängig ist, ihnen also seine Karriere verdankt, bei vielen Stiftungen, Organisationen und Regierungen wichtige Posten hat. Diese Menschen, die als Einzelperson an vielen Schaltstellen sitzen, sind es, die die Macht im Interesse der Netzwerke ausüben. Diese Leute sind von einem (oder mehreren) westlichen Oligarchen abhängig, sitzen in deren Auftrag (zum Beispiel als Berater) an vielen Schaltstellen der Macht und können so Prozesse und Entscheidungen in die gewünschte Richtung lenken.

Das ist wichtig zum Verständnis, denn eines der Argumente derer, die behaupten, Putins Russland sei Teil des Spiels, argumentieren, dass der Putin-Vertraute und Chef der größten russischen Bank, German Gref, eine hohe Position beim Weltwirtschaftsforum von Klaus Schwab innehat. Das ist nach dem, was ich über das Funktionieren von Netzwerken herausgefunden habe, jedoch vollkommen unwichtig, da Gref erstens seine Karriere nicht den westlichen Oligarchen verdankt und zweitens auch ansonsten nicht von ihnen abhängig ist.

Dass Russland versucht, mit am Tisch zu sitzen, wenn diese wichtigen Kreise sich treffen, ist nicht überraschend. Wenn man die Wahl hat, denen zuzuhören oder nicht, würde auch ich zuhören, um möglichst viel über deren Ideen und Pläne zu erfahren. Und dass die versuchen, russische Vertreter an ihren Tisch zu holen, um vielleicht Einfluss in Russland zu bekommen, ist auch normal. Entscheidend sind jedoch Abhängigkeiten und German Gref ist nicht von den westlichen Oligarchen und deren Stiftungen abhängig. Daher ist seine Teilnahme an Treffen des WEF für mich kein Indiz dafür, dass Russland „mit im Boot" ist.

Als weiteres Argument dafür, dass Putin „im Boot" ist, wird angeführt, Putin sei ein Young Global Leader des WEF von Klaus Schwab gewesen. Das ist jedoch in meinen Augen ein Irrtum, denn die Teilnehmerlisten des Young Global Leader Programms und des Vorgängerprogramms Global Leaders for Tomorrow sind im Netz zu finden und Putin ist dort nicht verzeichnet. Ich habe das Thema in einem Artikel[171] ausführlich

171 https://www.anti-spiegel.ru/2021/war-putin-ein-young-global-leader-von-klaus-schwab-die-schwarmintelligenz-liefert-eindeutige-antwort/

behandelt und darin auch alle Teilnehmerlisten verlinkt. Für die Behauptung, Putin wäre in einem der Programme gewesen, gibt es nur einen Hinweis, nämlich eine Aussage von Klaus Schwab auf Englisch. In dem Video[172] davon, einem Ausschnitt einer Reportage von Phoenix[173], spricht Schwab mit dem Präsidenten Costa Ricas und sie loben das Projekt „Vierte Industrielle Revolution" von Klaus Schwab über den grünen Klee. Dabei sagt der Präsident Costa Ricas, dass er gerne etwas zu all dem beitragen möchte. Danach ist ein Schnitt zu sehen und Schwab sagt auf Englisch etwas, das Phoenix in den Untertiteln wie folgt übersetzt hat:

> *„Frau Merkel, Tony Blair, sie alle waren … selbst Präsident Putin, sie alle waren mal ‚Young Global Leaders'!"*

Bei dieser Übersetzung gibt es zwei Probleme. Erstens wissen wir nicht, was da rausgeschnitten wurde und ob das alles wirklich in dem Kontext gesagt wurde, den das Video suggeriert. Zweitens ist nicht klar, ob Schwab dabei wirklich sein Programm „Young Global Leaders" gemeint hat, oder ob er von „jungen globalen Führungspersonen" gesprochen hat. Auf Englisch ist das das Gleiche, Schwab muss mit der Aussage also nicht sein Programm gemeint haben, sondern könnte schlicht davon gesprochen haben, dass diese Personen alle jung in weltweit führende Positionen gekommen sind, was auch auf Putin zutrifft, der mit Mitte 40 russischer Präsident geworden ist.

Da Putin nicht in den Listen der Programme von Schwab[174] geführt wird und man die Aussage von Schwab auch anders interpretieren kann, sehe ich darin keinen Beweis oder auch nur ernsthaften

172 https://www.youtube.com/watch?v=L0pMGflp3aE

173 https://www.youtube.com/watch?v=Z3-IorW-LgM

174 https://www.younggloballeaders.org/community?utf8=%E2%9C%93&q=&x=8&y=10&status=&class_year=&sector=&region=#results

Hinweis darauf, dass Putin in diesen Programmen gewesen ist, im Gegenteil.

Nun kommen wir zu einer konkreten Gefahr, die im Westen droht. Viele Experten warnen – in meinen Augen vollkommen zu Recht – vor der Einführung eines EZB-Coins. Das wäre eine vollkommen ungedeckte Währung, die nur im Computer existiert und die jeden Menschen vollkommen gläsern machen würde, wenn parallel dazu das Bargeld abgeschafft würde. Das wäre die Einführung des totalen Überwachungsstaates, denn man könnte nicht einmal mehr eine Packung Kaugummi kaufen, ohne dass das registriert würde. Außerdem könnte man Systemkritiker „abschalten", indem man ihr Wallet sperrt. Der EZB-Coin – zusammen mit einer Bargeldabschaffung – wäre nicht nur der totale Überwachungsstaat, es wäre auch der ultimative Unterdrückungsstaat.

Ein weiteres Argument derer, die Putin als Teil des Spiels sehen, ist, dass in Russland über die Einführung eines digitalen Zentralbank-Rubel nachgedacht wird. Das stimmt zwar, aber die Details sind entscheidend. In Russland denkt nämlich niemand über eine Abschaffung des Bargeldes nach. Die Nutzung von Bargeld ist in Russland – im Gegensatz zum Westen – uneingeschränkt möglich. Man kann sogar – und das passiert tatsächlich – Wohnungen oder Häuser in bar kaufen und dabei große Koffer voll mit Bargeld benutzen. Es gibt in Russland keinerlei Einschränkungen für die Nutzung von Bargeld.

Außerdem soll der russische Zentralbank-Rubel, über den nachgedacht wird, eine gedeckte Währung werden. Hinter jedem Zentralbank-Rubel soll ein Warenkorb aus Rohstoffen (Gold, Öl, etc.) stehen.

Das sind entscheidende Unterschiede, denn die Gefahr des EZB-Coins besteht darin, dass er vollkommen ungedeckt ist, und vor allem darin, dass er – wenn es so kommt, wie befürchtet wird – das einzige Zahlungsmittel ist und so das ultimative Kontroll- und Unterdrückungsinstrument werden kann. In Russland hingegen wäre der Zentralbank-Rubel nur eine freiwillige Alternative zum Bargeld, was in meinen Augen etwas vollkommen anderes ist.

Auch hier sehe ich daher keinen Hinweis darauf, dass Russland „im Boot" ist, im Gegenteil: Ein durch Rohstoffe gedeckter digitaler russischer Zentralbank-Rubel wäre eine Kampfansage an ungedeckte digitale westliche Zentralbank-Euros oder -Dollars.

Ein zentrales Element der Macht der Oligarchen im Westen sind die in den Medien gefeierten öffentlich-privaten Partnerschaften, über die ich in dem Buch „Inside Corona" ausführlich geschrieben habe. Das ist ein zentrales Thema, für das sich Klaus Schwab einsetzt.

Besonders deutlich wurde das bei dem 2010 vorgestellten Programm des WEF, das den Namen „Global Redesign"[175] trägt. Das deutsche Wikipedia fasst das gut zusammen[176]:

„Das Weltwirtschaftsforum fordert in seinem „Global Redesign"-Bericht aus dem Jahr 2010, dass eine globalisierte Welt am besten von einer Koalition aus multinationalen Unternehmen, Regierungen (auch über das System der Vereinten Nationen (UN)) und ausgewählten zivilgesellschaftlichen Organisationen (CSOs) gesteuert wird. Darin wird argumentiert, dass Regierungen nicht mehr „die überwältigend dominierenden Akteure auf der Weltbühne" sind und dass „die Zeit für ein neues Stakeholder-Paradigma der internationalen Governance gekommen ist". Die Vision des WEF beinhaltet den Aufbau einer „öffentlich-privaten" UN, in der bestimmte Sonderorganisationen unter gemeinsamen staatlichen und nicht-staatlichen Governance-Systemen arbeiten."

Klaus Schwab und seine Mitstreiter wollen die Staaten (und mit ihnen automatisch auch die Demokratie) abschaffen oder zumindest ent-

175 https://www.weforum.org/agenda/2010/11/the-global-redesign-summit/

176 https://de.wikipedia.org/wiki/Weltwirtschaftsforum#Vereinnahmung_demokratischer_Strukturen_und_Institutionen

machten und durch eine Art Weltregierung ersetzen, die sie als „öffentlich-private UN" bezeichnen. Es geht darum, dass die Oligarchen nicht nur hinter den Kulissen, sondern ganz offiziell die Macht übernehmen wollen.

Bei den öffentlich-privaten Partnerschaften (Public-Private Partnership, PPP) geht es im Kern um folgendes: Weil der Staat angeblich so ineffizient ist, muss möglichst viel von „Privaten" umgesetzt werden. Damit werden Privatisierungen begründet und auch die Programme der Stiftungen der westlichen Oligarchen, die man allerdings „Philanthropen" nennt.

Und das geht so: Die Stiftung eines Oligarchen denkt sich ein wohlklingendes Projekt aus, zum Beispiel den Kampf gegen den Hunger, spendet dafür „großzügig" 50 Millionen Dollar, und dann sind die westlichen Staaten so begeistert davon, dass sie zum Beispiel 500 Millionen dazugeben. Die Stiftung hat dann 550 Millionen Dollar zur Verfügung und kauft damit irgendwas (Saatgut, Landmaschinen, Lebensmittel etc.), um (angeblich) den Hunger zu bekämpfen. Der Trick dabei ist, dass diese Waren bei Konzernen gekauft werden, die dem „großzügigen" Philanthropen gehören – er macht auf diese Weise aus 50 Millionen eigenem Geld 550 Millionen eigenes Geld. Und er verschafft sich politische Macht, denn er hat die Staaten dazu gebracht, sein Projekt zu unterstützen. Mit jedem dieser Projekte baut er sein Netzwerk in die Regierungen aus, die er dazu bringt, seine Projekte, an denen er Geld verdient, zu fördern und zu finanzieren.

Das ist stark vereinfacht beschrieben, funktioniert im Kern aber tatsächlich so, wofür ich in „Inside Corona" sehr viele Beispiele nenne. Das ist auch der Grund, warum all die angeblichen Philanthropen immer reicher werden, während sie nach offizieller Lesart all ihr Vermögen zum Wohle der Menschheit verschenken. In Wahrheit verschenken sie gar nichts, sondern nutzen ein wenig eigenes Geld, um ein Vielfaches dessen an Steuergeldern in ihre eigenen Taschen zu lenken. Und sie werden dabei immer reicher und mächtiger.

Diese öffentlich-privaten Partnerschaften sind inzwischen ein zentrales Element des westlichen Systems geworden und sie werden ständig ausgebaut.

Und nun kommt das Entscheidende: Bei allen öffentlich-privaten Partnerschaften sind es immer nur die Staaten des Westens, die sie mit Steuergeldern finanzieren. Andere Staaten, allen voran Russland und China, spielen das Spiel nicht mit. Sie unterstützen die westlichen Oligarchen bei diesem zentralsten ihrer Anliegen nicht – wie passt das zu der These, Russland sei „im Boot“?

Hinzu kommt, dass Russland dem westlichen System, in dem die Stiftungen der Oligarchen de facto die Macht haben, offen den Kampf angesagt hat. Das könnte man natürlich für eine Show halten, aber zusammen mit den oben genannten Punkten, vor allem der Tatsache, dass Russland beim zentralen Anliegen der westlichen Oligarchen nicht mitspielt, sehe ich keine Hinweise dafür, dass es eine Show ist. Im Gegenteil stellt Russland sich, wenn man sich die Details anschaut, gegen das, was die westlichen Oligarchen durchsetzen wollen.

Es gibt unzählige Reden, in denen Putin sich gegen dieses Wirtschaftsmodell des Westens geäußert hat. Früher war er dabei noch diplomatisch, jetzt nimmt er fast keine Rücksicht mehr. Am 16. August 2022 hat Putin dazu eine Rede gehalten, die ich auf meiner Seite Anti-Spiegel übersetzt habe[177]. In der Rede ist er so deutlich geworden, wie noch nie.

Putin sprach in der Rede offen davon, dass im Westen nicht (demokratisch gewählte) Politiker regieren, er sprach stattdessen von „westlichen globalistischen Eliten“ – eine deutliche Umschreibung der von

177 https://www.anti-spiegel.ru/2022/putins-abrechnung-mit-den-westlichen-globalistischen-eliten-im-o-ton/

mir als „westliche Oligarchen“ bezeichneten Leute. Putin sprach davon, dass die für ein Modell stehen, „das es ermöglicht, die ganze Welt zu parasitieren“ – im Klartext sagte er also, dass einige wenige westliche Oligarchen die ganze Welt aussaugen („parasitieren“).

Eine gute Zusammenfassung dessen, was gerade passiert, war in meinen Augen folgende Passage von Putins Rede:

„Es ist offensichtlich, dass die westlichen globalistischen Eliten mit solchen Aktionen unter anderem versuchen, die Aufmerksamkeit ihrer eigenen Bürger von den akuten sozioökonomischen Problemen – sinkender Lebensstandard, Arbeitslosigkeit, Armut, Deindustrialisierung – abzulenken, um ihr eigenes Versagen auf andere Länder – auf Russland und China – abzuwälzen, die ihren Standpunkt verteidigen, eine souveräne Entwicklungspolitik aufbauen und sich nicht dem Diktat supranationaler Eliten unterwerfen.“

Putin sprach nicht mehr, wie früher, von westlichen Staaten, die ihre Politik umsetzen wollen, sondern von „dem Diktat supranationaler Eliten“ – das ist wieder eine sehr deutliche Umschreibung für diejenigen, die ich als „westliche Oligarchen“ bezeichne.

Russland hat diesem westlichen System nun offen den Kampf angesagt, das wird aus allen Aussagen führender russischer Politiker nach dem Beginn der russischen Intervention in der Ukraine deutlich. Und ich habe es selbst erlebt, als ich im Sommer 2022 eine längere Zeit in Moskau war. Ich habe dort viele interessante Gespräche mit Experten geführt, die ich getroffen habe, wenn ich zu Diskussionsrunden im russischen Fernsehen oder zu anderen Gesprächen und Konferenzen eingeladen war.

Alle diese Gespräche hatten einen O-Ton: Russland wird das System des Westens nicht mehr diplomatisch mit geschönten Formulierungen umschreiben, sondern die Dinge nun beim Namen nennen und (zusammen mit China?) den Staaten der Welt ein alternatives

System der internationalen politischen und wirtschaftlichen Zusammenarbeit anbieten. Es geht Russland um den Aufbau einer Weltordnung, in der Leute gerne steinreich werden dürfen, aber in der sie sich aus der Politik herauszuhalten und auch eine Verantwortung für die Gesellschaft des Landes haben, in dem sie so reich werden konnten.

Im Westen hingegen wird die Politik längst von den Oligarchen vorgegeben, die über ihre Stiftungen und Lobbyisten bestimmen, was im Westen entschieden wird und was nicht.

Um diesen Streitpunkt, um diese Machtfrage, geht es in dem Konflikt zwischen dem Westen einerseits und Russland und anderen Ländern andererseits. Das kann jeder leicht überprüfen. Alle Länder, die der Westen zu Gegnern erklärt hat (Russland, China, Iran, Venezuela, etc.), sind grundverschieden, haben aber eine entscheidende Gemeinsamkeit: Sie lassen die westlichen Stiftungen (NGOs) bei sich nicht arbeiten und Einfluss ausüben, sie stellen sich der Macht der westlichen Oligarchen in den Weg.

Es geht Russland um eine Weltordnung, in der kein Staat anderen Staaten mehr vorschreiben können soll, wie man zu leben hat, welche Staatsform oder gar welche „Werte“ ein Staat und seine Bewohner haben sollen. Es geht um eine multipolare Weltordnung, in der die Staaten der Welt gleichberechtigt und auf Augenhöhe miteinander umgehen, ohne einander Sanktionen anzudrohen oder sonst wie Druck auszuüben.

Das ist das Ziel Russlands und darum geht es bei dem Konflikt zwischen dem Westen und Russland in Wahrheit. Aber eine solche Weltordnung wäre das Ende des „parasitären“ Systems der Globalisierung, das der Westen der Welt bisher aufgezwungen hat. Wir befinden uns – ohne Übertreibung – im finalen Kampf der Systeme.

Putin im O-Ton über die russische Weltordnung

Um aufzuzeigen, wofür die von Russland gewollte Weltordnung besteht, werde ich hier die komplette Rede[178] übersetzen, die der russische Präsident Putin Ende Oktober 2022 auf dem Valdai-Forum gehalten hat. Das Valdai-Forum ist eine russische Denkfabrik, die einmal im Jahr zu ihrer großen Konferenz einlädt. Dort sind hochrangige Experten der Geopolitik aus aller Welt vertreten und tauschen ihre Meinungen über Fragen der Geostrategie aus. Präsident Putin hält dort jedes Jahr eine Rede und stellt sich anschließend vier Stunden lang live den Fragen der internationalen Experten.

In seiner Rede hat Putin aufgezeigt, auf welche Werte Russland setzt und wie es sich eine künftige Weltordnung wünscht, welche Alternative zum westlichen System Russland der Welt anbietet.

Vor allem ist es bemerkenswert, wie sehr Putin seit dem offenen Bruch mit dem Westen nach Beginn der russischen Intervention in der Ukraine und den westlichen Sanktionen seine bisherige Zurückhaltung abgelegt hat. In seinen Reden spricht Putin nicht mehr von westlichen Regierungen, er spricht nun offen von den „westlichen Eliten“ oder den „globalistischen Eliten“, womit er die Oligarchen meint, die im Westen die Fäden ziehen.

Kommen wir nun zu der Valdai-Rede, die Putin im Oktober 2022 gehalten hat.

Beim Valdai-Club haben wir mehr als einmal über die Veränderungen gesprochen, die gravierenden, großen Veränderungen, die in der Welt stattgefunden haben und weiterhin stattfinden, über die Risiken, die mit dem Abbau der globalen Institutionen, der Aushöhlung der Grundsätze der kollektiven Sicherheit, der Ersetzung des Völkerrechts

178 http://kremlin.ru/events/president/news/69695

durch so genannte Regeln verbunden sind – ich wollte sagen, Regeln, die von irgendwem ausgearbeitet wurden, aber das ist wahrscheinlich ungenau ausdrückt – es ist überhaupt nicht klar, wer sie ausgearbeitet hat, worauf diese Regeln beruhen, was in ihnen steckt.

Offensichtlich wird nur versucht, eine einzige Regel aufzustellen, damit die Mächtigen – wir sprechen jetzt von Macht, ich spreche von globaler Macht – ohne jegliche Regeln leben und tun können, was sie wollen, mit allem durchkommen, was sie wollen. Tatsächlich sind das die Regeln, von denen man uns ständig erzählt.

Der Wert der Valdai-Diskussionen besteht darin, dass hier die verschiedensten Einschätzungen und Prognosen abgegeben werden. Wie richtig sie waren, zeigt das Leben selbst, das Leben, der strengste und objektivste Prüfer. Er zeigt, wie wahr die Inhalte unserer Diskussionen in den vergangenen Jahren waren.

Leider entwickeln sich die Ereignisse weiterhin nach dem negativen Szenario, über das wir bei unseren früheren Treffen mehr als einmal gesprochen haben. Darüber hinaus haben sich diese Ereignisse zu einer umfassenden Systemkrise entwickelt, nicht nur im militär-politischen Bereich, sondern auch im wirtschaftlichen und humanitären Bereich.

Der sogenannte Westen – das ist natürlich im übertragenden Sinn gemeint, denn es gibt dort keine Einigkeit – ist verständlicherweise ein sehr kompliziertes Konglomerat, dennoch kann man sagen, dass dieser Westen in den letzten Jahren, und insbesondere in den letzten Monaten, eine Reihe von Schritten zur Eskalation unternommen hat. Genau genommen setzt er immer auf Eskalation, das ist nicht neu. Das sind die Anzettelung des Krieges in der Ukraine, die Provokationen rund um Taiwan und die Destabilisierung der globalen Lebensmittel- und Energiemärkte. Letzteres geschah natürlich nicht absichtlich, daran besteht kein Zweifel, sondern aufgrund einer Reihe von systematischen Fehlern genau jener westlichen Regierun-

gen, die ich bereits erwähnt habe. Und wie wir jetzt sehen, kam auch noch die Zerstörung der paneuropäischen Gaspipelines dazu. Das ist unvorstellbar, aber wir sind trotzdem Zeugen dieser traurigen Ereignisse.

Die Macht über die Welt ist genau das, worauf der sogenannte Westen gesetzt hat. Aber dieses Spiel ist mit Sicherheit ein gefährliches, blutiges und, ich würde sagen, schmutziges Spiel. Es leugnet die Souveränität von Ländern und Völkern, ihre Identität und Einzigartigkeit und ignoriert die Interessen anderer Staaten. Zumindest dann, wenn es diese Interessen nicht ausdrücklich abstreitet, wird es in der Praxis aber genau so gehandhabt. Niemand, außer denen, die die genannten Regeln formulieren, hat das Recht, seine eigene Identität zu entwickeln: Alle anderen müssen sich diesen Regeln unterordnen.

In diesem Zusammenhang möchte ich Sie an die Vorschläge Russlands an die westlichen Partner zur Vertrauensbildung und zum Aufbau eines Systems kollektiver Sicherheit erinnern. Im vergangenen Dezember wurden sie wieder einmal einfach beiseitegeschoben.

Aber in der heutigen Welt ist es kaum möglich, etwas auszusitzen. Wer Wind sät, wird, wie man sagt, Sturm ernten. Die Krise ist tatsächlich global geworden, sie betrifft jeden. Da braucht man sich keine Illusionen zu machen.

Die Menschheit hat jetzt im Wesentlichen zwei Möglichkeiten: entweder die Probleme weiter anzuhäufen, die uns alle unweigerlich erdrücken werden, oder zu versuchen, gemeinsam Lösungen zu finden, wenn auch unvollkommene, aber wirksame Lösungen, die unsere Welt stabiler und sicherer machen können.

Wissen Sie, ich habe immer an die Kraft des gesunden Menschenverstands geglaubt und tue das auch heute noch. Ich bin daher überzeugt, dass sowohl die neuen Zentren der multipolaren Weltordnung als auch der Westen früher oder später anfangen müssen, auf Augenhöhe über eine gemeinsame Zukunft zu sprechen, und zwar je früher,

desto besser. Und in diesem Zusammenhang möchte ich auf einige für uns alle sehr wichtige Punkte hinweisen.
Die heutigen Ereignisse haben die Umweltthemen zur Seite geschoben. Es mag merkwürdig sein, aber ich möchte damit beginnen. Der Klimawandel steht nicht mehr ganz oben auf der Tagesordnung. Aber diese grundlegenden Herausforderungen sind nicht verschwunden, sie haben sich nicht verflüchtigt, sie wachsen.
Eine der gefährlichsten Folgen des ökologischen Ungleichgewichts ist der Rückgang der Artenvielfalt. Und nun komme ich zu dem Hauptthema, wegen dem wir alle zusammengekommen sind: Ist die andere Vielfalt – die kulturelle, soziale, politische, zivilisatorische – weniger wichtig?
Die Vereinfachung, die Auslöschung, aller Unterschiede ist praktisch zum Wesen des modernen Westens geworden. Was steckt hinter dieser Vereinfachung? Vor allem das Verschwinden des kreativen Potenzials des Westens selbst und der Wunsch, die freie Entwicklung anderer Zivilisationen einzuschränken, zu blockieren.
Natürlich gibt es hier auch ein direktes wirtschaftliches Interesse: Mit der Durchsetzung ihrer Werte, ihrer Konsumklischees, ihrer Vereinheitlichung versuchen unsere Gegner – ich nenne sie mal vorsichtig so – die Märkte für ihre Produkte zu erweitern. Am Ende ist das alles sehr primitiv. Es ist kein Zufall, dass der Westen den Anspruch erhebt, dass seine Kultur und Weltanschauung universell sein müssen. Auch wenn sie es nicht direkt sagen – obwohl sie es auch oft sagen -, aber auch wenn sie es nicht direkt sagen, verhalten sie sich doch so und bestehen darauf, dass ihre Politik in der Realität darauf besteht, dass eben diese Werte von allen anderen Teilnehmern des internationalen Lebens bedingungslos akzeptiert werden müssen.
Hier ein Zitat aus der berühmten Harvard-Rede von Alexander Solschenizyn. Bereits 1978 stellte er fest, dass der Westen von einer „anhaltenden Blindheit der Überlegenheit“ geprägt sei – das alles passiert

heute immer noch –, die „die Vorstellung unterstützt, dass alle Gebiete unseres Planeten sich gemäß den derzeitigen westlichen Systemen entwickeln und von ihnen beherrscht werden sollten." Das war 1978. Es hat sich nichts geändert.

Im Laufe des letzten halben Jahrhunderts hat diese Verblendung, von der Solschenizyn sprach – sie ist offen rassistisch und neokolonial – einfach nur hässliche Formen angenommen, insbesondere seit der Entstehung der sogenannten unipolaren Welt. Was möchte ich dazu sagen? Das Vertrauen auf die eigene Unfehlbarkeit ist ein sehr gefährlicher Zustand: Er ist nur einen Schritt entfernt von dem Wunsch der „Unfehlbaren", diejenigen, die ihnen nicht gefallen, einfach zu vernichten. Wie man so schön sagt, sie zu „canceln", sie abzuschaffen. Lassen Sie uns zumindest über die Bedeutung des Wortes nachdenken.

Selbst auf dem Höhepunkt des Kalten Krieges, auf dem Höhepunkt der Konfrontation zwischen Systemen, Ideologien und militärischen Rivalitäten, kam es niemandem in den Sinn, die Existenz von Kultur, Kunst und Wissenschaft des Gegners zu leugnen. Auf die Idee wäre niemand gekommen! Ja, es gab gewisse Einschränkungen in den Bereichen Bildung, Wissenschaft, Kultur und leider auch im Sport. Dennoch waren sich damals sowohl die sowjetische als auch die amerikanische Führung darüber im Klaren, dass der humanitäre Bereich mit Fingerspitzengefühl angegangen werden sollte, indem man den Gegner studiert und respektiert und sich von ihm etwas abschaut, um zumindest für die Zukunft eine Grundlage für solide, fruchtbare Beziehungen zu erhalten.

Und was geschieht jetzt? Die Nazis gingen seinerzeit so weit, dass sie Bücher verbrannten, und nun sind die westlichen „Förderer des Liberalismus und des Fortschritts" so weit gegangen, dass sie Dostojewski und Tschaikowski verbieten. Die so genannte „Cancel Culture" – die Kultur der Abschaffung – aber in Wirklichkeit – wir haben schon oft darüber gesprochen – raubt die tatsächliche Abschaffung der Kultur alles Lebendige und Schöpferische und lässt das freie Denken in keinem Bereich zur Entfaltung kommen: nicht in der Wirtschaft, nicht in der Politik, nicht in der Kultur.

Die liberale Ideologie selbst hat sich heute bis zur Unkenntlichkeit verändert. Verstand der klassische Liberalismus die Freiheit eines jeden Menschen ursprünglich als die Freiheit, zu sagen und zu tun, was man will, so begannen Liberale bereits im 20. Jahrhundert zu sagen, dass die so genannte offene Gesellschaft Feinde hat – die offene Gesellschaft hat also Feinde – und dass die Freiheit dieser Feinde eingeschränkt oder sogar abgeschafft werden kann und muss. Inzwischen ist es sogar so absurd, dass jede alternative Sichtweise als subversive Propaganda und Bedrohung der Demokratie bezeichnet wird.

Alles, was aus Russland kommt, sind „Kreml-Machenschaften“. Aber schaut Euch selbst an! Sind wir wirklich so allmächtig? Jede Kritik an unseren Gegnern – jede! – wird als „Kreml-Machenschaften“, als „Hand des Kremls“ wahrgenommen. So ein Unsinn. Wie weit sind sie gegangen? Benutzt einfach Euren Verstand, denkt Euch etwas Interessanteres aus, präsentiert Euren Standpunkt auf eine konzeptionellere Weise. Man kann nicht alles auf die Intrigen des Kremls schieben.

All das hat Fjodor Dostojewski bereits im 19. Jahrhundert prophetisch vorausgesagt. Eine der Figuren in seinem Roman Die Besessenen, der Nihilist Schigaljow, beschrieb die strahlende Zukunft, die er sich vorstellte, folgendermaßen: „Die grenzenlose Freiheit verlassend eröffne ich den grenzenlosen Despotismus“ – dahin sind unsere westlichen Gegner übrigens gekommen. Eine andere Figur des Romans, Peter Verhovensky, schließt sich ihm an und erklärt, dass Verrat, Spitzeltum und Spionage überall gebraucht werden, dass die Gesellschaft keine Talente und höheren Fähigkeiten braucht: „Cicero wird die Zunge herausgeschnitten, Kopernikus werden die Augen ausgestochen, Shakespeare wird gesteinigt.“ Das ist es, wohin unsere westlichen Gegner gehen. Was ist das anderes als die moderne westliche Cancel Culture?

Das waren große Denker und ich bin meinen Mitarbeitern, die diese Zitate gefunden haben, ehrlich gesagt dankbar.
Was kann man dazu sagen? Die Geschichte wird sicherlich alles an seinen Platz stellen und die größten Werke der allgemein anerkannten Genies der Weltkultur nicht canceln, sondern diejenigen, die beschlossen haben, dass sie das Recht haben, nach ihrem Gutdünken über diese Weltkultur zu verfügen. Die Eitelkeit dieser Leute sprengt, wie man sagt, den Rahmen, aber in ein paar Jahren wird sich niemand mehr an ihre Namen erinnern. Aber Dostojewski wird weiterleben, ebenso wie Tschaikowsky und Puschkin – so sehr sich manche auch etwas anderes wünschen mögen.
Das westliche Modell der Globalisierung, das in seinem Kern neokolonial ist, wurde ebenfalls auf Vereinheitlichung, auf finanziellem und technologischem Monopolismus und auf der Auslöschung aller Unterschiede aufgebaut. Die Aufgabe war klar: Die bedingungslose Vorherrschaft des Westens in der Weltwirtschaft und -politik zu stärken und zu diesem Zweck die natürlichen und finanziellen Ressourcen, die intellektuellen, menschlichen und wirtschaftlichen Kapazitäten des gesamten Planeten in seinen Dienst zu stellen, und zwar unter dem Deckmantel der sogenannten neuen globalen gegenseitigen Abhängigkeit.
Hier möchte ich an einen weiteren russischen Philosophen erinnern, an Alexander Sinowjew, dessen hundertsten Geburtstag wir am 29. Oktober feiern werden. Vor mehr als 20 Jahren sagte er, dass für das Überleben der westlichen Zivilisation auf dem von ihr erreichten Niveau „der gesamte Planet als Lebensraum notwendig ist, alle Ressourcen der Menschheit sind dafür notwendig.“ Das fordern sie ja auch, genau so ist es.
Dabei hat der Westen sich in diesem System von Beginn an einen gewaltigen Vorsprung geschaffen, da er die Prinzipien und Mechanismen entwickelt hat – so wie jetzt jene Prinzipien, über die ständig

gesprochen wird und die ein unverständliches „schwarzes Loch“ sind: was das ist, weiß niemand. Aber sobald nicht die westlichen Länder, sondern andere Staaten von der Globalisierung zu profitieren begannen, und wir sprechen hier natürlich in erster Linie von den großen asiatischen Staaten, hat der Westen viele Regeln sofort geändert oder ganz aufgehoben. Und die sogenannten heiligen Grundsätze des Freihandels, der wirtschaftlichen Offenheit, des fairen Wettbewerbs und sogar des Rechts auf Eigentum waren plötzlich völlig vergessen. Sobald etwas für sie profitabel wurde, haben sie während des Spiels sofort und spontan die Regeln geändert.

Oder ein weiteres Beispiel für die Änderung von Begriffen und Bedeutungen. Westliche Ideologen und Politiker erzählen der ganzen Welt seit vielen Jahren: Es gibt keine Alternative zur Demokratie. Allerdings ist die Rede vom westlichen, sogenannten liberalen Modell der Demokratie. Sie lehnen alle anderen Varianten und Formen der Demokratie mit Verachtung und – das möchte ich unterstreichen – Arroganz ab. Dieses Verhalten hat sich schon vor langer Zeit, noch in der Kolonialzeit, herausgebildet: Alle werden als Menschen zweiter Klasse angesehen, während andere exklusiv sind. Das geht schon seit Jahrhunderten so, bis heute.

Aber heute verlangt die absolute Mehrheit der Weltgemeinschaft genau das: Demokratie in internationalen Angelegenheiten und sie akzeptiert keinerlei Formen autoritärer Diktate einzelner Länder oder Gruppen von Staaten. Was ist das, wenn nicht die direkte Anwendung der Prinzipien der Macht des Volkes auf der Ebene der internationalen Beziehungen?

Und was ist die Position des „zivilisierten“ – in Anführungszeichen – Westens? Wenn Ihr Demokraten seid, dann müsstet Ihr dieses natürliche Streben von Milliarden von Menschen nach Freiheit begrüßen – aber nein! Der Westen nennt das die Untergrabung der liberalen, regelbasierten Ordnung und startet Wirtschafts- und Handelskriege,

Sanktionen, Boykotte, Farbrevolutionen und führt alle Arten von Putschen durch.
Einer davon führte zu den tragischen Folgen in der Ukraine im Jahr 2014 – sie haben den Putsch unterstützt und sogar erzählt, wie viel Geld sie dafür ausgegeben haben. Eigentlich sind sie einfach wahnsinnig, ihnen ist nichts peinlich. Sie haben Suleimani, einen iranischen General, getötet. Man kann zu Suleimani stehen, wie man will, aber er ist ein offizieller Vertreter eines anderen Landes! Sie haben ihn auf dem Gebiet eines dritten Landes ermordet und gesagt: Ja, wir haben ihn ermordet. Was ist das überhaupt? Wo leben wir?
Washington bezeichnet die gegenwärtige Weltordnung weiterhin gewohnheitsmäßig als amerikanisch-liberal, aber in Wirklichkeit vergrößert diese berüchtigte „Ordnung" jeden Tag das Chaos und wird, wie ich hinzufügen möchte, sogar gegenüber den westlichen Ländern selbst, gegenüber ihren Versuchen, irgendeine Unabhängigkeit zu zeigen, immer intoleranter. Alles wird bis an die Wurzel unterdrückt und es werden Sanktionen gegen die eigenen Verbündeten verhängt – ohne jede Scham! Und die nehmen das alles mit gesenktem Kopf hin. Beispielsweise wurden die Vorschläge der ungarischen Parlamentarier vom Juli, im EU-Vertrag ein Bekenntnis zu europäischen christlichen Werten und zur europäischen Kultur zu verankern, nicht einmal als Fronde, sondern als direkte feindliche Sabotage wahrgenommen. Was ist das? Wie soll man das verstehen? Ja, einigen mag es gefallen, anderen nicht.
In Russland haben wir im Laufe von tausend Jahren eine einzigartige Kultur der Wechselbeziehungen zwischen allen Weltreligionen entwickelt. Es gibt keinen Grund, irgendetwas zu canceln: weder christliche Werte noch islamische oder jüdische Werte. Die anderen Weltreligionen sind in unserem Land präsent. Man muss sich einfach gegenseitig mit Respekt behandeln. In einigen Regionen unseres Landes, das habe ich aus erster Hand erfahren, feiern die Menschen

christliche, islamische, buddhistische und jüdische Feiertage gemeinsam und tun das gerne, beglückwünschen einander und freuen sich zusammen.
Aber nicht in Europa. Warum nicht? Zumindest hätten sie darüber sprechen können. Es ist erstaunlich!
All das ist ohne Übertreibung nicht einmal eine systemische, sondern eine doktrinäre Krise des neoliberalen amerikanischen Modells der Weltordnung. Sie haben keine Ideen, etwas zu erschaffen und von positiver Entwicklung, sie haben der Welt einfach nichts zu bieten außer dem Erhalt ihrer Vorherrschaft.
Ich bin davon überzeugt, dass echte Demokratie in einer multipolaren Welt zuallererst die Möglichkeit eines jeden Volkes – ich möchte das betonen, jeder Gesellschaft, jeder Zivilisation – voraussetzt, ihren eigenen Weg, ihr eigenes soziales und politisches System zu wählen. Wenn die USA und die EU dieses Recht haben, dann haben es sicherlich auch die asiatischen Länder, die islamischen Staaten, die Monarchien des Persischen Golfs und die Staaten anderer Kontinente. Natürlich hat auch unser Land, Russland, dieses Recht, und niemand wird jemals in der Lage sein, unserem Volk vorzuschreiben, welche Art von Gesellschaft wir aufzubauen haben und auf welchen Prinzipien sie beruhen soll.
Die direkte Bedrohung des politischen, wirtschaftlichen und ideologischen Monopols des Westens besteht darin, dass in der Welt alternative Gesellschaftsmodelle entstehen könnten – effektivere, das möchte ich betonen – in der heutigen Zeit effektivere, hellere, attraktivere als die, die wir haben. Und diese Modelle werden sich entwickeln, das ist unvermeidlich. Übrigens schreiben amerikanische Politikwissenschaftler und Experten darüber auch direkt. Die Regierungen hören zwar noch nicht wirklich auf sie, aber sie können diese Ideen in den politikwissenschaftlichen Zeitschriften und in Diskussionen nicht übersehen.

Entwicklung muss im Dialog der Zivilisationen stattfinden, der auf geistigen und moralischen Werten beruht. Ja, verschiedene Zivilisationen haben unterschiedliche Verständnisse des Menschen, seines Wesens. Es sind oft nur oberflächliche Unterschiede, aber alle erkennen die höchste Würde und das geistige Wesen des Menschen an. Und dieses gemeinsame Fundament, auf dem wir unsere Zukunft aufbauen können und müssen, ist von größter Bedeutung.

Was möchte ich hier hervorheben? Traditionelle Werte sind nicht irgendwelche festen Postulate, an die sich alle halten müssen. Nein, natürlich nicht. Sie unterscheiden sich von den so genannten neoliberalen Werten dadurch, dass jedes von ihnen einzigartig ist, weil sie aus der Tradition einer bestimmten Gesellschaft, ihrer Kultur und historischen Erfahrung stammen. Traditionelle Werte können daher niemandem aufgezwungen werden – sie müssen einfach respektiert werden, indem das, was jede Nation im Laufe der Jahrhunderte gewählt hat, respektiert wird.

Das ist unser Verständnis von traditionellen Werten und dieser Ansatz wird von der Mehrheit der Menschheit geteilt und akzeptiert. Das ist logisch, denn die traditionellen Gesellschaften des Ostens, Lateinamerikas, Afrikas und Eurasiens bilden die Grundlage der Weltzivilisation.

Der Respekt vor den Besonderheiten der Völker und Zivilisationen liegt im Interesse aller. Das liegt auch im Interesse des sogenannten Westens. Indem er seine Vormachtstellung verliert wird er schnell zu einer Minderheit auf der Weltbühne. Und natürlich sollte das Recht dieser westlichen Minderheit auf ihre eigene kulturelle Identität, das möchte ich unterstreichen, gewährleistet sein, es sollte sicherlich respektiert werden, aber, das unterstreiche ich, gleichberechtigt mit den Rechten aller anderen.

Wenn die westlichen Eliten glauben, dass sie in der Lage sein werden, in den Köpfen ihrer Menschen, ihrer Gesellschaften, neue, meiner

Meinung nach seltsame Trends wie Dutzende von Geschlechtern und Schwulenparaden einzuführen, dann soll es so sein. Sollen sie tun, was sie wollen! Aber sie haben sicher nicht das Recht, von anderen zu verlangen, dass sie den gleichen Weg gehen.
Wir sehen, dass die westlichen Länder komplizierte demographische, politische und soziale Prozesse haben. Das ist natürlich ihre innere Angelegenheit. Russland mischt sich nicht in diese Angelegenheiten ein und hat auch nicht die Absicht, das zu tun – im Gegensatz zum Westen mischen wir uns nicht in fremde Hinterhöfe ein. Wir gehen jedoch davon aus, dass der Pragmatismus die Oberhand gewinnen wird und der Dialog zwischen Russland und dem echten, traditionellen Westen sowie mit anderen Zentren gleicher Entwicklung einen wichtigen Beitrag zum Aufbau einer multipolaren Weltordnung leisten wird.
Ich möchte hinzufügen, dass die Multipolarität die wirkliche und tatsächlich einzige Chance für Europa ist, seine politische und wirtschaftliche Subjektivität wiederherzustellen. Sicher, wir alle verstehen, und in Europa wird direkt darüber gesprochen: Europas rechtliche Subjektivität ist heute – wie soll ich es vorsichtig ausdrücken, um niemanden zu beleidigen – sehr begrenzt.
Die Welt ist von Natur aus vielfältig und die Versuche des Westens, alle in ein einziges Schema zu pressen, sind objektiv zum Scheitern verurteilt, und es wird nichts dabei herauskommen.
Das arrogante Streben nach der Weltherrschaft, nach dem Diktat oder nach dem Erhalt der Führungsrolle durch Diktat, führt zum Niedergang der internationalen Autorität der Führer der westlichen Welt, einschließlich der USA, und zum wachsenden Misstrauen in ihre Fähigkeit zu verhandeln insgesamt. An einem Tag sagen sie das eine und am nächsten Tag etwas anderes; sie unterschreiben Dokumente und am nächsten Tag weigern sie sich, sie einzuhalten; sie tun, was sie wollen. Es gibt überhaupt keine Stabilität in irgendetwas. Wie

die Dokumente unterzeichnet werden, worüber gesprochen wurde, worauf man hoffen kann, ist vollkommen unklar.
Während sich früher nur einige wenige Länder erlaubt haben, mit Amerika zu streiten, und das fast wie eine Sensation aussah, ist es heute für viele Staaten üblich, die unbegründeten Forderungen Washingtons abzulehnen, auch wenn es immer noch versucht, alle herumzuschubsen. Das ist eine völlig verfehlte Politik, die einfach ins Nichts führt. Sollen sie doch, das ist auch ihre Entscheidung.
Ich bin überzeugt, dass die Völker der Welt nicht die Augen vor der Politik der Nötigung verschließen werden, die sich selbst diskreditiert hat, und der Westen wird jedes Mal, wenn er versucht, seine Hegemonie aufrechtzuerhalten, einen immer höheren Preis zahlen müssen. Wäre ich an der Stelle dieser westlichen Eliten, würde ich über diese Perspektive ernsthaft nachdenken, so wie einige Politologen und Politiker in den USA selbst es tun, wie ich bereits sagte.
Unter den gegenwärtigen Bedingungen gewalttätiger Konflikte werde ich einige Dinge direkt sagen. Russland als unabhängige, eigenständige Zivilisation hat sich nie als Feind des Westens gesehen und sieht sich auch nicht als solcher. Amerikafeindlichkeit, Anglophobie, Frankophobie, Deutschfeindlichkeit sind ebenso Formen des Rassismus wie Russophobie und Antisemitismus, wie auch alle Formen der Fremdenfeindlichkeit.
Man muss klar verstehen, dass es, wie ich bereits sagte, zwei Westen gibt, mindestens zwei, vielleicht auch mehr, aber mindestens zwei: den Westen der traditionellen, vor allem christlichen Werte, der Freiheit, des Patriotismus, der reichhaltigen Kultur und jetzt auch der islamischen Werte, denn ein bedeutender Teil der Bevölkerung vieler westlicher Länder bekennt sich zum Islam. Dieser Westen ist uns in gewisser Weise nahe, in vielerlei Hinsicht haben wir gemeinsame, ja sogar antike Wurzeln. Aber es gibt auch den anderen Westen: aggressiv, kosmopolitisch, neokolonial, ein Werk-

zeug der neoliberalen Eliten. Das Diktat genau dieses Westens wird Russland sicher nicht akzeptieren.
Ich werde mich immer daran erinnern, was ich im Jahr 2000, nachdem ich zum Präsidenten gewählt worden war, erleben musste. Erinnern Sie sich an den Preis, den wir für die Zerstörung des Terrornestes im Nordkaukasus gezahlt haben, das der Westen damals praktisch offen unterstützt hat. Alle Erwachsenen hier, die meisten von Ihnen in diesem Saal, verstehen, wovon ich spreche. Wir wissen, dass genau dies in der Praxis geschah: finanzielle, politische und mediale Unterstützung. Wir alle haben das erlebt.
Darüber hinaus hat der Westen Terroristen auf russischem Territorium nicht nur aktiv unterstützt, sondern dieser Bedrohung in vielerlei Hinsicht Vorschub geleistet. Wir wissen das. Aber nachdem sich die Lage stabilisiert hatte und die wichtigsten Terrorbanden besiegt waren, auch dank des Mutes des tschetschenischen Volkes, haben wir beschlossen, uns nicht abzuwenden, nicht den Beleidigten zu spielen, sondern vorwärts zu gehen, Beziehungen auch zu denen aufzubauen, die eigentlich gegen uns arbeiteten, Beziehungen auf der Grundlage von gegenseitigem Nutzen und gegenseitigem Respekt zu allen aufzubauen und zu entwickeln, die das wollten.
Man dachte, dass das im gemeinsamen Interesse liegt. Russland hat Gott sei Dank alle Schwierigkeiten dieser Zeit überstanden, hat durchgehalten, ist gestärkt, ist mit dem inneren und äußeren Terrorismus klargekommen, hat seine Wirtschaft bewahrt, hat begonnen, sich zu entwickeln, und seine Verteidigungsfähigkeit verbessert. Wir haben versucht, Beziehungen zu den führenden Ländern des Westens und zur NATO aufzubauen. Die Botschaft war dieselbe: Lasst uns aufhören, Feinde zu sein, lasst uns als Freunde zusammenleben, lasst uns den Dialog aufnehmen, lasst uns Vertrauen aufbauen und damit Frieden schaffen. Wir waren absolut

aufrichtig, das möchte ich betonen. Wir waren uns über die Komplexität dieser Annäherung im Klaren, aber wir sind den Weg gegangen.

Und was haben wir als Antwort erhalten? Kurz gesagt, wir haben in allen wichtigen Bereichen der möglichen Zusammenarbeit ein „Nein" erhalten. Wir haben ständig wachsenden Druck auf uns und die Schaffung von Spannungsherden in der Nähe unserer Grenzen erhalten. Und was, wenn ich fragen darf, ist das Ziel dieses Drucks? Was ist es? Üben sie etwa einfach nur ein bisschen? Nein, natürlich nicht. Das Ziel ist es, Russland verwundbarer zu machen. Das Ziel ist es, Russland zu einem Werkzeug zur Erreichung ihrer eigenen geopolitischen Ziele zu machen.

Das ist in der Tat die universelle Regel: Sie versuchen, jeden in ein Werkzeug zu verwandeln, um dieses Werkzeug für ihre eigenen Ziele zu nutzen. Und diejenigen, die diesem Druck nicht nachgeben, die kein solches Werkzeug sein wollen, gegen die werden Sanktionen verhängt, gegen die werden alle möglichen wirtschaftlichen Restriktionen verhängt, gegen die werden Putsche vorbereitet oder wenn möglich durchgeführt und so weiter. Und wenn am Ende nichts gelingt, gibt es ein Ziel – sie zu vernichten, sie von der politischen Landkarte zu tilgen. Aber so ein Szenario hat in Bezug auf Russland nie funktioniert und wird in Bezug auf Russland auch nie funktionieren.

Was würde ich noch gerne hinzufügen? Russland fordert die Eliten des Westens nicht heraus – Russland verteidigt lediglich sein Recht auf Existenz und freie Entwicklung. Dabei haben wir selbst nicht vor, zu einem neuen Hegemon zu werden. Russland schlägt nicht vor, die Unipolarität durch Bipolarität, Tripolarität etc. auszutauschen, die westliche Vorherrschaft durch die Vorherrschaft des Ostens, des Nordens oder des Südens zu ersetzen. Das würde unweigerlich in eine neue Sackgasse führen.

Hier möchte ich die Worte des großen russischen Philosophen Nikolai Danilewski zitieren, der der Meinung war, dass der Fortschritt nicht darin besteht, nur in eine Richtung zu gehen, wozu einige unserer Gegner uns drängen – dann würde der Fortschritt bald aufhören, so Danilewski –, sondern darin, „das gesamte Feld, das den Bereich der geschichtlichen Tätigkeit der Menschheit ausmacht, in allen Richtungen anzugehen.“ Und er fügt hinzu, dass sich keine Zivilisation rühmen kann, den höchsten Entwicklungsstand zu repräsentieren.

Ich bin davon überzeugt, dass der Diktatur nur die freie Entwicklung von Ländern und Völkern entgegenstehen kann, dass der Degradation des Individuums die Liebe zum Menschen als Schöpfer entgegenstehen kann, dass primitiver Vereinfachung und Verboten die blühende Komplexität von Kulturen und Traditionen entgegenstehen kann.

Die Bedeutung des heutigen historischen Moments besteht gerade darin, dass sich vor allen Zivilisationen, Staaten und Staatenverbände die Möglichkeit einer eigenen, demokratischen, originellen Entwicklungsweise eröffnet. Und vor allem glauben wir, dass die neue Weltordnung auf Recht und Gesetz beruhen muss, dass sie frei, unverwechselbar und gerecht sein muss.

Daher müssen die Weltwirtschaft und der Handel gerechter und offener werden. Russland ist der Ansicht, dass der Prozess der Schaffung neuer internationaler Finanzplattformen, einschließlich solcher für den internationalen Zahlungsverkehr, unumgänglich ist. Solche Plattformen sollten außerhalb nationaler Zuständigkeiten liegen, sicher, entpolitisiert und automatisiert sein und nicht von einem einzigen Kontrollzentrum abhängen. Ist das möglich oder nicht? Natürlich. Es wird große Anstrengungen erfordern, viele Länder müssen ihre Kräfte bündeln, aber es ist machbar.

Das wird die Möglichkeit des Missbrauchs der neuen globalen Finanzinfrastruktur ausschließen und eine effiziente, profitable und sichere Abwicklung internationaler Transaktionen ohne den Dollar und andere so genannte Reservewährungen ermöglichen. Das umso mehr, als die USA und der Westen durch den Einsatz des Dollars als Waffe die Institution der internationalen Finanzreserven diskreditiert haben. Zuerst wurden sie durch die Inflation in der Dollar- und Eurozone abgewertet und dann haben sie unsere internationalen Reserven eingesackt.

Die Umstellung auf nationale Währungen wird – zwangsläufig – an Dynamik gewinnen. Das hängt natürlich von der Verfassung der Emittenten dieser Währungen und ihrer Volkswirtschaften ab, aber sie werden stärker werden und diese Zahlungen werden mit Sicherheit allmählich die Oberhand gewinnen. Das ist die Logik einer souveränen Wirtschafts- und Finanzpolitik in einer multipolaren Welt.

Weiter. Die neuen Zentren der globalen Entwicklung verfügen bereits heute über einzigartige Technologien und wissenschaftliche Entwicklungen in einer Vielzahl von Bereichen und in vielen Bereichen können sie erfolgreich mit westlichen transnationalen Unternehmen konkurrieren.

Offensichtlich haben wir ein gemeinsames, ganz pragmatisches Interesse an einem fairen und offenen wissenschaftlichen und technologischen Austausch. Gemeinsam wird jeder mehr profitieren als allein. Die Vorteile sollten der Mehrheit zugutekommen, nicht einzelnen superreichen Konzernen.

Wie sieht es heute aus? Wenn der Westen Medikamente oder Saatgut für Nahrungspflanzen an andere Länder verkauft, werden die nationale Pharmaindustrie und Viehzucht vernichtet und im Grunde läuft in der Praxis alles darauf hinaus: Die Lieferung von Maschinen und Ausrüstungen zerstört die lokale Maschinenbauindustrie. Als ich Premierminister war, habe ich es verstanden: Sobald man den Markt für eine bestimmte Warengruppe öffnet, ist der lokale Produzent untergegangen und es ist fast unmöglich, dass er sein Haupt wieder erhebt. So werden Beziehungen aufgebaut. So werden Märkte und Ressourcen erobert, Länder werden ihres technologischen und wissenschaftlichen Potenzials beraubt. Das ist kein Fortschritt, sondern Versklavung, die Reduzierung der Volkswirtschaften auf ein primitives Niveau.

Die technologische Entwicklung sollte die globale Ungleichheit nicht verstärken, sondern verringern. Genau so setzt Russland traditionell seine technologische Außenpolitik um. Wenn wir zum Beispiel Kernkraftwerke in anderen Staaten bauen, schaffen wir dort gleichzeitig Kompetenzzentren, bilden nationales Personal aus. Wir schaffen eine Industrie, wir bauen nicht nur eine Anlage, wir schaffen eine ganze Industrie. Im Grunde geben wir anderen Ländern die Möglichkeit, einen echten Durchbruch in ihrer wissenschaftlichen und technologischen Entwicklung zu erzielen, Ungleichheiten zu verringern und ihren Energiesektor auf ein neues Niveau von Effizienz und Umweltfreundlichkeit zu bringen.

Ich möchte noch einmal betonen, dass Souveränität und eigene Entwicklung keineswegs Isolation oder Autarkie bedeuten, sondern vielmehr eine aktive, für beide Seiten vorteilhafte Zusammenarbeit auf der Grundlage fairer und gerechter Prinzipien.

Während die liberale Globalisierung eine Entpersönlichung ist, die der ganzen Welt das westliche Modell aufzwingt, geht es bei der Integration im Gegenteil darum, das Potenzial jeder Zivilisation zum Nutzen des Ganzen, zum Wohle aller zu erschließen. Während der Globalismus ein Diktat ist, worauf er letztlich hinausläuft, ist Integration die gemeinsame Erarbeitung von Strategien, die allen zugutekommen.

In dieser Hinsicht hält Russland es für wichtig, die Mechanismen zur Schaffung großer Räume zu aktivieren, die auf der Zusammenarbeit von Nachbarländern beruhen, deren Wirtschaft, Sozialsystem, Rohstoffe und Infrastruktur sich gegenseitig ergänzen. Solche großen Räume sind im Grunde die Grundlage für eine multipolare Weltordnung – die wirtschaftliche Grundlage. Aus ihrem Dialog erwächst die wahre Einheit der Menschheit, die viel komplexer, ausgeprägter und mehrdimensionaler ist als in den vereinfachenden Ansichten einiger westlicher Ideologen.

Die Einheit der Menschheit beruht nicht auf dem Befehl „mach es wie ich" oder „werde wie wir" – sie wird unter Berücksichtigung und auf der Grundlage der Meinung aller und mit Respekt vor der Identität jeder Gesellschaft und Nation gebildet. Das ist das Prinzip, auf dem ein langfristiges Engagement in einer multipolaren Welt aufbauen kann.

In diesem Zusammenhang könnte es sich lohnen, darüber nachzudenken, dass die Struktur der Vereinten Nationen, einschließlich des Sicherheitsrates, die Vielfalt der Weltregionen besser widerspiegeln sollte. Schließlich wird in der Welt von morgen viel mehr von Asien, Afrika und Lateinamerika abhängen, als man heute gemeinhin annimmt, und diese Zunahme ihres Einflusses ist auf jeden Fall positiv. Ich erinnere daran, dass die westliche Zivilisation nicht die einzige ist, auch nicht in unserem gemeinsamen eurasischen Raum. Außerdem konzentriert sich die Mehrheit der Bevölkerung gerade im Osten Eurasiens, wo die ältesten Zivilisationen der Menschheit entstanden sind.

Der Wert und die Bedeutung Eurasiens liegen darin, dass dieser Kontinent ein autarker Komplex ist, der über gigantische Ressourcen jeder Art und ein enormes Potenzial verfügt. Und je härter wir daran arbeiten, die Verbindungen in Eurasien zu erhöhen, neue Wege und Formen der Zusammenarbeit zu schaffen, desto beeindruckendere Fortschritte machen wir.

Die erfolgreichen Aktivitäten der Eurasischen Wirtschaftsunion, das rasche Anwachsen der Autorität und des Einflusses der Shanghaier Organisation für Zusammenarbeit, die groß angelegten Initiativen im Rahmen von „One Belt, One Road", die Pläne für eine multilaterale Zusammenarbeit zur Verwirklichung des Nord-Süd-Verkehrs-

korridors und andere, viele andere Projekte in diesem Teil der Welt sind, da bin ich mir sicher, der Beginn einer neuen Ära, einer neuen Phase in der Entwicklung Eurasiens. Integrationsprojekte stehen hier nicht im Widerspruch zueinander, sondern ergänzen sich, wenn sie von den Nachbarländern in ihrem eigenen Interesse durchgeführt und nicht von äußeren Kräften gewaltsam eingeführt werden, um den eurasischen Raum zu spalten und ihn in eine Zone der Blockkonfrontation zu verwandeln.
Sein westliches Ende, Europa, könnte auch ein natürlicher Teil des großen Eurasiens sein. Doch viele der führenden Vertreter sind von der Überzeugung beseelt, dass die Europäer besser sind als andere und dass es unter ihrer Würde ist, sich gleichberechtigt mit anderen an Unternehmungen zu beteiligen. Hinter dieser Arroganz bemerken sie nicht einmal, dass sie an den Rand gedrängt wurden, dass sie Vasallen sind – oft sogar ohne ein Wahlrecht.
Verehrte Kollegen!
Der Zusammenbruch der Sowjetunion hat auch das Gleichgewicht der geopolitischen Kräfte zerstört. Der Westen fühlte sich als Sieger und proklamierte die unipolare Weltordnung, in der nur sein Wille, seine Kultur und seine Interessen eine Existenzberechtigung hatten. Diese historische Periode der ungeteilten Vorherrschaft des Westens im Weltgeschehen geht nun zu Ende, die unipolare Welt gehört der Vergangenheit an. Wir stehen an einem historischen Wendepunkt, vor dem wahrscheinlich gefährlichsten, unvorhersehbarsten und doch wichtigsten Jahrzehnt seit dem Ende des Zweiten Weltkriegs. Der Westen ist nicht in der Lage, die Menschheit alleine zu regieren, aber er versucht es verzweifelt, und die meisten Nationen der Welt sind nicht mehr bereit, das zu dulden. Das ist der größte Gegensatz der neuen Ära. Die Situation ist in gewisser Weise revolutionär: Die Oberschicht kann nicht und die Unterschicht will nicht mehr so leben, heißt es in einem Klassiker.

Dieser Zustand birgt globale Konflikte oder eine Kette von Konflikten, die eine Bedrohung für die Menschheit, einschließlich des Westens selbst, darstellen. Diesen Widerspruch konstruktiv aufzulösen, ist heute die wichtigste geschichtliche Aufgabe.

Alles zu verändern, ist ein schmerzhafter, aber natürlicher und unvermeidlicher Prozess. Die künftige Weltordnung nimmt vor unseren Augen Gestalt an. Und in dieser Weltordnung müssen wir jedem zuhören, jeden Standpunkt berücksichtigen, jede Nation, Gesellschaft, Kultur, jedes System von Weltanschauungen, Ideen und religiösen Überzeugungen, ohne jemandem eine einheitliche Wahrheit aufzuzwingen. Nur auf dieser Grundlage können wir im Verständnis für unsere Verantwortung für das Schicksal – das Schicksal der Nationen, des Planeten – eine Symphonie der menschlichen Zivilisation bauen.

Damit möchte ich schließen und Ihnen für Ihre Geduld beim Anhören meiner Botschaft danken.

Ich danke Ihnen vielmals.

Lebensstandard und Soziales in Russland

Zum Abschluss dieses Buches möchte ich mit einigen Vorurteilen über Russland aufräumen, die im Westen weit verbreitet sind. Im Westen wird zum Beispiel behauptet, dass Russland ein armes Land sei. Das ist schlicht nicht wahr, wie – zumindest vor der Pandemie – jeder an den Stränden der Urlaubsländer in aller Welt sehen konnte. Schließlich haben Russen ab Mitte der 2000er Jahre genug Geld gehabt, um endlich zu reisen. In der Sowjetunion gab es Beschränkungen für die Ausreise und in den 90er Jahren unter Jelzin waren die Russen zu arm zum Reisen. Das hat sich geändert, nachdem Putin in Russland für Wohlstand gesorgt hat. Der Lebensstandard in Russland ist längst ähnlich wie im Westen, denn sonst könnten nicht Millionen von Russen jedes Jahr die Urlaubsorte bevölkern. In Russland lebt der Durchschnitt ganz ähnlich, wie die Menschen im Westen: Man hat eine Wohnung, ein Auto und kann sich (mindestens) einen Urlaub pro Jahr leisten.

Aber wie geht das, wenn das Durchschnittsgehalt in Russland weitaus geringer ist als in Deutschland und unter 1.000 Euro liegt? Das schauen wir uns nun an.

Das Durchschnittseinkommen in Deutschland liegt bei ca. 3.000 Euro monatlich. Wenn das ein Russe in meiner Heimat St. Petersburg hört, wo das Durchschnittseinkommen bei 1.000 Euro liegt, denkt er sich natürlich, in Deutschland herrsche der pure Reichtum.

Was aber nicht berichtet wird ist, dass der Deutsche nach Abzug von Steuern und Sozialabgaben ca. 1.600 Netto übrig hat und in einer

Großstadt noch mindestens 800 Euro Miete für eine durchschnittliche Wohnung zahlen muss. Damit bleiben 800 Euro zum Leben, und zum Beispiel Benzin oder ÖPNV sind in Deutschland ungleich teurer als in Russland.

Der Russe hingegen hat die 1.000 Euro netto, denn in Russland wird nie über Bruttoeinkommen gesprochen, sondern nur über Nettoeinkommen. Und in Russland gibt es keine Wohnungsnot, eine gute Wohnung kann man für 300 Euro mieten. Ivan Durchschnittsverbraucher hat also nur 100 Euro weniger zum Leben als Otto Normalverbraucher. Und wenn man dann noch bedenkt, dass ein Monatsticket für den ÖPNV in Petersburg nur 30 Euro kostet und dass der Liter Benzin bei 60 Cent liegt, heben sich die 100 Euro Unterschied auch noch auf.

Hinzu kommt, dass in Russland Anfang der 1990er jeder die Wohnung, in der er wohnte, kostenlos privatisieren konnte. In jeder russischen Familie gibt es also mindestens eine unbelastete Eigentumswohnung. Junge Leute müssen zwar trotzdem immer öfter mieten, weil die Eltern in der Wohnung leben oder weil sie in eine andere Stadt gehen, aber die Mieten sind bezahlbar, wenn man denn mieten muss. Aber irgendwann – so ist der Lauf der Dinge – erbt man die Wohnung der Eltern.

Wenn mir Russen die Legende vom tollen Leben im Westen erzählen, dann erkläre ich ihnen diese Zahlen und sie werden nachdenklich. Viele können es gar nicht glauben und googeln erst einmal eine halbe Stunde, bevor sie mir glauben, dass die Abzüge und Mieten in Deutschland so hoch sind.

Das zweite Thema, das wir uns anschauen werden, ist die Rente. In Russland, so meint man, reiche die Rente kaum zum Leben. Daher vergleichen wir die Renten in zwei großen Städten: Hamburg in Deutschland und St. Petersburg in Russland.

Von den 1.000 Euro Durchschnittsrente, die ein Rentner in Hamburg hat, gehen Miete und die anderen Festkosten ab, sodass ihm am Ende kaum 200 Euro zum Leben bleiben. Der Russe in Petersburg hat ca. 200 Euro Durchschnittsrente, aber kaum Abzüge, denn russische Rentner leben in einer schuldenfreien Eigentumswohnung und zum Beispiel Krankenversicherung und ÖPNV sind in Petersburg für Rentner kostenlos. Auch hier ist der Unterschied bei der Kaufkraft nach Abzug der Festkosten am Ende gering.

Man kann daher generell sagen, dass es keinen Sinn macht, die Einkommen zu vergleichen, wenn man etwas über den Lebensstandard oder die Kaufkraft erfahren möchte. Man muss immer die Umstände und vor allem die monatlichen Festkosten einrechnen. Aber da die Medien das nie tun, haben die Russen das Gefühl, im Westen würden tatsächlich Milch und Honig fließen und sie sind immer ganz überrascht, wenn ich ihnen die tatsächlichen Zahlen zeige.

Aber es gibt auch Dinge, die die der russische Staat weitaus besser finanziert als man es aus dem Westen kennt, zum Beispiel die Förderung von Kindern und Familien.

Die deutsche Regierung propagiert LGBT und den Gender-Wahnsinn und deutsche Medien raten vom Kinderkriegen ab, weil ein Kind angeblich den CO_2-Ausstoß produziert. Stattdessen setzen Politik und Medien in Deutschland auf massive Einwanderung aus Afrika und Asien, um das demografische Problem zu lösen, wobei die meist moslemischen Einwanderer anschließend oft mehr CO_2-produzierende Kinder bekommen, als deutsche Familien haben möchten.

Russland hingegen setzt auf traditionelle Werte, wie die klassische Familie. Dazu hat die russische Regierung in den letzten Jahren die Familienförderung massiv erhöht, was mir gar nicht bewusst war. Darauf hat mich erst meine neue Reinigungshilfe gebracht, die ich mir wegen meines Arbeitspensums notgedrungen zulegen musste. Die

Frau arbeitet in einem Bürgeramt in Petersburg und hat mir erzählt, wie massiv Mütter – und damit Kinder – in Russland gefördert werden. Als mich das interessiert hat, hat sie mir eine Zusammenstellung der Förderprogramme ausgedruckt, die anderthalb DIN-A-4-Seiten umfasst. Darüber werde ich nun berichten, wobei ich ausdrücklich darauf hinweise, dass meine Auflistung nicht vollständig ist, sie umfasst nur die wichtigsten Programme der russischen Regierung zur Familienförderung.

Zum Verständnis muss ich etwas vorausschicken. Erstens teilen sich die Förderprogramme in Programme des Bundes (Russland ist, wie Deutschland, ein Bundesstaat) und in Förderprogramme der Regionen (in Deutschland wären das die Bundesländer) auf. Jede russische Region fügt den Bundesprogrammen eigene Programme hinzu, ich werde hier über die Gesamtförderung aus beiden Programmen in meiner Wahlheimat St. Petersburg berichten, die Zahlen weichen in anderen Regionen Russland davon ab.

In Russland ist die Förderung von Familien vom Alter des Kindes abhängig, außerdem gibt es zweckgebundene Förderungen. All diesen Förderungen liegen verschiedene Programme zugrunde, ich kann hier nicht alles aufzählen und beschränke mich auf die wichtigsten.

Generell ist der Kinderschutz in Russland ein großes Thema. Wenn man sein Kind in seiner Eigentumswohnung anmeldet, darf man diese Wohnung danach zum Beispiel nur verkaufen, wenn man nachweist, dass man sofort eine gleichwertige oder bessere Wohnung kauft. Die Lebensbedingungen eines Kindes dürfen nicht verschlechtert werden, man darf also zum Beispiel keine Dreizimmerwohnung gegen eine Einzimmerwohnung eintauschen.

Wer in russischen Wohngebieten spazieren geht, der stellt fest, dass es an jeder Ecke Kinderspielplätze gibt. Russland ist generell sehr kinderfreundlich. Viele Restaurants und praktisch alle Einkaufszentren haben Spielzimmer, wo Kinder spielen können, während die Eltern einkaufen oder in Ruhe essen. In Einkaufszentren gibt es in dem Spielzimmer auch immer eine Betreuerin, damit die Kinder beaufsichtigt sind. Ich habe neulich sogar auf einem Flughafen ein solches Spielzimmer gesehen. Der Flughafen hat also darauf verzichtet, die Fläche an ein Restaurant oder Geschäft zu vermieten und stattdessen ein Spielzimmer eingerichtet.

In Russland wird viel mehr gebaut als in Deutschland. Daher gibt es in Russland keine Wohnungsnot, man findet problemlos innerhalb von drei Tagen eine Wohnung zur Miete und kann umgehend einziehen. Der Bauboom hat dazu geführt, dass in den letzten Jahren in russischen Städten ganze Stadtteile neu entstanden sind.

Die Baufirmen, die so einen Stadtteil planen und bauen, haben dabei soziale Auflagen zu beachten. Vor jedem Hochhaus sind Kinderspielplätze und vor allem muss in Laufreichweite ein Kindergarten, eine Schule und ein Krankenhaus gebaut werden. Eltern haben einen Anspruch auf einen kostenlosen Kitaplatz und weil Kitas überall gebaut werden müssen, gibt es auch keinerlei Probleme, Plätze zu bekommen. Lediglich in einigen älteren Stadtteilen gibt es Probleme, aber dort muss der Staat bei einem Mangel an Plätzen eben einen normalerweise teuren Kitaplatz in einem privaten Kindergarten bezahlen.

Und ja, in russischen Städten wohnen die Menschen meist in Hochhäusern, was in Deutschland unpopulär ist. Aber andere Länder, andere Sitten, Einfamilienhäuser sind in russischen Städten die große Ausnahme. Dafür hat aber jede Familie (meistens die Eltern oder Großeltern) aus Sowjetzeiten noch eine Datscha, also ein Häuschen auf dem Lande, wo die Kinder den Sommer oft bei den Großeltern auf dem Land verbringen, während die Eltern arbeiten.

In Russland wurde als eine der ersten Familienförderungen schon vor über zehn Jahren das Mutterkapital eingeführt. Dabei handelt es sich um eine Einmalzahlung bei der Geburt eines Kindes. Dieses Geld bekommt man auf ein gesondertes Konto ausbezahlt und darf es nur zweckgebunden ausgeben. Es kann nur für die Bedürfnisse des Kindes ausgegeben werden. Man kann es aber auch als Eigenkapital bei einem Immobilienkauf verwenden, bei dem eine junge Familie auch noch staatlich geförderte Hypotheken bekommt. Da Wohnungen in Russland wesentlich billiger sind als in Deutschland, ist das eine echte Hilfe. Selbst in der Millionenstadt St. Petersburg bekommt man eine Zweizimmerwohnung in mittlerer Lage schon für unter 150.000 Euro.

In Petersburg setzt sich das Mutterkapital aus mehreren Komponenten zusammen, die sich auf insgesamt über 23.000 Euro summieren, wobei es beim ersten Kind etwas weniger ist. Bei den Wohnungspreisen in Petersburg ist diese Summe schon fast das von Banken benötigte Eigenkapital für eine Zweizimmerwohnung. In diesem Artikel gehe ich bei der Umrechnung von einem Rubelkurs von 60 Rubel für den Euro aus und rechne die Summen zum besseren Verständnis sofort in Euro um.

In Petersburg gibt es außerdem noch ein Programm, das „Landkapital" genannt wird und etwas über 6.500 Euro beträgt. Das Geld ist zweckgebunden für den Kauf eines Grundstücks oder Häuschens auf dem Land, also einer Datscha. Es reicht zwar nicht für eine Datscha in Stadtnähe, aber es ist – wie bei der Wohnung – eine große Hilfe. Es gehört für viele Russen zur Kultur dazu, das Wochenende auf der Datscha zu verbringen und viele fahren dafür am Freitagabend auch ein paar hundert Kilometer weit aufs Land, wo die Preise sehr niedrig sind und man der eigenen Datscha mit der Summe schon einen großen Schritt näherkommt.

Dass es auch in Russland Mutterschutz vor und nach der Geburt mit (zumindest beschränkter) Lohnfortzahlung gibt, erwähne ich nur der Vollständigkeit halber.

Was man in Deutschland Kindergeld nennt, gibt es in Russland in der Form nicht. Dafür gibt es, abhängig vom Alter des Kindes, verschiedene Programme für verschiedene Altersgruppen. Die pauschale Summe, die man für jedes minderjährige Kind bekommt, liegt bei etwa 125 Euro pro Monat.

Dazu kommen in den ersten 18 Lebensmonaten des Kindes noch 75 Euro monatlich. Danach gibt es bis zum 7. Lebensjahr nur 20 Euro pro Monat zusätzlich zu den 125 Euro. Ab dem 7. Lebensjahr, also für Schulkinder, ändert sich die Summe wieder, ab dem 7. Lebensjahr kommen zu dem Grundbetrag etwas über 250 Euro hinzu.

Zu diesen Unterstützungsprogrammen kommen sehr viele andere hinzu, zum Beispiel bekommen junge Eltern, die noch studieren, monatlich nochmal 125 Euro obendrauf. Wenn eine junge Mutter ihr Kind im Alter von 20 bis 24 Jahren bekommt, bekommt sie bei der Geburt des Kindes nochmal knapp 1.000 Euro zusätzlich. Kinderreiche Familien werden besonders gefördert, so gibt es für das dritte Kind beispielsweise etwa 215 Euro monatlich zusätzlich zu den anderen Leistungen, außerdem bekommt eine kinderreiche Mutter (ab drei Kindern) für sich noch einmal zusätzlich knapp 60 Euro monatlich.

Für Soldatenfamilien gibt es noch weitere Unterstützungsprogramme, die über diese Summen hinausgehen. Außerdem muss sich eine Soldatenfamilie nie um ihre Wohnung sorgen, die wird vom Staat gestellt, und wer als Berufssoldat in Rente geht, bekommt zum Rentenbeginn eine Eigentumswohnung geschenkt.

Wenn man behindert ist oder ein behindertes Kind hat, bekommt man weitere Unterstützung. Für ein behindertes Kind gibt es 125 Euro zusätzliche Unterstützung, gleiches gilt, wenn behinderte Eltern ein gesundes Kind großziehen. Wenn beide Eltern und das Kind behindert sind, gibt es noch mal 175 Euro obendrauf und wenn das Kind so schwer behindert ist, dass „besondere Bedürfnisse“ hat, wie es im Gesetz heißt, gibt es für das Kind noch 300 Euro dazu.

Wenn ich von „behindert" spreche, dann meine ich damit das gleiche, was auch in Deutschland unter Behinderungen verstanden wird. Eine Behinderung bedeutet nicht zwangsläufig, dass man im Rollstuhl sitzt. Wie in Deutschland auch, gibt es viele Menschen, die eine körperliche Behinderung haben, die man ihnen gar nicht anmerkt.

Außerdem gibt es weitere zusätzliche Zahlungen für Kinder, die an schweren Krankheiten leiden, die sich je nach Krankheit unterscheiden. Ich will nur zwei Beispiele nennen. HIV-positive Kinder bekommen zusätzlich 125 Euro monatlich, Kinder mit Zöliakie (eine durch Glutenunverträglichkeit verursachte Autoimmunkrankheit) bekommen 215 Euro pro Monat zusätzlich.

Übrigens gibt es seit neuestem auch Cashback-Programme von mehreren hundert Euro für Familien, wenn sie im Sommer zu Beispiel einen Badeurlaub am Schwarzen Meer machen oder das Kind in ein Sommerferienlager schicken. Das läuft allerdings nicht unter der Rubrik Familienförderung, sondern das fällt unter Programme des russischen Staates, um den Tourismus zu fördern, denn Russland ist dabei, seine Naturschätze touristisch zu erschließen, wobei großen Wert auf Umweltschutz und ökologischen Tourismus gelegt wird. Damit sich diese Investitionen in die neuen Reiseziele lohnen, zahlt der Staat den Urlaubern, vor allem jungen Familien, Zuschüsse zu ihrem Jahresurlaub.

Da die Sommerferien in Russland vom 1. Juni bis zum 1. September, also volle drei Monate dauern, erklärt sich, warum in Russland die Datscha und der Sommer bei den Großeltern so eine wichtige Rolle spielen, und warum Ferienlager für Kinder so gefragt sind. Das Angebot an Ferienlagern mit allen möglichen unterschiedlichen Themenschwerpunkten ist schier unbegrenzt. Daher gibt es auch dafür staatliche Zuschüsse.

Ferienlager haben in Russland Themenschwerpunkte und es gibt in vielen Ferienlagern täglich ein paar Stunden Unterricht, was sehr hilfreich ist, wenn ein Kind in einem Schulfach Probleme hat. Außerdem gibt es Lager, die auf Sprachkurse spezialisiert sind, es gibt Lager für alle möglichen Sportarten und natürlich, Russland ist ein großes und weites Land, auch Lager in der Natur, bei denen die Kinder die Schätze der Natur kennenlernen und ganz automatisch für den Umweltschutz sensibilisiert werden.

Russische Kinderheime und Waisenhäuser haben zu Recht keinen guten Ruf, denn sie waren lange extrem unterfinanziert. Das hat sich zwar inzwischen gebessert, aber es ist in Russland bis heute ein Stigma, wenn jemand in einem Kinderheim oder Waisenhaus aufgewachsen ist.

Der russische Staat tut viel, um für diese Kinder Familien zu finden. Daher gibt es diverse monatliche Zahlungen zusätzlich, wenn man ein Kind aus einem Waisenhaus als Pflegekind aufnimmt oder es adoptiert. In dem Fall gibt es auch Einmalzahlungen für die nötigen ersten Anschaffungen für das Kind und solche Familien bekommen einen gesonderten jährlichen Zuschuss für Urlaubsreisen.

Da Wohneigentum für Russen so wichtig ist, bekommen Waisenkinder zu ihrem 18. Geburtstag vom Staat eine Eigentumswohnung als Starthilfe ins Leben überschrieben. Diese Wohnung dürfen sie bis zu ihrem 25. Lebensjahr nicht verkaufen. Natürlich handelt es sich dabei nur um kleine Einzimmerwohnungen in abgelegener Lage und meist sind diese Wohnungen auch renovierungsbedürftig, aber die jungen Erwachsenen haben erst einmal ein Dach über dem Kopf.

Wie gesagt war das nur ein Überblick über die Förderungen von Kindern und Familien in Russland, der keinen Anspruch auf Vollständigkeit erhebt. Die meisten dieser Programme gibt es erst seit wenigen Jahren, weshalb ich davon auch nichts wusste. Aber es erklärt, warum sich das Aussehen von jungen Müttern in den letzten Jahren sehr verändert hat. Früher haben Eltern oft die Kleidung ihrer Kinder an Freunde und Verwandte mit kleinen Kindern weitergegeben, wenn die Kinder herausgewachsen waren. Gleiches galt für Kinderwagen und so weiter.

In den letzten Jahren hat sich das geändert. Ohne dass ich mir darüber Gedanken gemacht habe, ist mir in letzter Zeit aufgefallen, dass junge Mütter auffällig gepflegt und gut gekleidet sind, gleiches gilt für Kinder, und ich habe schon lange keinen alten Kinderwagen mehr gesehen. Auf den Spielplätzen parken nur moderne Modelle. Nun weiß ich, woran das liegt, denn diese Programme erlauben es jungen Eltern, sich weniger finanzielle Sorgen zu machen, wenn sie ein Kind bekommen.

Register